AF295816

LE CHEMIN DE FER

MÉTROPOLITAIN MUNICIPAL

DE PARIS

DESCRIPTION DU RÉSEAU GÉNÉRAL — LIGNES EN EXPLOITATION
TYPE DES OUVRAGES
USINES ET SOUS-STATIONS ÉLECTRIQUES — RÉSULTATS DE L'EXPLOITATION
DES LIGNES EN SERVICE

Publié avec l'approbation de M. le Préfet de la Seine

PAR

JULES HERVIEU

Conducteur des Ponts et Chaussées,
Chef des bureaux du Service technique du Métropolitain.

PRÉCÉDÉ D'UNE PRÉFACE

PAR

F. BIENVENÜE

Ingénieur en chef des Ponts et Chaussées,
Chef du Service technique du Métropolitain.

PARIS

LIBRAIRIE POLYTECHNIQUE Ch. BÉRANGER, ÉDITEUR
SUCCESSEUR DE BAUDRY ET Cie
15, RUE DES SAINTS-PÈRES, 15
MAISON A LIÈGE, 21, RUE DE LA RÉGENCE

1903

LE CHEMIN DE FER

MÉTROPOLITAIN MUNICIPAL

DE PARIS

LE CHEMIN DE FER
MÉTROPOLITAIN MUNICIPAL
DE PARIS

DESCRIPTION DU RÉSEAU GÉNÉRAL — LIGNES EN EXPLOITATION
TYPE DES OUVRAGES
USINES ET SOUS-STATIONS ÉLECTRIQUES — RÉSULTATS DE L'EXPLOITATION
DES LIGNES EN SERVICE

Publié avec l'approbation de M. le Préfet de la Seine

PAR

JULES HERVIEU

Conducteur des Ponts et Chaussées,
Chef des bureaux du Service technique du Métropolitain.

PRÉCÉDÉ D'UNE PRÉFACE

PAR

F. BIENVENÜE

Ingénieur en chef des Ponts et Chaussées,
Chef du Service technique du Métropolitain.

PARIS

LIBRAIRIE POLYTECHNIQUE Ch. BÉRANGER, ÉDITEUR

SUCCESSEUR DE BAUDRY ET Cⁱᵉ

15, RUE DES SAINTS-PÈRES, 15

MAISON A LIÈGE, 21, RUE DE LA RÉGENCE

1903

PRÉFACE

L'artiste imprime à son œuvre un sceau de personnalité.
L'ingénieur est amené souvent à se considérer comme l'artisan d'une œuvre impersonnelle : car, si dans l'ordre technique l'idée précise et concrète est bien le fruit de la méditation individuelle, la forme qu'elle revêt résulte de la synthèse d'un grand nombre d'efforts différents. Ce caractère impersonnel se rencontre au plus haut degré dans le Métropolitain de Paris.

C'est le projet de la ligne dite des Halles, mis au jour en 1855 par MM. Brame et Flachat, qui fournit la première expression d'un chemin de fer urbain parisien : expression fragmentaire, dont les auteurs avaient en vue simplement de relier le centre de Paris à la circonférence et d'assurer l'approvisionnement des Halles par voie ferrée. En 1871 seulement, les bases d'un véritable réseau de chemins de fer à l'intérieur de Paris furent posées par une délibération du Conseil général de la Seine (10 novembre 1871), qui le définissait par les conditions suivantes :

1° Mettre les différentes parties du département de la Seine en communication avec un chemin de fer de Ceinture qui serait placé à l'intérieur de Paris, en dedans du chemin de fer de Ceinture actuel ;

2° Mettre ce nouveau chemin de fer de Ceinture en communication avec le centre de la ville de Paris ;

3° Desservir la ligne des quais en prolongeant le tracé à l'amont et à l'aval du fleuve ;

4° Desservir la ligne des boulevards intérieurs ;

5° Relier les différentes gares de chemins de fer, soit entre elles, soit avec le nouveau chemin de fer de Ceinture, soit avec le centre de Paris.

Confiée à une commission de quatorze ingénieurs[1] d'une compétence éminente, l'application de ce programme aboutit à proposer la création d'un chemin de fer d'intérêt local dans Paris, dit Métropolitain par traduction littérale du mot anglais relatif à Londres ; et, par une autre délibération (11 mai 1872) le Conseil général autorisait le Préfet de la Seine à concéder l'exécution de ce premier chemin de fer métropolitain dans les conditions déterminées par la loi du 12 juillet 1865.

Les circonstances défavorables de l'époque ne permirent pas à la concession de prendre corps. Cependant trois ans plus tard (22 novembre 1875), le Conseil général, persévérant dans son idée, décidait la continuation des études des chemins de fer d'intérêt local de la Seine, dans lesquels se trouvait compris le réseau urbain. Les études qui furent, en vertu de cette décision, poursuivies de 1875 à 1877 par les ingénieurs de la Ville de Paris ont déterminé les données fondamentales d'un semblable réseau ; et elles le firent avec assez de précision pour que l'on y soit toujours revenu dans la

---

[1] MM. Alcan, ingénieur civil ; Alphand, inspecteur général des Ponts et Chaussées, directeur des Travaux de Paris ; Belgrand, inspecteur général des Ponts et Chaussées, directeur des Eaux et Égouts ; Callon, ingénieur en chef des Mines ; Couche, ingénieur en chef des Ponts et Chaussées ; Delesse, ingénieur en chef des Mines ; Jacquot, ingénieur en chef des Mines, inspecteur général des Carrières ; Kleitz, inspecteur général des Ponts-et-Chaussées, chargé de l'inspection du département de la Seine ; Krantz, ingénieur en chef des Ponts et Chaussées, chargé de la Navigation de la Seine ; Mantion, directeur du chemin de fer de Ceinture ; E. Mayer, ingénieur civil ; Rozat de Mandres, ingénieur en chef du département de la Seine ; Solacroup, directeur de la Compagnie d'Orléans ; Vuillemin, ingénieur civil.

suite, toutes les fois qu'on a voulu que le Métropolitain présentât avant tout le caractère d'un chemin de fer d'intérêt local urbain parisien. Mais l'idée n'avait pas encore mûri ; et le projet de 1877 n'eut pas de suite immédiate. Aussi bien le Gouvernement ne comprenait alors le Métropolitain que comme rattaché aux grands réseaux ; il ne lui semblait pas que l'on dût jamais « se trouver en présence d'une entreprise exclusivement locale ayant pour objet de relier deux points dans l'intérieur de Paris sans la traversée des fortifications et sans raccordement direct avec une grande ligne » (lettre ministérielle du 16 juillet 1878).

En prévoyant et réglant le cas d'un chemin de fer d'intérêt local établi par une commune sur son territoire, la loi du 11 juin 1880 ouvrit des horizons nouveaux. Le 4 juin 1883, après une mémorable discussion, le Conseil municipal arrêtait le programme d'un chemin de fer d'intérêt local urbain Parisien, et réclamait le vote d'une loi déclarant d'utilité publique ce chemin de fer et en autorisant la construction ; le Conseil général des ponts et chaussées consulté, ainsi du reste que le comportait la délibération du Conseil municipal, fut d'avis (5 novembre 1883) qu'il y avait lieu de déclarer l'utilité publique, conformément à cette délibération ; mais le Conseil d'Etat (31 janvier 1884) émit un avis en sens opposé, affirmant que le Métropolitain était un chemin de fer d'intérêt général et qu'il n'y avait pas lieu de le concéder à la Ville de Paris.

Ce fut ce dernier avis qui prévalut. Dans les années qui suivirent, le Gouvernement se préoccupa d'assurer la construction du Métropolitain, considéré comme chemin de fer d'intérêt général, et ses efforts aboutirent au dépôt d'un projet de loi (3 avril 1886) qui comportait, avec garantie d'intérêt, la concession à M. Christophe, gouverneur du Crédit Foncier, d'un réseau métropolitain, ayant ce caractère. La Ville de Paris ne fit pas mauvais accueil à ce projet qui apportait une solution à l'attente déjà longue ; elle accepta même de prendre une part dans la garantie d'intérêt (délibérations des 3 juillet, 6 août 1886 et 28 avril 1887) ; mais tout vint échouer à la Chambre des députés, le 21 juillet 1887, devant le refus de passer à la discussion des articles du projet de loi.

Le surlendemain de ce vote (23 juillet), questionné par un député de Paris, le Président du Conseil des ministres affirmait à la tribune qu'il ne s'agissait pas de renoncer à la construction du Métropolitain : « On peut, disait-il, entrevoir un autre projet donnant au Métropolitain un caractère purement municipal ». Aussi le Conseil municipal ne cessa-t-il point d'appeler l'attention des pouvoirs publics sur cette question, que le rapporteur de sa commission du Métropolitain précisait en termes excellents le 5 juillet 1889 : « La question du Métropolitain, écrivait l'honorable M. Sauton, se traînera d'échec en échec, d'avortement en avortement tant qu'on persistera à vouloir grouper dans un même ensemble l'intérêt urbain, celui de l'État, et ceux du syndicat des grandes Compagnies... Le prolongement dans Paris d'une ligne d'intérêt général est lui-même d'intérêt général... Les lignes dans Paris qui ne sont pas des prolongements de lignes d'intérêt général et ne relient pas celles-ci rail à rail sont d'intérêt local ».

En 1890, le Gouvernement revenait avec de nouveaux projets répondant à ce double but : c'étaient, d'une part les prolongements de la grande ligne du Nord vers les Halles et vers l'Opéra, d'autre part une ligne métropolitaine centrale, amorce d'un réseau purement urbain, dont la concession était demandée par la Société des établissements Eiffel ; seulement, malgré la différence de leur objet, l'un et l'autre projet conservaient indistinctement le caractère d'intérêt général. Le Conseil municipal accepta encore que ce caractère fût maintenu ; mais il remania complètement la ligne métropolitaine centrale, en l'étendant de telle façon qu'elle ne différât que par des détails du projet établi par l'Administration en 1877 (25 juillet 1891). Le demandeur en concession avait admis cette extension ; mais sa demande n'arriva pas jusqu'à la déclaration d'utilité publique.

Enfin, le 10 octobre 1894, le Gouvernement communique à la Ville de Paris un projet de chemin de fer métropolitain étudié en vue de desservir les emplacements choisis pour l'Exposition de 1900 : il reconnaît que, parmi les chemins de fer qu'il peut être utile de construire dans Paris, les uns ont un caractère d'intérêt général et les autres un caractère d'intérêt surtout urbain ; mais il estime que le projet communiqué se rattache au premier type, parce qu'il constitue un système de prolongements destiné non seulement à desservir de nouveaux courants de circulation urbaine, mais aussi à mettre en valeur les lignes d'intérêt général existantes dans Paris. Une discussion animée, où éclate surtout de la part du Conseil l'affirmation de l'autonomie du réseau urbain municipal (11 janvier 1895) arrive à une issue entièrement négative en ce qui concerne ce projet.

Quelques mois s'écoulent en de nouvelles négociations : puis le 22 novembre 1895 une lettre du ministre des Travaux publics vient mettre fin à la divergence de vues, en proclamant le retour au droit commun de la loi du 11 juin 1880 : le Gouvernement reconnaît à la Ville le droit d'assurer l'exécution, à titre d'intérêt local, des lignes spécialement destinées à desservir les intérêts urbains.

Dès le début de 1896 la Commission du Métropolitain a tracé le programme du réseau urbain municipal, en lui assignant un double but : suppléer à l'insuffisance des transports en commun du Paris actuel; mettre en valeur les quartiers éloignés et moins peuplés de la capitale. Le 20 avril 1896, le Conseil municipal, sur le rapport de M. Berthelot, vote la mise à l'enquête de l'avant-projet établi conformément à ce programme ; le 30 décembre 1896, il décide la préparation d'un projet de construction par les soins des ingénieurs de la Ville; le 9 juillet 1897, il approuve ce projet en même temps que la concession du chemin de fer. Le 30 mars 1898, une loi ratifiant ces diverses décisions déclare d'utilité publique l'établissement dans Paris d'un chemin de fer métropolitain à traction électrique, destiné au transport des voyageurs, et la période de préparation est close.

La période d'exécution, qui a pris naissance au lendemain de ce jour, forme la matière du livre de M. Hervieu.

Par ses fonctions, M. Hervieu s'est trouvé intimement associé aux travaux dès la première heure; il en a vu le développement progressif; il a pu se pénétrer des idées qui dominaient la conception et analyser les moyens qui servaient à la réalisation. Il était donc bien placé pour donner de l'œuvre accomplie depuis 1898 un exposé complet et précis.

Son livre, exact et simple, sera consulté avec fruit par tous ceux qui voudront se former une juste idée du chemin de fer métropolitain municipal de Paris.

F. Bienvenüe.

AVERTISSEMENT

Le présent ouvrage est, à proprement parler, un recueil de documents législatifs ou techniques et de renseignements concernant la consistance, la construction et l'exploitation du chemin de fer Métropolitain.

Parmi ces renseignements, les uns, ceux ayant trait aux lignes N° 1 et N° 2 (partie Nord), actuellement en exploitation, sont et doivent être considérés comme définitifs. Il n'en saurait être dit autant pour ce qui touche aux lignes futures. La comparaison du réseau, d'une part, d'après l'avant-projet de 1897, qui a servi de base à la loi déclarative d'utilité publique (planche 1), d'autre part, tel qu'il résulte des dispositions arrêtées actuellement (planche 2), fait ressortir les quelques changements survenus : modification dans les relations des lignes entre elles, adjonctions ou déplacements de stations, etc. Des modifications analogues peuvent évidemment intervenir encore.

C'est ainsi que, dans sa séance du 13 mars 1903, le Conseil municipal a décidé de poursuivre l'exécution de la ligne n° 4, « porte de Clignancourt-porte d'Orléans », en substituant au tracé déclaré d'utilité publique par la loi du 30 mars 1898, pour la partie comprise entre les Halles et Saint-Germain-des-Prés, un tracé nouveau passant par le Châtelet et la Cité.

J. H.

(Mars 1903).

LE

CHEMIN DE FER MÉTROPOLITAIN

MUNICIPAL DE PARIS

EXPOSÉ

—

Le chemin de fer métropolitain de Paris, dont le premier projet (Brame et Flachat) remonte à 1855, a eu à subir bien des discussions, bien des vicissitudes, mais on peut dire qu'il est arrivé à son heure.

D'une part, en effet, les expériences faites tant en France qu'à l'étranger ont permis d'apporter, dans l'application de l'énergie électrique à la traction des véhicules, des perfectionnements nombreux et importants dont bénéficie naturellement le Métropolitain parisien. D'un autre côté, les moyens de transport actuels sont depuis longtemps devenus absolument insuffisants; or, tout insuffisants qu'ils soient déjà pour satisfaire aux besoins des voyageurs, les véhicules qui sillonnent la capitale en tous sens rendent par leur nombre la circulation extrêmement pénible, non seulement dans les voies principales, mais dans beaucoup de voies d'ordre secondaire; sur certains points, la traversée des chaussées est même devenue périlleuse pour les piétons, et tel carrefour est devenu célèbre par la quantité d'accidents qui s'y produisent presque journellement.

Le problème à résoudre consistait donc à mettre à la disposition du public parisien un service de transport rapide sans risquer d'augmenter l'encombrement des rues. Dès lors, était tout indiqué l'établissement d'un système de réseau placé en dehors des voies publiques et laissant subsister intégralement la surface empruntée par la circulation parisienne.

Le réseau métropolitain, établi surtout en souterrain, répond à ce desideratum : une longueur relativement faible sera construite en viaduc, une autre encore moindre en tranchée. On conçoit, en effet, qu'il eût été de toute impossibilité d'ouvrir, dans les rues de Paris, une tranchée permanente de dimensions si minimes qu'elle fût, et il a fallu nécessairement ne prévoir ce type d'ouvrage que sur quelques points de passage obligés et dans des voies, telles que les anciens boulevards extérieurs, dont la largeur considérable laissera encore libre une surface de chaussée et de trottoirs suffisante pour assurer dans de bonnes conditions la circulation des voitures et des piétons.

Enfin, il suffira de rappeler en quelques mots que le principe même de l'établissement d'un chemin de fer métropolitain a donné lieu, au sein du Conseil municipal et entre cette assemblée et les représentants de l'Etat, à de vives et nombreuses discussions ; ce n'est que grâce à l'énergie et à la persévérance de ses défenseurs, auxquels il convient de rendre hommage, que cette œuvre colossale, intéressante entre toutes, a pu enfin sortir victorieuse des obstacles de toute nature contre lesquels elle est venue se heurter pendant de longues années.

Quant à la population parisienne, la principale sinon la seule intéressée dans l'affaire, elle avait paru au début, et jusqu'en ces dernières années, un peu sceptique à l'égard du Métropolitain ; ce sentiment résultait évidemment des alternatives par où avaient passé les projets depuis si longtemps présentés et ajournés, et qui avaient, en fin de compte, fait perdre au public toute confiance en leur réalisation.

C'est ainsi que la première enquête d'utilité publique, ouverte en 1896 à l'Hôtel de Ville et dans toutes les mairies d'arrondissements, a passé presque inaperçue et n'a recueilli qu'un nombre relativement minime d'observations. Il n'en a pas été de même aux enquêtes subséquentes ouvertes depuis, et, dès la mise en exploitation de la première ligne (juillet 1900), le sentiment général, dont le Conseil municipal s'est fait énergiquement l'interprète, est devenu absolument favorable au développement du réseau complet.

Qu'est-ce qu'un Métropolitain ? Au sens étymologique du mot, la réponse est aisée à faire. Mais, au point de vue de la jurisprudence, il n'est peut-être pas inutile de préciser le caractère que présente ce type de chemin de fer spécial ; on sait que c'est la fixation de ce caractère qui, seule, a divisé pendant vingt-cinq années les représentants de la Ville et ceux de l'État.

Il s'agissait, en effet, de déterminer s'il y avait lieu d'attribuer au Métropolitain le caractère d'intérêt local, comme le réclamait le Conseil municipal, ou celui d'intérêt général, que prétendait lui donner le Gouvernement.

Or, comme l'a parfaitement défini M. le député Argeliès dans son rapport à la Chambre, un Métropolitain est, comme son nom l'indique, un chemin de fer établi dans une ville assez étendue et populeuse pour justifier l'installation d'un chemin de fer spécial : un chemin de fer d'intérêt local urbain.

Cette manière de voir a fini par prévaloir, et une décision du Gouvernement, en date du 22 novembre 1895, a reconnu au Métropolitain parisien le caractère d'intérêt local.

Le Conseil municipal mit immédiatement à l'étude un chemin de fer conçu sur les données principales suivantes :

1° Voie étroite, permettant de diminuer la dépense et d'assurer l'autonomie du réseau en rendant impossible son raccordement ultérieur avec les lignes des grandes Compagnies ;

2° Emploi de trains légers à traction électrique donnant plus de souplesse à l'exploitation et évitant la fumée, intolérable pour les voyageurs dans les souterrains et pour les riverains dans les parcours à ciel ouvert ;

3° Construction par la Ville ;

4° Exploitation par un concessionnaire.

Cette étude a abouti finalement au projet définitif qui, adopté successivement par la Chambre des députés et le Sénat, après avis du Conseil général des Ponts et Chaussées et du Conseil d'État, a fait l'objet de la loi du 30 mars 1898 qui comporte (voir annexe A) :

1° La déclaration d'utilité publique des lignes qui doivent

composer le réseau métropolitain projeté par la Ville de Paris;

2° L'autorisation, pour la Ville, de pourvoir à l'exécution et à l'exploitation du réseau dans les conditions de la loi du 11 juin 1880, du règlement du 6 août 1881, du cahier des charges et de la convention dressés par le Préfet de la Seine au nom de la Ville de Paris.

A cette loi, dont le texte a apporté quelques modifications aux dispositions adoptées par le Conseil municipal de Paris, ont été annexés la convention passée entre la Ville de Paris et la Compagnie concessionnaire et le cahier des charges fixant les obligations de cette dernière (annexes B et C). Il faut remarquer qu'en l'état actuel de la jurisprudence, la Ville ne pouvait elle-même exploiter son métropolitain, d'où, pour elle, la nécessité de soumettre aux pouvoirs publics, en même temps que le projet de loi, la convention avec le concessionnaire; c'est d'ailleurs sous cette forme que les projets de loi déclarant d'utilité publique les chemins de fer d'intérêt local sont toujours soumis aux Chambres.

MODE D'ÉTABLISSEMENT DU CHEMIN DE FER MÉTROPOLITAIN

a. **Construction de l'infrastructure par la Ville de Paris. —** Le Chemin de fer Métropolitain de Paris est construit par la Ville, par analogie avec les règles fixées par la loi du 11 juin 1842 relativement à la construction par l'État des chemins de fer d'intérêt général.

Cette manière de faire présente d'ailleurs divers avantages très importants :

1° La durée de la concession a pu être réduite à trente-cinq années, tandis qu'il eût fallu, dans le cas de construction par le concessionnaire, aliéner le réseau pour soixante-quinze ans, période nécessaire pour amortir la dépense d'établissement de l'infrastructure;

2° Il est certain que la Ville a pu se procurer les capitaux nécessaires à un taux bien inférieur à celui qu'aurait eu à payer toute société privée; il en résulte un allégement sensible des charges qui grèveront les revenus de l'entreprise;

3° Il eût été difficile au concessionnaire de réaliser l'énorme capital nécessaire et la Ville eût été amenée à faire, pour son métropolitain, ce qui se fait pour les chemins de fer, aussi bien d'intérêt local que d'intérêt général : concéder une garantie d'intérêt de 2 1/2 p. 100 environ; ce qui, en tenant compte de la majoration inévitable des dépenses de premier établissement dans ces conditions, aurait, au même degré que pour la construction directe, engagé la responsabilité de la Ville.

b. **Construction de la superstructure et exploitation par le concessionnaire.** — Toutefois, l'action directe de la Ville est limitée aux seuls travaux de l'infrastructure; elle livre au concessionnaire les tunnels, tranchées ou viaducs, en lui laissant le soin et la responsabilité de la superstructure, travail très spécial en raison des multiples installations électriques qu'il comprend. Il était d'ailleurs de toute équité et aussi de toute prudence de laisser le concessionnaire construire le mécanisme important dont il devait assurer le fonctionnement régulier.

C'est donc au concessionnaire qu'incombent l'installation des voies et des transmissions électriques, l'aménagement des accès aux stations, la construction des ateliers et usines ainsi que l'achat des terrains nécessaires à cet effet, etc. La dépense correspondante est considérable et ne représente guère moins du quart environ des dépenses totales de construction du Métropolitain.

Divers demandeurs en concession s'étaient présentés; après un examen minutieux et attentif des propositions formulées, le choix de la commission spéciale instituée à cet effet s'est porté sur la Compagnie générale de Traction, associée dans cette entreprise avec les établissements du Creusot.

L'article 3 de la convention annexée à la déclaration d'utilité publique, est ainsi conçu :

Art. 3. — « La Compagnie générale de Traction s'engage à « former, dans le délai de six mois à dater de la promulgation « de la loi déclarative d'utilité publique, une Société anonyme au « capital minimum, en numéraire, de 25 millions de francs, « ayant pour objet exclusif l'exploitation du Chemin de fer « Métropolitain et dont le Conseil d'administration sera composé

« exclusivement de Français. Elle cédera la présente concession
« à cette Société qui, elle-même, ne pourra la rétrocéder qu'avec
« l'agrément exprès de la Ville de Paris. La rétrocession ne
« pourra, d'ailleurs, avoir lieu qu'en vertu d'un décret délibéré
« en Conseil d'État, conformément à l'article 10 de la loi du
« 11 juin 1880. »

Se conformant à ces stipulations, la Compagnie générale de
Traction a rétrocédé sa concession à la « Compagnie du Métropolitain de Paris » qui, aux termes de l'article 2 de ses statuts,
a pour objet exclusif :

1° L'établissement et l'exploitation du Chemin de fer Métropolitain de Paris, dans les conditions de la concession annexée à
la loi du 30 mars 1898;

2° L'établissement et l'exploitation de toutes les lignes nouvelles qui pourraient être concédées par les pouvoirs publics;

3° Et toutes les opérations se rattachant aux objets ci-dessus
énoncés.

L'exploitation est assurée par le concessionnaire à ses risques et
périls, sans garantie d'aucune sorte de la part de la Ville; les
dépenses d'établissement de la superstructure, des usines et constructions diverses, faites par le concessionnaire, seront recou-
vrées par lui à l'aide des recettes.

Pour plus de clarté, l'étude technique qui suit a été divisée en
quatre parties principales :

1° Étude d'ensemble du réseau général tel qu'il a été prévu au
projet définitif approuvé par la loi du 30 mars 1898 et en tenant
compte des modifications survenues depuis;

2° Description et étude de la construction de la première fraction mise en exploitation au cours de l'année 1900;

3° Description et exécution de la deuxième ligne métropolitaine dont la construction se termine actuellement et qui sera
livrée au public au moment où paraîtra cette étude.

Ces deux dernières parties comprennent également l'étude des
ouvrages de superstructure correspondants : matériel roulant,
type des voies, appareils de transmission de l'énergie, usine
génératrice et usine de relais, signaux de sécurité, accès aux
stations, etc.

4° Sous forme d'appendice, résultats de l'exploitation pour les
lignes en service.

Enfin, on trouvera, dans les annexes, le texte *in extenso* des
documents officiels concernant le chemin de fer métropolitain :
lois déclaratives d'utilité publique, conventions de concession,
cahier des charges, etc.

CHAPITRE PREMIER

LÉ RÉSEAU GÉNÉRAL

I. — CONSISTANCE DU RÉSEAU

Aux termes de la loi du 30 mars 1898, le réseau métropolitain concédé à titre définitif comprenait six lignes ou sections (voir le plan, planche I), savoir :

Ligne ou section A, de la porte de Vincennes à la porte Dauphine;

     —   B, circulaire par les anciens boulevards extérieurs;

     —   C, de la porte Maillot à Ménilmontant;

     —   D, de la porte de Clignancourt à la porte d'Orléans;

     —   E, du boulevard de Strasbourg au pont d'Austerlitz;

     —   F, de la porte de Vincennes à la porte d'Italie;

et les raccordements de ces diverses lignes entre elles.

La convention annexée à la loi déclarative d'utilité publique prévoyait, en outre, à titre éventuel, trois lignes supplémentaires ne faisant pas partie du projet d'ensemble proprement dit :

Ligne ou section G de la place Valhubert au quai de Conti;

     —   H du Palais-Royal à la place du Danube;

     —   I d'Auteuil à l'Opéra.

Disons de suite que la ligne G, de la place Valhubert au quai de Conti a été abandonnée; sa construction est d'ailleurs devenue impossible depuis le prolongement du chemin de fer d'Orléans jusqu'à la gare du quai d'Orsay.

D'autre part, la ligne H, du Palais-Royal à la place du Danube, a été déclarée d'utilité publique par la loi du 22 avril 1902 (voir Annexe E) et la concession, prévue à titre éventuel par la convention de 1898, en est devenue définitive (voir Annexe F).

Enfin, les formalités se poursuivent en vue de l'obtention de la loi déclarative d'utilité publique de la ligne I, d'Auteuil à l'Opéra, par Grenelle ; le projet de loi, déjà adopté par la Chambre des Députés, est actuellement soumis au Sénat, et il y a lieu de croire que la loi elle-même ne tardera pas à être promulguée, si elle ne l'est déjà, lors de la publication du présent ouvrage [1].

II. — Durée de la concession

La durée de la concession est fixée à trente-cinq ans. Pour déterminer le point de départ de cette durée, le Métropolitain est divisé en trois réseaux :

1er réseau, comprenant les trois lignes A, B, C ;
2e réseau,   —   —   D, E, F ;
3e réseau,   —   les autres lignes.

Pour chaque réseau, la concession partira de la réception de la dernière ligne ou fraction du réseau et se terminera trente-cinq ans après cette date ; les divers réseaux feront retour à la Ville de Paris successivement dans leur ordre de livraison au concessionnaire. Ce dernier restera cependant en possession de l'exploitation de l'ensemble des réseaux jusqu'au jour de la remise du dernier réseau, mais il versera à la Ville une redevance annuelle de location pour la partie ayant fait retour à celle-ci en vertu des stipulations convenues.

Lorsqu'un délai d'au moins sept années se sera écoulé à partir de la réception générale de la section construite en dernier lieu, la Ville aura le droit de racheter la concession et de prendre immédiatement possession de l'exploitation moyennant diverses

---

[1] Cette loi vient d'être promulguée (voir annexes G et H, p. 253-254),

conditions pour le détail desquelles nous renvoyons au cahier des charges annexé à la loi déclarative d'utilité publique (Annexe C).

III. — MONTANT DES DÉPENSES. — EMPRUNT MUNICIPAL

La dépense totale de construction de l'infrastructure, pour les six premières lignes formant l'avant-projet de 1897, s'élevait, d'après ce projet, à 150 000 000 francs ainsi répartis :

	DÉPENSES	
	Totales.	Par kilomètre.
	francs.	francs.
Ligne A	27 000 000	2 450 757
Ligne B	47 500 000	2 086 720
Ligne C	21 500 000	2 486 842
Ligne D	31 500 000	2 756 508
Ligne E	11 000 000	2 237 819
Ligne F	11 500 000	1 939 618
Ensemble.	150 000 000	2 318 482

A cette somme, il y a lieu d'ajouter une prévision de 15 millions, dont 11 500 000 francs pour expropriation de terrains et 3 500 000 francs pour frais d'émission d'emprunt, ce qui portait à 165 millions la dépense totale de l'infrastructure des six lignes.

Une loi du 4 avril 1898 a autorisé la Ville de Paris à contracter un emprunt de pareille somme, amortissable en soixante quinze ans à partir de 1904; le cahier des charges de cet emprunt stipule qu'il sera réalisé au moyen d'obligations municipales remboursables au capital de 500 francs, produisant un intérêt fixe de 10 francs par an et participant chaque année au moyen de tirages trimestriels à des lots d'une valeur totale de 600.000 francs par an. A partir de 1910, la Ville de Paris aura (art. 10 du cahier des charges) la faculté de rembourser par anticipation la portion non amortie de l'emprunt, auquel cas il n'y aurait plus lieu à aucun tirage; toutes les obligations non amorties antérieurement seraient alors remboursées au pair et cesseraient de produire intérêt.

Une première fraction de 115 millions avait été d'abord émise suivant arrêté préfectoral du 26 octobre 1899 ; elle représentait la somme nécessaire à l'exécution des 42 kilomètres du chemin de fer métropolitain prévus par l'article 6 de la convention de concession (annexe B), et comprenant les lignes A, B et C de l'avant-projet. Une délibération du Conseil municipal en date du 10 mars 1902 a décidé de procéder à l'émission des 50 millions restants en vue de poursuivre sans interruption la construction du réseau.

Ainsi qu'on a pu le voir en rapprochant le texte du cahier des charges de la concession (annexe C, art. 4) de celui de la loi déclarative d'utilité publique (annexe A, art. 3 §. 2), la largeur de la voie entre bords intérieurs des rails (1,30 m.), prévue au projet de 1897, a été portée à 1,44 m. D'où la nécessité d'augmenter le gabarit des ouvrages d'infrastructure et, par suite, une majoration dans la dépense d'établissement de ces ouvrages ; d'où encore des dépenses supplémentaires pour les travaux de déviation d'égouts, de conduites d'eau et autres ouvrages publics.

Or, la loi du 4 avril 1898, autorisant l'emprunt, n'a pas tenu compte de la modification ainsi apportée au projet par la loi du 30 mars 1898 ; de là une première insuffisance dans les crédits autorisés.

Cette insuffisance s'est trouvée augmentée du fait des dispositions complémentaires qu'il a fallu prendre et prévoir pour faire face à un trafic qui a dépassé toutes les prévisions premières (établissement de garages... etc.). Les dépenses supplémentaires à prévoir pour ces divers motifs s'élèvent ainsi en totalité à une somme de 22 millions.

D'autre part, le Conseil municipal a, par plusieurs délibérations, affirmé sa volonté énergique de poursuivre et de traiter l'exécution intégrale de toutes les lignes concédées ou prévues par la loi de 1898. Il fallait donc créer les ressources nécessaires pour la construction des lignes n° 7, du Palais-Royal à la place du Danube, et n° 8, d'Auteuil à l'Opéra par Grenelle ; la dépense de ce chef est évaluée à 54 millions.

En tenant compte de ces divers éléments, le coût de chacune des huit lignes ressort ainsi qu'il suit :

Premier réseau.	Lignes mises en exploitation en 1900 . .	37 441 000 fr.	
	Ligne n° 2, circulaire nord.	34 356 500 —	
	— — sud	41 260 000 —	
	Ligne n° 3, Courcelles-Ménilmontant . .	24 205 000 —	
	Ensemble.		140 262 500 fr.
Deuxième réseau.	Ligne n° 4. Clignancourt-Porte d'Orléans.	43 900 000 fr.	
	Ligne n° 5. Boulevard de Strasbourg-Pont d'Austerlitz.	12 200 000 —	
	Ligne n° 6. Cours de Vincennes-Place d'Italie.	17 400 000 —	
	Ensemble.		73 500 000 fr.
	Ligne n° 7. Palais-Royal - Place du Danube.	21 000 000 fr.	
	Ligne n° 8. Auteuil-Opéra.	33 000 000 —	
	Ensemble.		54 000 000 fr.
	Total du réseau		267 762 500 fr.

Les opérations de voirie à prévoir pour permettre la construction du chemin de fer, s'élèvent de leur côté à un total de 59 400 000 francs.

Si l'on ajoute enfin aux sommes ci-dessus les frais d'émission du premier emprunt (3 500 000 francs) et ceux du deuxième à réaliser pour faire face à la totalité des besoins exposés ci-dessus (3 500 000 francs), on arrive au total général de 334 162 500 francs.

Le premier emprunt ayant été de 165 millions, le second devrait être de 169 162 500 francs ou 170 millions en nombre rond.

Une délibération du Conseil municipal en date du 31 décembre 1901 avait déjà invité M. le Préfet de la Seine à solliciter des pouvoirs publics l'autorisation, pour la Ville de Paris, de contracter un emprunt complémentaire de 150 millions pour l'achèvement du réseau métropolitain; une deuxième délibération, du 26 mars 1902 a donc décidé de porter à 170 millions le montant du nouvel emprunt.

IV. — GAGE DE L'EMPRUNT

La convention dispose qu'en vue de permettre à la Ville de Paris de faire face au service, en intérêts et amortissement, des emprunts contractés par elle pour les travaux d'infrastructure du

Métropolitain, il sera fait au profit de celle-ci, à toute époque et pour tout billet délivré, un prélèvement calculé à raison de 0,05 fr., par billet délivré de 2e classe à 0,15 fr. ou par billet du matin à 0,20 fr. et à raison de 0,10 fr. par billet de 1re classe à 0,25 fr.

Toutefois, lorsque le nombre des voyageurs transportés par an, en toutes classes, dépassera 140 millions, le prélèvement en faveur de la Ville de Paris sera augmenté par voyageur donnant droit au prélèvement :

De 0,001 fr. pour les premiers 10 millions de voyageurs au delà de 140 millions ;

De 0,002 fr. pour la seconde fraction de 10 millions de voyageurs ;

De 0,003 fr. pour la troisième fraction de 10 millions de voyageurs ;

De 0,004 fr. pour la quatrième fraction de 10 millions de voyageurs ;

De 0,005 fr. pour la cinquième fraction de 10 millions de voyageurs.

A partir de 190 millions de voyageurs, les prélèvements supplémentaires cesseront de croître et seront, pour tous les voyageurs excédant ce total de 190 millions, de 0,005 fr.

Les prélèvements de la Ville pour cet excédent seront donc respectivement :

De 0,055 en 2e classe (billet simple ou billet d'aller et retour).

De 0,105 en 1re classe.

Les transports d'enfants des écoles à 0,05 fr., ne donneront lieu à aucun prélèvement.

La part ainsi attribuée à la Ville est une charge de l'exploitation : elle doit être défalquée du produit brut pour le calcul du produit net devant servir de base au prix de rachat dans les conditions prévues par l'article 19 du cahier des charges (annexe C).

V. — Données générales de la construction du réseau

a. **Ordre et délais d'exécution.** — Aux termes de l'article 5 de la convention, l'ordre et les délais d'exécution des diverses sections ou parties de sections composant le réseau concédé à titre définitif ont été déterminés d'après les règles suivantes :

Le réseau est partagé, à ce point de vue, en six fractions, savoir :

1re fraction : Ligne A et partie de la ligne C. — De la porte de Vincennes à la porte Dauphine et à la porte Maillot.

2e fraction : Ligne B. — Circulaire par les anciens boulevards extérieurs.

3e fraction : Ligne C (partie). — Du boulevard de Courcelles à Ménilmontant.

4e fraction : Ligne D (partie). — De la porte de Clignancourt au boulevard de Strasbourg; ligne E. — Du boulevard de Strasbourg au pont d'Austerlitz.

5e fraction : Ligne D (partie). — Du boulevard de Strasbourg à la porte d'Orléans.

6e fraction : Ligne F. — Du Cours de Vincennes à la place d'Italie.

Et éventuellement.:

Ligne H. — Du Palais-Royal à la place du Danube.

Ligne I. — D'Auteuil à l'Opéra par Grenelle.

Toute modification à l'ordre d'exécution résultant du classement ci-dessus ou au fractionnement de l'une des sections ainsi définies devrait être faite d'accord entre la Ville et le concessionnaire. Cependant, la Ville de Paris s'est réservé la faculté d'exécuter simultanément deux ou plusieurs fractions quand bon lui semblera, sans toutefois intervertir l'ordre numérique fixé par la convention.

La Ville de Paris doit, dans le délai maximum de huit ans à dater de la promulgation de la loi déclarative d'utilité publique (30 mars 1898), livrer au concessionnaire un réseau minimum de 42 kilomètres à double voie comprenant les trois lignes A, B et C ; les parties à voie unique seront comptées, dans le calcul de cette longueur, pour la moitié de leur développement total.

Le deuxième réseau, comprenant les lignes D, E, F, devra être construit et livré par la Ville au concessionnaire dans un délai maximum de cinq années après la remise par elle, au concessionnaire, de la dernière ligne du premier réseau.

Le délai maximum pour la livraison du réseau définitif entier est ainsi de treize années à partir du 30 mars 1898 et par suite, prendra fin le 30 mars 1911.

Enfin, les lignes dites éventuelles H et I devront être livrées au concessionnaire dans les cinq ans qui suivront la remise de la dernière ligne du réseau définitif.

Toutefois, la Ville de Paris pouvait, pour les deuxième et troisième réseaux (lignes D, E, F, lignes H, I), renoncer à l'exécution des lignes dont la construction ne serait pas engagée, sans qu'il en résulte que le concessionnaire puisse, en ce qui concerne les lignes précédentes, se soustraire à l'accomplissement intégral des obligations lui incombant.

Disons de suite que loin de faire appel à cette faculté à lui réservée, le Conseil municipal, en présence des résultats de l'exploitation de la première ligne ouverte en 1900, a décidé, suivant délibération du 14 juin 1901, de hâter par tous moyens, et sans s'astreindre aux délais ci-dessus indiqués, la construction des lignes projetées, tant celles concédées par la loi du 30 mars 1898, que celles dites éventuelles.

Les travaux de superstructure doivent, pour chaque fraction, être commencés par le concessionnaire dans les deux mois qui suivent la livraison, à lui faite par la Ville, de l'infrastructure ; ils doivent être poursuivis et terminés de façon que l'exploitation soit commencée dans le délai de dix mois à compter du jour de ladite livraison.

b. **Tracé et longueurs des lignes.** — Le cahier des charges de la concession a, en son article 2, défini comme suit le tracé général des lignes métropolitaines :

Section A. — De la porte de Vincennes à la porte Dauphine, passant par ou près la place de la Nation, la gare de Lyon, la place de la Bastille, l'Hôtel de Ville ;

Section B. — Circulaire par les boulevards extérieurs, passant par ou près la place de l'Étoile, le collège Chaptal, la place de Clichy, la place d'Anvers, le rond-point de la Villette, le Père-Lachaise, la place de la Nation, la gare de Lyon, la gare d'Orléans, la place d'Italie, la place Denfert-Rochereau, la gare Montparnasse, le Champ-de-Mars et le Trocadéro ;

Section C. — De la porte Maillot à Ménilmontant, passant par ou près la place de l'Étoile, le collège Chaptal (partie commune avec la ligne B), la gare Saint-Lazare, la Bourse, la place de la République et le Père-Lachaise ;

Section D. — De la porte de Clignancourt à la porte d'Orléans, passant par ou près la gare du Nord, la gare de l'Est, les Halles, la rue de Rennes et la rue Denfert-Rochereau :

Section E. — Du boulevard de Strasbourg au pont d'Austerlitz, passant par ou près la place de la République et la place de la Bastille ;

Section F. — Du Cours de Vincennes à la place d'Italie, passant par ou près la place Daumesnil et la Salpêtrière ;

Telles qu'elles sont définies par le plan général joint au projet approuvé en 1897 (planche 1).

Section G. — (Abandonnée, comme il a été dit plus haut).

Section H. — Du Palais-Royal à la place du Danube.

Section I. — D'Auteuil à l'Opéra, par Grenelle.

Comme on le verra plus loin (étude de la première fraction), on a été amené à modifier la répartition des lignes formant les sections A et C. Il en est de même, pour les motifs exposés ci-après, de la section B. La répartition ainsi arrêtée fixe comme suit le réseau général métropolitain, dont le tracé arrêté par la loi a, d'ailleurs, été conservé.

Ligne n° 1. — De la porte de Vincennes à la porte Maillot ;

Ligne n° 2. — 1° Circulaire nord, de la porte Dauphine à la place de la Nation, par les anciens boulevards extérieurs de la rive droite ; 2° Circulaire sud, de la place de l'Étoile au pont d'Austerlitz, par les anciens boulevards extérieurs de la rive gauche ;

Ligne n° 3. — Du boulevard de Courcelles à Ménilmontant ;

Ligne n° 4. — De la porte d'Orléans à la porte de Clignancourt ;

Ligne n° 5. — Du boulevard de Strasbourg au pont d'Austerlitz ;

Ligne n° 6. — De la place d'Italie au cours de Vincennes (place de la Nation) ;

Ligne n° 7. — Du Palais-Royal à la place du Danube ;

Ligne n° 8. — D'Auteuil à l'Opéra.

Les projets de détail dressés par l'Administration donnent pour l'ensemble du réseau une longueur de 75 547,36 m. savoir :

TABLEAU N° 1.

				Longueur		
Réseau dit concédé.	Premier réseau.	Ligne n° 1		10 576ᵐ,31	42 115ᵐ,86	61 466ᵐ,36
		Ligne n° 2 circulaire.	Nord	12 415ᵐ,55		
			Sud	11 001ᵐ,00		
		Ligne n° 3		8 123ᵐ,00		
	Deuxième réseau.	Ligne n° 4		10 644ᵐ,50	19 350ᵐ,50	
		Ligne n° 5		3 935ᵐ,00		
		Ligne n° 6		4 771ᵐ,00		
Troisième réseau dit éventuel.		Ligne n° 7		6 853ᵐ,00	14 081ᵐ,00	
		Ligne n° 8		7 223ᵐ,00		
Longueur totale						75 547ᵐ,36

Nota. — Les chiffres ci-dessus représentent les longueurs dites de butoir à butoir, c'est-à-dire les longueurs de bout en bout de chaque ligne mesurées sur l'axe ils pourront d'ailleurs se trouver quelque peu modifiés pour les dernières lignes dont les projets d'exécution ne sont pas encore dressés.

c. **Combinaisons définitives d'exploitation.** — L'avant-projet de 1897 prévoyait la soudure des lignes n°s 1 et 2 sous le boulevard Diderot, entre la place de la Nation et la station de la gare de Lyon; les dispositions de cette dernière station avaient été étudiées et réalisées en vue de cette hypothèse. Mais, par une délibération du 29 mars 1901, le Conseil municipal de Paris demanda qu'il fût procédé à une étude ayant pour but de faire aboutir à la place de la Bastille la partie de la ligne circulaire sud qui devait rejoindre la station de la gare de Lyon.

L'examen de la question au triple point de vue : 1° des conditions d'établissement de la ligne aux abords du terminus; 2° des conditions de service ; 3° des conditions de trafic, démontra clairement l'avantage que présentait l'abandon du raccordement des deux lignes à la station de la gare de Lyon.

Ce même examen conduisit à envisager une troisième solution échappant aux inconvénients de la première et présentant les avantages de la seconde, tout en entraînant moins de complications de construction, d'embranchements et même de dépense. Elle consistait à admettre que la ligne n° 5, venant de la gare de l'Est et traversant la place de la Bastille comme dans l'avant projet, viendrait se souder à la ligne n° 2 au pont d'Austerlitz, de manière à prolonger purement et simplement cette ligne venant du boulevard de l'Hôpital en traversant la Seine ; la ligne n° 5 dont le terminus était prévu au pont d'Austerlitz serait ainsi prolongée jusqu'à la place d'Italie où serait établi le terminus. En même temps, la ligne n° 6, du cours de Vincennes à la place d'Italie, serait soudée, en ce dernier point, à la circulaire arrivant de la place de l'Étoile par les boulevards extérieurs et en formerait le prolongement naturel.

La constitution légale du réseau métropolitain se prêtait d'ailleurs parfaitement à ces nouvelles combinaisons d'exploitation qui ne touchaient en rien aux tracés définis par la loi déclarative d'utilité publique du 30 mars 1898 ; il n'était donc pas besoin de formalités d'enquête pour décider leur adoption qui fut prononcée par le Conseil municipal dans sa séance du 14 juin 1901.

L'exploitation du réseau déclaré d'utilité publique se fera donc, en définitive, au moyen des lignes suivantes :

Transversale est-ouest, de la porte Maillot à la porte de Vincennes ;

Circulaire : 1° de la porte Dauphine à la place de la Nation, par les anciens boulevards extérieurs de la rive droite ; 2° de la place de l'Étoile à la place de la Nation, par les anciens boulevards extérieurs de la rive gauche ;

Transversale est-ouest, du parc Monceau à la place Gambetta ;

Transversale nord-sud, de la porte de Clignancourt à la porte d'Orléans ;

Transversale nord-sud, du boulevard de Strasbourg à la place d'Italie ;

Auxquelles il faut ajouter les deux lignes rayonnantes : 1° du Palais-Royal à la place du Danube (loi déclarative d'utilité publique du 22 avril 1902) ; 2° d'Auteuil à l'Opéra (dont la déclaration d'utilité publique est actuellement soumise à l'examen du Parlement).

La planche 2 donne l'ensemble du réseau ainsi compris.

d. **Types des ouvrages.** — Les types d'ouvrages étudiés sont applicables à l'ensemble du réseau ; ils seront décrits dans la deuxième partie de cette étude, en même temps que les modifications apportées à ces types en certains points des lignes déjà construites, par suite de la disposition des lieux ou autres circonstances.

e. **Courbes et déclivités.** — Le rayon minimum adopté est de 75 mètres, et deux courbes de sens contraire sont toujours séparées par un alignement droit de 50 mètres de longueur minima. Ces règles ne comportent jusqu'ici qu'une seule exception sur le parcours de la ligne n° 1, aux abords de la place de la Bastille où il a fallu abaisser le rayon à 50 mètres dans deux courbes séparées par un alignement droit réduit à 33,45 m. de longueur. Nous reviendrons sur ce point spécial lors de l'étude de la première fraction dont fait partie la ligne n° 1.

La déclivité maxima admise en profil est de 0,04 m. par mètre; un palier de 50 mètres au moins sépare toujours deux pentes ou rampes de sens contraire.

A tous les points de bifurcation ou de raccordement, on s'est imposé l'obligation d'éviter les traversées de voies à niveau, ce qui nécessite la construction, fort coûteuse, de galeries spéciales généralement à voie simple, passant au-dessus ou au-dessous des voies principales.

Les stations sont prévues en palier; lorsque l'une d'elles est suivie immédiatement d'une rampe, son palier est prolongé dans la mesure du possible pour faciliter le démarrage des trains.

f. **Modifications aux ouvrages publics.** — Le tracé des diverses lignes métropolitaines rencontre fréquemment des égouts et des conduites d'eau, de gaz, d'air comprimé, d'électricité, etc... Ces différents ouvrages doivent être modifiés de façon à laisser le passage libre au chemin de fer métropolitain. C'est là un travail considérable, entraînant des dépenses élevées et dont la complication est telle qu'il faudrait un volume pour le décrire; on aura plus loin un aperçu des travaux de déviation d'égouts et de conduites d'eau nécessités par la construction de la première fraction métropolitaine et de la ligne circulaire de la rive droite.

g. **Raccordement des grandes lignes.** — L'article 3 de la loi du
30 mars 1898 porte que le tracé du Métropolitain devra laisser
réalisables, au point de vue technique, la pénétration des grandes
lignes et leur raccordement dans Paris.

Les pénétrations et raccordements à considérer ont déjà fait
l'objet d'études sommaires à propos des différents projets du
Métropolitain qui se sont succédé.

On peut les définir de la manière suivante :

1° Raccordement de la gare d'Orléans avec les gares des Invalides et Saint-Lazare ;

2° Raccordement des gares du Nord et de l'Est avec les gares
de Vincennes, de Paris-Lyon-Méditerranée et d'Orléans.

Le premier de ces raccordements est déjà réalisé en partie par
le transfert au quai d'Orsay de la gare d'Orléans et l'exécution de
la ligne de Courcelles au Champ-de-Mars.

Afin de sauvegarder l'application de la loi, les projets des différentes lignes métropolitaines sont soumis préalablement à
l'examen et à l'approbation du Ministre des Travaux publics.

VI. — Exploitation

a. **Mode d'exploitation.** — Dans l'avant-projet du chemin de fer
métropolitain, on avait prévu une exploitation en *circuits fermés*.
Ce mode d'exploitation consiste, comme l'indique son nom, à
faire parcourir aux trains un itinéraire formant une boucle
fermée, chaque train recommençant le même tour, une fois la
boucle parcourue. De la sorte, les trains tournent toujours dans
le même sens. Ce système permet de superposer plusieurs gra-
phiques en raccordant les lignes entre elles; l'avantage consiste,
si l'on raccorde 2, 3 ou 4 courants de circulation, à obtenir une
grande intensité de circulation là où l'on suppose que le trafic doit
être abondant.

Pour établir ce mode d'exploitation, l'avant projet prévoyait les
voies de raccordement nécessaires et, en outre, *des voies de
garage*.

Plus tard, il fut reconnu qu'avec un service aussi tendu que
celui du Métropolitain, l'exploitation en circuits fermés offrirait

des complications redoutables qui lui firent substituer l'exploitation *en navette*. Ce système consiste à faire parcourir aux trains une ligne donnée dans un sens et à les faire revenir, en sens inverse, au point de départ; c'est ce qui a lieu sur les lignes métropolitaines déjà en exploitation. Ainsi, sur la ligne « porte de Vincennes-porte Maillot », le train parti de Vincennes par la voie montante rejoint, au terminus Maillot, la voie descendante, au moyen d'une boucle; puis il retourne à Vincennes et là, au moyen d'une seconde boucle, reprend la voie montante. Il se produit de la sorte un mouvement d'aller et retour, ce qui fait que le système en navette se nomme aussi système de *va-et-vient* ou de *bout-en-bout*.

Ce genre d'exploitation permet de se passer de voies de raccordement, mais il nécessite l'établissement de boucles terminales et de voies de garage.

La *voie de garage* a pour but de remiser momentanément, en cas d'accident, un train avarié, afin d'éviter un arrêt plus ou moins long de circulation sur la ligne entière. L'avant-projet de 1897 avait prévu, pour la première ligne notamment, deux garages en cours de route qui ne furent d'ailleurs pas exécutés. Mais, c'est là une lacune aujourd'hui reconnue.

L'expérience a aussi démontré l'insuffisance d'outillage des stations terminales telles qu'elles ont été établies (voir plus loin). L'empressement du public à fréquenter le chemin de fer métropolitain, l'affluence qui encombre les stations à certaines heures et à certains jours, ont rendu insuffisants les moyens de transport mis d'abord en action par la Compagnie exploitante. Pendant dix à douze heures par jour, le premier matériel roulant pouvait suffire : ce sont les heures dites creuses. Pendant les huit à dix autres heures, les trains étaient bondés, les voyageurs attendaient aux stations faute de places disponibles : ce sont les heures pleines. Aussi, la Compagnie a-t-elle songé à établir un service renforcé permettant, dans les heures pleines, de satisfaire aux besoins du public et consistant à faire circuler pendant ces heures un plus grand nombre de voitures, pour revenir au nombre réduit pendant les heures creuses.

La difficulté réside dans la transition du service tendu (trains plus fréquents) au service ordinaire et inversement. Pour passer de l'un à l'autre, il faut disposer de voies où les trains supplémentaires du service tendu peuvent attendre le moment où ils entreront en mouvement. De plus, pour augmenter ou diminuer le nombre des voitures d'un train, des manœuvres sont nécessaires qui ne se peuvent exécuter sur les lignes mêmes. Le système conduit donc à l'établissement de certaines voies annexes dans les points terminus pour permettre le passage rapide d'un service à l'autre ; ce sont les *voies de service* ou *voies de manœuvre*.

De ce qui précède, on voit qu'il ne faut pas confondre les voies de garage avec les voies de service qui répondent à un objet tout différent. Ajoutons que ces deux sortes de voies sont également distinctes des *voies de dépôt* ou *voies de remisage*, destinées, comme ce dernier nom l'indique, à remiser les trains : matériel remisé en dehors du service, matériel de réserve, matériel à inspecter ou à réparer.

Les explications qui précèdent ont paru utiles pour mettre le lecteur, non initié à ces questions, à même de compendre l'économie du système d'exploitation adopté.

b. **Nombre de voyages. Vitesse des trains. Tarif de transport.** — Les détails d'exploitation : horaire, vitesse des trains, nombre de voyages, etc... sont naturellement variables suivant l'importance du trafic de chaque ligne. Cependant, la convention annexée à la loi du 30 mars 1898 a stipulé les conditions de principe ci-après :

Aux termes de l'article 14 de cette convention, le nombre minimum des voyages qui devront être faits tous les jours dans chaque sens est fixé à 135 ; chaque train comprendra au moins 100 places. L'horaire des trains comportera une interruption de service de quatre heures consécutives.

L'article 4 de la loi du 30 mars 1898 dispose que la longueur des trains pourra dépasser 60 mètres et leur vitesse être supérieure à 20 kilomètres à l'heure. D'un autre côté, l'article 15 de la convention limite à 72 mètres la longueur des trains et à 36 kilomètres à l'heure leur vitesse en marche ; toutefois, le préfet de police peut autoriser une vitesse supérieure.

Les trains se succéderont à des intervalles variant de deux à quatre minutes.

Pour faire face aux charges et dépenses lui incombant, le concessionnaire est autorisé à percevoir, pendant toute la durée de la concession, les prix suivants :

Pour la 1re classe. . . . . 0,25 francs.
Pour la 2e classe 0,15   —

par tête, pour le parcours d'un point quelconque à un autre point du chemin de fer métropolitain.

Les enfants au-dessous de quatre ans, tenus sur les genoux, sont transportés gratuitement ; il en est de même des bagages et paquets peu volumineux, susceptibles d'être portés sur les genoux sans gêner les voisins, et dont le poids n'excède pas 10 kilogrammes.

Les voyageurs transportés par les trains mis en marche jusqu'à 9 heures du matin, ont droit, au prix de 0,20 fr., à un billet qui leur permet de reprendre gratuitement, dans l'autre sens, un des trains de la journée.

Les élèves des écoles communales de la ville de Paris, voyageant collectivement accompagnés d'un maître, sont transportés au prix de 0,05 fr. par enfant.

CHAPITRE II

I. — DISPOSITIONS GÉNÉRALES

Ainsi qu'il a été dit précédemment, aux termes de l'article 5 de la convention annexée à la loi du 30 mars 1898, la construction du Métropolitain de Paris doit être poursuivie par fractions successives et dans un ordre fixé par ladite convention.

La première fraction se compose ainsi (fig. 1, pl. III et fig. 1 et 2 ci-après) :

1° De la ligne A. — De la porte de Vincennes à la porte Dauphine ;

2° De la ligne C. — Partie comprise entre la place de l'Étoile et la porte Maillot.

De plus, sur le désir exprimé par le Ministre du Commerce et de l'Industrie, et dans le but de fournir un nouvel accès à l'Exposition universelle de 1900, il a été ajouté aux lignes ci-dessus, un tronçon de la ligne B, entre la place de l'Étoile et la place du Trocadéro, le surplus de cette ligne ne devant d'ailleurs être entrepris en grand qu'après l'Exposition.

Une étude attentive des relations à ménager entre les diverses lignes métropolitaines à la place de la Nation, à la gare de Lyon, à la place de l'Étoile, et des meilleures conditions d'exploitation à appliquer dans l'intérêt du service public, a conduit à arrêter comme suit la répartition des lignes ci-dessus.

Une ligne directe (ligne n° 1) se rend de la porte de Vincennes à la porte Maillot, comprenant ainsi la partie de la ligne A comprise entre la porte de Vincennes et la place de l'Étoile et le tronçon de la ligne C compris entre la place de l'Étoile et la porte Maillot.

Le surplus de la ligne A, compris entre la place de l'Étoile et la
porte Dauphine, a été séparé du reste ; il forme l'origine de la cir-

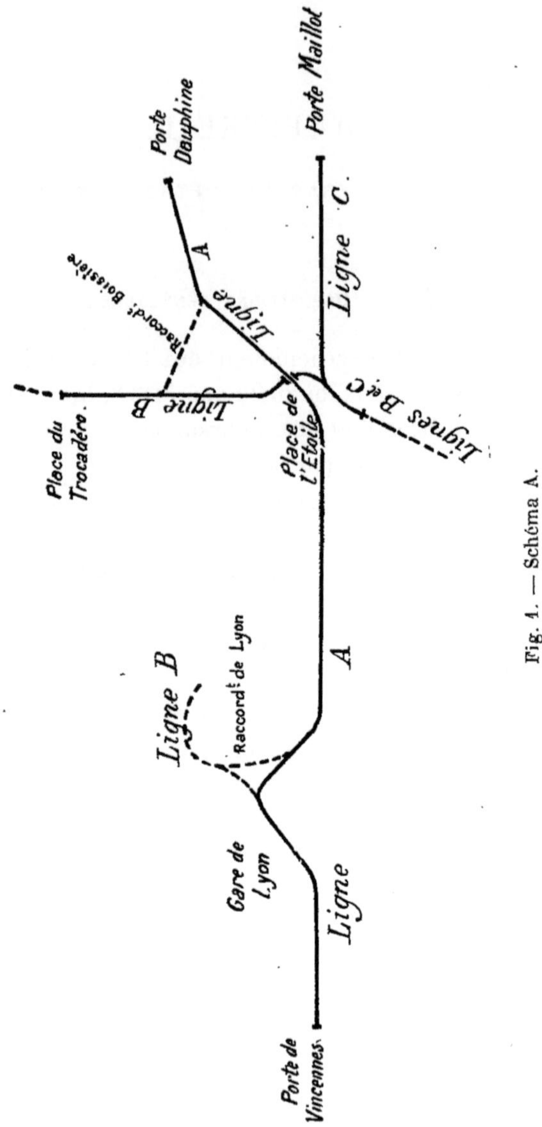

Fig. 1. — Schéma A.

culaire Nord. Dans ces conditions, ce tronçon part de l'Avenue de
Wagram, traverse obliquement la place de l'Étoile, en passant

par-dessous la ligne « porte de Vincennes-porte Maillot » et
s'engage sous l'avenue Victor-Hugo qu'il suit dans son axe, ainsi

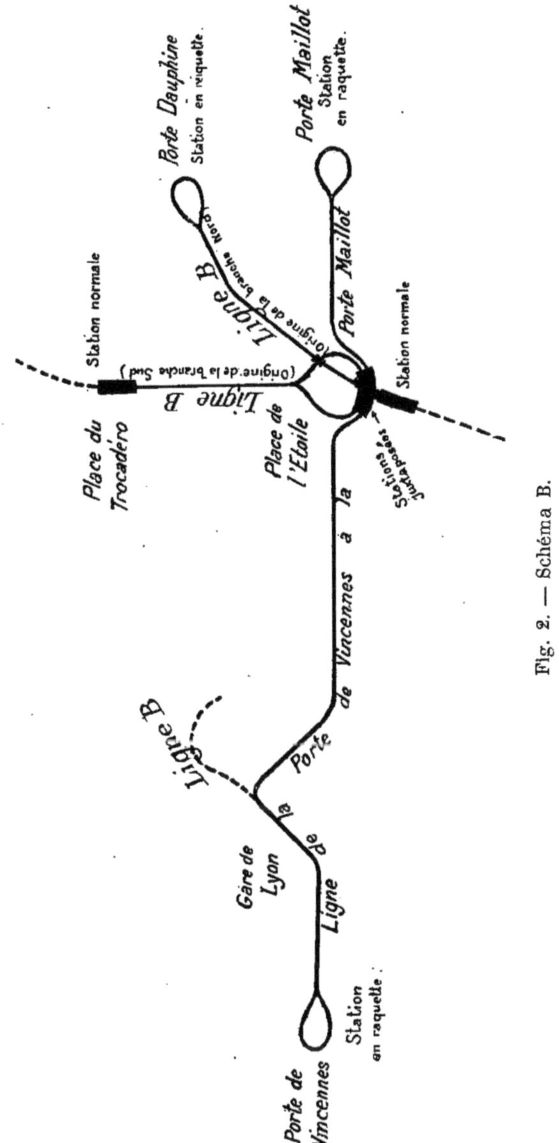

Fig. 2. — Schéma B.

que l'avenue Bugeaud, jusqu'à l'avenue du Bois de Boulogne où il
se termine près du chemin de fer d'Auteuil.

Un raccordement de service relie sous la place de l'Étoile, entre les avenues Victor-Hugo et de la Grande-Armée, le tronçon ci-dessus décrit avec la ligne « porte de Vincennes-porte Maillot » (fig. 2, pl. III).

Enfin, la ligne circulaire, allant vers le Trocadéro, se développe sous la place de l'Étoile par une boucle en forme de cœur ou de poire, dont le sommet est au nord de la place, au débouché des avenues Hoche, de Wagram et de Mac-Mahon, et dont la pointe se trouve au débouché de l'avenue Kléber. Ce dispositif, représenté par la figure 2 (pl. III), donne un contact facile avec la ligne « porte de Vincennes-porte Maillot » et offre de grandes commodités pour la manœuvre ou la formation des trains. La ligne suit l'avenue Kléber jusqu'à la place du Trocadéro, puis elle s'infléchit légèrement pour pénétrer dans la rue Franklin où elle doit se prolonger.

Un raccordement de service est établi, à l'est de la place de l'Étoile, entre ce tronçon de la circulaire et la ligne « porte de Vincennes-porte Maillot » (fig. 2, pl. III).

Dans leur ensemble, les tracés ci-dessus ont permis de réaliser une amélioration notable, en supprimant les raccordements dits de Lyon et Boissière que comportait le projet primitif.

La figure 1 (pl. III) donne le tracé définitif de la première fraction métropolitaine ainsi définie ; les figures 1 et 2 ci-avant montrent clairement les relations entre les lignes de cette première fraction suivant les indications de l'avant-projet (schéma A) et telles qu'elles résultent des dispositions ci-dessus décrites (schéma B). Enfin, la figure 2 (pl. III) reproduit les dispositions adoptées, place de l'Étoile, pour assurer le contact des lignes ou tronçons de ligne de la première fraction ; cette dernière étude, étant donné les sujétions nombreuses et spéciales qu'elle présentait, était particulièrement délicate ; sa réalisation a constitué également une des grosses difficultés de l'opération.

Il convient de signaler ici que l'élargissement à 2,40 m. du gabarit des voitures et à 0,70 m. de la zone libre entre le matériel roulant et les piédroits du souterrain, imposé par l'article 3 de la loi déclarative d'utilité publique, a entraîné, pour le tracé en plan de la ligne « porte de Vincennes-porte Maillot », une modification importante au double point de vue technique et financier ;

LE CHEMIN DE FER MÉTROPOLITAIN DE PARIS

Fig. 1. — Première fraction métropolitaine. — Plan général.

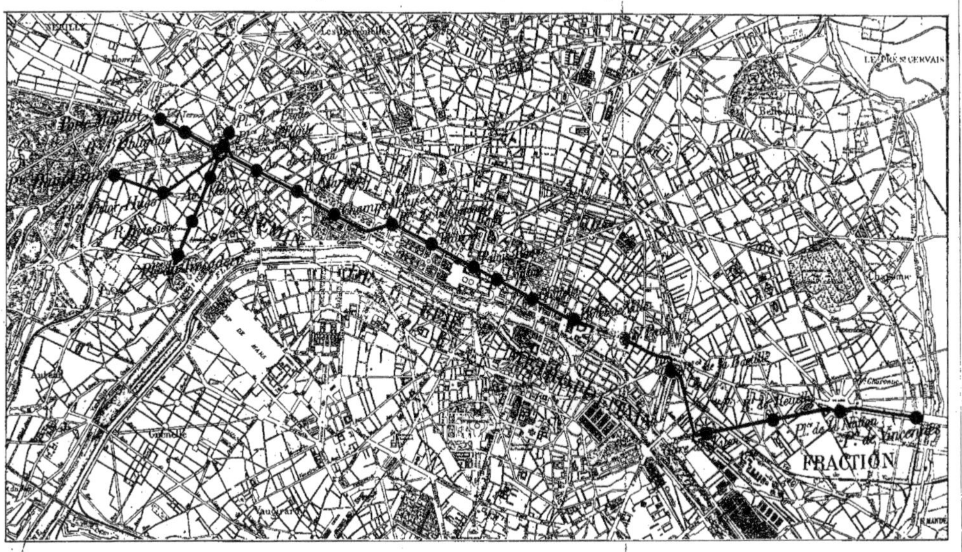

Fig. 2. — Traversée de la Place de l'Étoile. — Plan général.

Ch. BÉRANGER, éditeur, successeur de BAUDRY et Cie, 15, rue des Saints-Pères, Paris.   Imp. Ch. HÉRISSEY, Évreux.

ce double élargissement n'a plus laissé, en effet, dans la partie
de la rue de Rivoli s'étendant de la place Baudoyer à la place de
la Concorde, l'espace nécessaire pour établir le chemin de fer
entre les alignements des maisons et le collecteur dit de Rivoli,
ainsi que le comportait l'avant-projet. Le collecteur a donc dû
être déplacé et le chemin de fer établi dans l'axe même de la rue
de Rivoli, ce qui, en l'éloignant des immeubles riverains, a rendu
sa construction moins difficile.

II. — Courbes et déclivités

Pris dans son ensemble, le tracé en plan et en profil répond
aux conditions fixées par l'article 5 du cahier des charges. Une
revision attentive de l'avant-projet a permis de réduire au
minimum le nombre des courbes de rayon inférieur à 150 mètres
qui ne subsistent plus que sur quelques points obligés où elles ne
présentent, d'ailleurs, aucun inconvénient sérieux pour l'exploitation.

En profil, les pentes et rampes ne dépassent nulle part le
maximum de 0,04 m. par mètre fixé par l'article précité du cahier
des charges.

La planche IV donne le profil en long complet de la première
fraction.

III. — Stations

Les stations de la première fraction métropolitaine sont au
nombre de vingt-cinq, ainsi réparties :

Ligne de la Porte de Vincennes à la Porte-Maillot   18
Embranchement de la place de l'Étoile à la Porte-Dauphine.   3
Embranchement de la place de l'Étoile au Trocadéro . . .   4
                                                          ———
Total   25

Ce nombre se réduit à 23 si l'on tient compte de ce que les
trois stations de la place de l'Étoile ne forment, à proprement
parler, qu'une station métropolitaine de disposition particulière.

Au point de vue des dispositions des ouvrages, qui seront
décrites plus loin, il y a lieu de distinguer :

1° *Les stations voûtées*, entièrement maçonnées, y compris la voûte (fig. 8, pl. V);

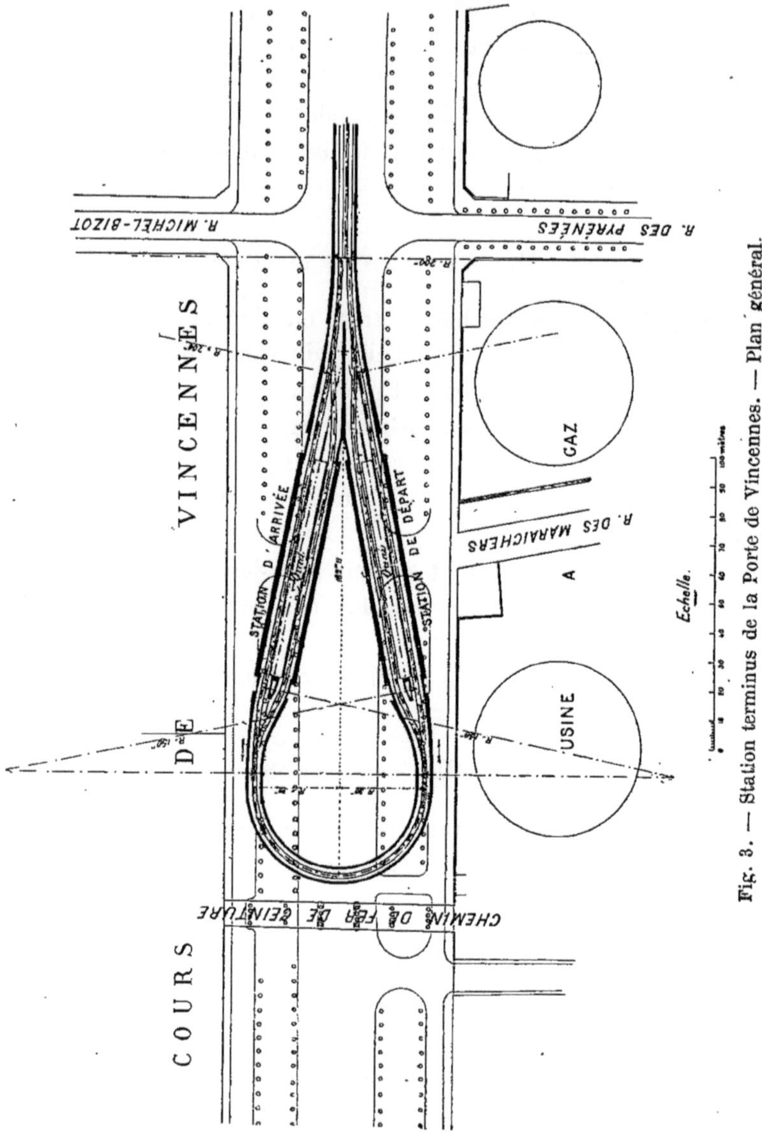

Fig. 3. — Station terminus de la Porte de Vincennes. — Plan général.

2° *Les stations à plancher métallique*, dont le radier et les piédroits sont seuls maçonnés, ces derniers supportant un tablier
métallique formant voûte (fig. 10, pl. V);

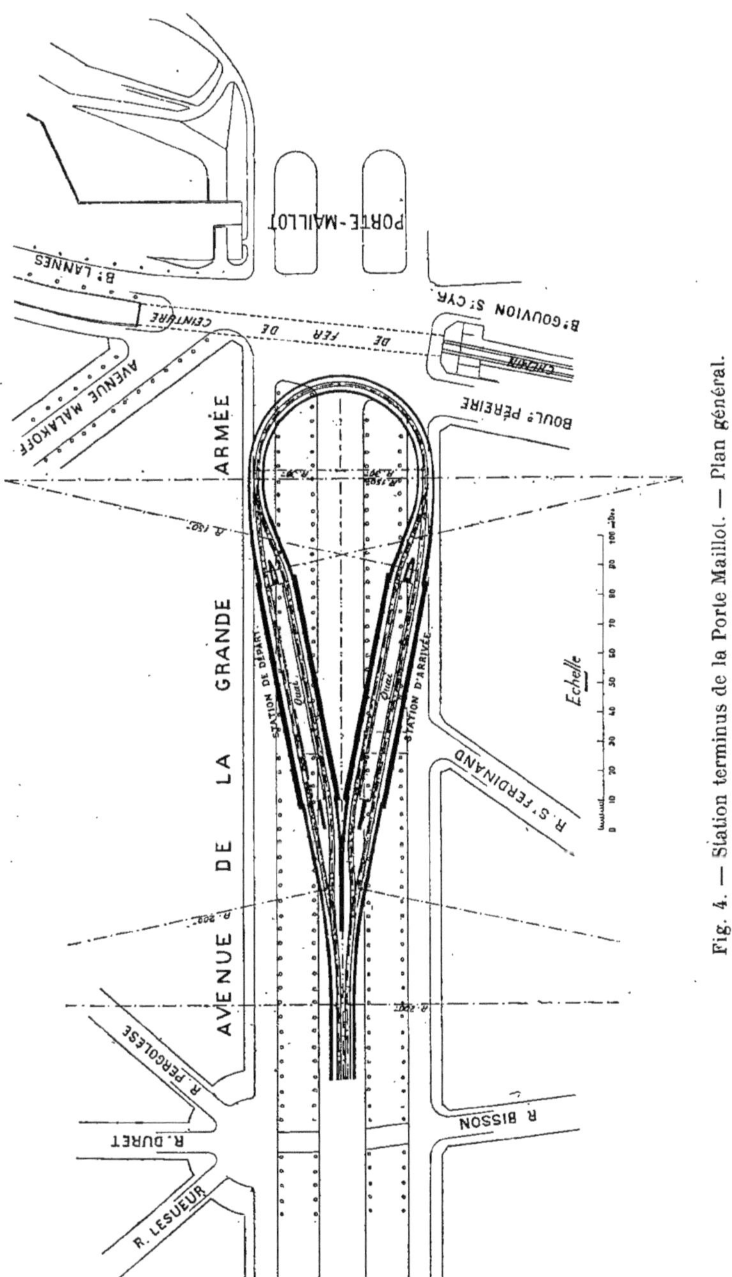

Fig. 4. — Station terminus de la Porte Maillot. — Plan général.

3° *Les stations terminus,* au nombre de trois, composées chacune de deux stations voûtées destinées, l'une à l'arrivée, l'autre au départ, et réunies par une galerie circulaire à voie unique (fig. 3, 4 et 5) ;

4° *La station à ciel ouvert* de la Bastille, la seule de ce type (fig. 13, pl. V).

Les stations voûtées ont été adoptées partout où la nappe aqui-

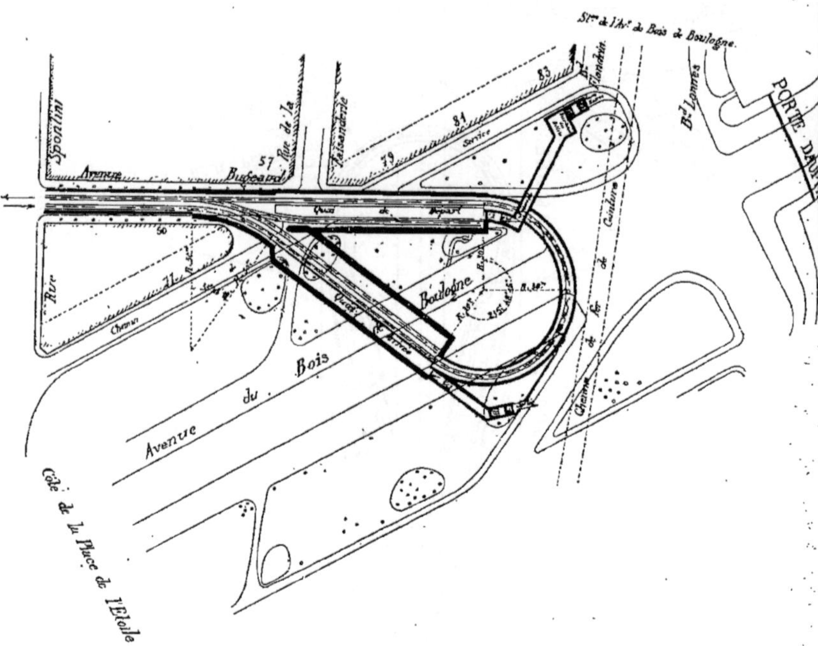

Fig. 5. — Station terminus de la Porte Dauphine. — Plan général.

fère souterraine n'empêchait pas la pose des rails à une cote suffisamment basse ; c'est le cas des stations placées vers les extrémités de la ligne. Dans le centre, au contraire, le défaut de hauteur a imposé l'adoption du type de station avec plancher métallique.

Le tableau n° 2 donne l'indication des stations, leur emplacement, leur type et les distances qui les séparent.

TABLEAU Nº 2.

NOMS des stations	EMPLACEMENT DES STATIONS	TYPES des stations.	DISTANCES entre stations.	OBSERVATIONS
I. — *Ligne de la Porte de Vincennes à la Porte-Maillot.*				
Porte de (Vincennes (a) .	Cours de Vincennes, en face de la rue des Maraîchers.	Voûtée.	881ᵐ,64	(a) Station terminus en raquette.
Place de la Nation (b). .	Place de la Nation, côté sud, entre l'avenue du Bel-Air et la rue Fabre-d'Eglantine.	Voûtée.	823ᵐ,85	(b) Point de correspondance future avec la circulaire nord.
Reuilly . . .	Boulevard Diderot, en face de la rue Rondelet.	Voûtée.	826ᵐ,32	
Gare de Lyon (c)	Boulevard Diderot, en face de la rue de Chalon.	Plancher métallique.	881ᵐ,38	(c) Station de garage et point de correspondance future avec la circulaire.
Place de la Bastille. . .	Place de la Bastille, côté sud, au-dessus du canal Saint-Martin.	A ciel ouvert.	767ᵐ,52	
Saint-Paul. .	Rue Saint-Antoine, entre les rues Malher et Pavée.	Voûtée.	590ᵐ,11	
Hôtel de Ville.	Rue de Rivoli, en face de l'Hôtel-de-Ville.	Plancher métallique.	571ᵐ,54	
Châtelet. . .	Rue de Rivoli, entre les rues des Lavandières - Sainte - Opportune et des Déchargeurs.	Voûtée.	456ᵐ,61	
Louvre . . .	Rue de Rivoli, entre les rues du Louvre et de l'Oratoire.	Plancher métallique.	359ᵐ,49	
Palais-Royal.	Rue de Rivoli, au droit du Palais-Royal.	Plancher métallique.	515ᵐ,40	
Tuileries. . .	Rue de Rivoli, entre les rues de Juillet et d'Alger.	Plancher métallique.	426ᵐ,54	
Concorde . .	Rue de Rivoli, entre les rues Cambon et de Mondovi.	Plancher métallique.	809ᵐ,68	
Champs-Elysées	Avenue des Champs-Elysées, côté impair, en face de l'avenue Marigny.	Plancher métallique.	548ᵐ,08	
Rue Marbeuf.	Avenue des Champs-Elysées, en face de la rue Marbeuf.	Voûtée.	549ᵐ,97	
Avenue de l'Alma . . .	Avenue des Champs-Elysées, en face de la rue de Bassano.	Voûtée.	493ᵐ,21	
Place de l'Etoile (d). . .	Place de l'Etoile, côté nord, entre les avenues Mac-Mahon et Hoche.	Voûtée	443ᵐ,28	(d) Point de correspondance avec les embranchements Dauphine et Trocadéro.
Rue d'Obligado	Avenue de la Grande-Armée, en face de la rue d'Obligado.	Voûtée.	383ᵐ,75	
Porte Maillot.	Avenue de la Grande-Armée, près de la Porte-Maillot.	Voûtée.		
II. — *Embranchement « Place de l'Etoile-Porte-Dauphine ».*				
Place de l'Etoile (e). . .	Place de l'Etoile, côté nord, à l'entrée de l'avenue de Wagram.	Voûtée.		(e) Point de correspondance avec la ligne « Porte de Vincennes-Porte-Maillot » et l'embranchement « Etoile-Trocadéro. »
Place Victor-Hugo. . . .	Place Victor-Hugo.	Voûtée.	961ᵐ,04	
Porte Dauphine (f). .	Avenue du Bois-de-Boulogne, près de la Porte-Dauphine.	Voûtée.	612ᵐ,84	(f) Station terminus en raquette.

NOMS des stations.	EMPLACEMENT DES STATIONS	TYPES des stations.	DISTANCES entre stations.	OBSERVATIONS
III. — *Embranchement « Place de l'Etoile-Place du Trocadéro ».*				
Place de l'Etoile (*g*). . .	Place de l'Etoile, côté nord, entre les avenues Hoche et de Mac-Mahon.	Voûtée.		(*g*) Point de correspondance avec la ligne « Porte de Vincennes-Porte Maillot » et l'embranchement « Etoile-Dauphine. » (*h*) Station terminus provisoire jusqu'à prolongement de la ligne circulaire sud.
Avenue Kléber.	Avenue Kléber, en face de la rue Pauquet.	Voûtée.	488ᵐ,85	
Rue Boissière.	Avenue Kléber, entre les rues Cimarosa et Boissière.	Voûtée.	483ᵐ,85	
Place du Trocadéro (*h*) .	Avenue Kléber, au débouché sur la place du Trocadéro.	Voûtée.	450ᵐ,30	

IV. — Types des ouvrages

Les lignes composant la première fraction métropolitaine ont un parcours entièrement souterrain, sauf en un seul point : à la traversée du canal Saint-Martin qui s'effectue à ciel ouvert.

Les seuls ouvrages du type courant admis pour l'ensemble du réseau sont donc, pour la première fraction : le souterrain à deux voies, le souterrain à une voie et les stations.

1° Souterrain à deux voies. — Le type courant de souterrain à deux voies (fig. 1, pl. V), a 6,60 m. de largeur au niveau des rails et 7,10 m. au niveau des naissances, situé 2,43 m. plus haut; il comporte une voûte elliptique de 2,07 m. de montée, deux piédroits de 2,91 m. de hauteur et un radier en forme de voûte renversée dont le point le plus bas est à 0,70 m. au-dessous du niveau des rails, ce qui porte à 5,20 m. la hauteur totale intérieure dans l'axe de l'ouvrage.

Le radier présente à sa face supérieure un arc de cercle de 20,60 m. de rayon; son épaisseur, à l'axe, est de 0,50 m.; il repose sur le sol par une face plane de 7,54 m. de largeur.

La voûte, extradossée en ellipse, a une épaisseur de 0,55 m. à la clef; les piédroits, d'une épaisseur uniforme de 0,75 m. sont limités intérieurement par des arcs de cercle de 11,935 m. de rayon, dont les centres sont placés sur la ligne des naissances de la voûte.

Dans les piédroits sont ménagés des niches disposées en quinconce sur les deux côtés du souterrain et espacées de 25 mètres d'axe en axe. Ces niches ont une hauteur de 2 mètres au-dessus du rail et une largeur de 1,50 m. (fig. 1, pl. V); elles sont voûtées par un arc de cercle de 0,15 m. de flèche et présentent une profondeur de 0,60 m. au sommet et 0,85 m. au niveau des rails; le mur de fond, de 0,25 m. d'épaisseur, a ainsi son parement intérieur à 4,15 m. de l'axe du tunnel.

L'ouvrage est revêtu intérieurement d'un enduit continu de 0,02 m. d'épaisseur compris dans les épaisseurs ci-dessus indiquées; cet enduit est formé de mortier de ciment de Vassy pour la voûte et de mortier de ciment de Portland pour les piédroits et le radier.

Le type de souterrain ainsi défini ne permettrait pas le passage des trains dans les courbes de rayon inférieur à 100 mètres; il a dû, par suite être élargi dans ce cas particulier comme le montrent les coupes transversales (fig. 2 et 3, pl. V); la figure 4 (pl. V) montre qu'aucun élargissement n'était nécessaire dans les courbes de rayon $\geqq$ 100 mètres.

2° **Souterrain à une voie**. — Le souterrain à une voie est destiné au raccordement des diverses lignes entre elles; il a une largeur de 3,90 m. au niveau du rail et 4,30 m. au niveau des naissances, situé à 1,85 m. plus haut (fig. 5, pl. V); il comporte une voûte circulaire de 2,15 m. de rayon intérieur, deux piédroits de 2,52 m. de hauteur et un radier à face supérieure en arc de cercle de 21,17 m. de rayon, à convexité en dessus et de 0,075 m. de flèche sur l'axe; ce radier, dont l'épaisseur sur l'axe est de 0,475 m., repose sur le sol par une face plane de 4,44 m. de largeur.

La voûte, extradossée en demi-cercle, a une épaisseur de 0,50 m. à la clef et 0,60 m. aux naissances; les piédroits, d'une épaisseur uniforme de 0,60 m., sont limités intérieurement par des arcs de cercle de 8,75 m. de rayon, dont les centres respectifs sont situés sur la ligne des naissances de la voûte.

L'étude spéciale faite en vue de l'inscription des véhicules dans les courbes de faible rayon, a conduit à adopter, pour le souterrain à une voie dans les courbes de 30 mètres de rayon, des stations terminus, le type légèrement modifié que représente la figure 6 (pl. V).

Des niches de mêmes dispositions et de même espacement que dans le souterrain à deux voies, sont ménagées dans le type à une voie.

A titre de comparaison la figure 7 (pl. V) montre la coupe en travers du souterrain en voie courante employé par la Compagnie des chemins de fer d'Orléans pour le prolongement de la ligne de Sceaux vers le Luxembourg. Le simple rapprochement des dimensions de cet ouvrage et celles du souterrain à double voie du Métropolitain rend évidente l'impossibilité, pour le matériel des grandes lignes, de pénétrer sur le réseau métropolitain municipal et garantit, par conséquent, l'autonomie de ce dernier.

3° Stations voûtées. — Les stations voûtées (fig. 8, pl. V) ont intérieurement une largeur de 14,14 m. aux naissances, situées à 1,50 m. au-dessus des rails ; elles comportent une voûte elliptique de 3,50 m. de montée et un radier en forme de voûte renversée, tracé en ellipse de 2,20 m. de demi petit axe, ce qui fixe son point bas à 0,70 m. en contre-bas du rail et donne à l'ouvrage une hauteur totale intérieure de 5,70 m. sur l'axe.

Le radier, dont l'épaisseur minima sur l'axe est de 0,50 m. repose sur le sol par un arc de cercle de 20,55 m. de rayon ; la voûte, dont l'épaisseur à la clef est de 0,70 m., est de même extra-dossée suivant un arc de cercle, de 17,05 m. de rayon ; ces deux arcs de cercle, de la voûte et du radier, sont limités et réunis latéralement par des parois extérieures verticales de 2,20 m. de hauteur, situées à 9,07 m. de part et d'autre de la station.

Un enduit de 0,02 m. d'épaisseur en mortier de ciment de Portland, est établi sur le radier jusqu'à la hauteur des quais ; au-dessus de ce niveau, le parement est formé soit de briques émaillées, soit d'un revêtement en opaline, grès cérame ou autres produits similaires (voir plus loin).

Les trottoirs ont une largeur de 4 mètres et présentent une

pente transversale de 0,02 m. ; leur hauteur au-dessus du niveau des rails est de 0,85 m.

Le passage de la station au souterrain se fait au moyen de murs pignons perpendiculaires à l'axe de la voie ferrée et pourvus du même type de revêtement que le reste de la station.

La longueur des stations normales est de 75 mètres ; la figure 9 (pl. V) donne le plan schématique d'une station de ce type.

4° **Stations à plancher métallique.** — Les stations avec plancher métallique ont 75 mètres de longueur et 13,50 m. de largeur dans œuvre (fig. 10, pl. V).

Les maçonneries comprennent deux piédroits latéraux soutenant le tablier métallique et réunis à leur partie inférieure par un radier en forme de voûte renversée.

Les piédroits ont 1,50 m. d'épaisseur sur 3,50 m. de hauteur, puis des épaisseurs décroissantes jusqu'à leur partie supérieure. Sous l'about de chaque poutre principale, est placé un sommier en pierre dure de 1,30 m. de longueur, 0,75 m. de largeur et 0,40 m. d'épaisseur ; entre les sommiers, le parement du piédroit est abattu à 45°, l'arête étant constituée par un bandeau en pierre dure de forme pentagonale inscriptible dans un carré de 0,30 m. de côté. Le radier a 0,50 m. d'épaisseur uniforme ; son point le plus bas est à 0,70 m. en contre-bas du niveau des rails.

Les parements vus des maçonneries, à l'intérieur des stations ont reçu des revêtements identiques à ceux des stations voûtées : briques émaillées, grès cérame, opaline, etc. Le radier et la partie des piédroits au-dessous des quais, sont revêtus d'un enduit de 0,02 m. en mortier de ciment de Portland.

Le tablier métallique représenté par les figures 10, 11 et 12 (pl. V) n'est naturellement que le type essentiel sujet, en exécution, à des modifications de détails plus ou moins importantes. Il est néanmoins toujours constitué par des poutres maîtresses normales à l'axe de la voie et réunies par des longerons.

L'aspect intérieur des stations à plancher métallique n'est, d'ailleurs, pas moins agréable que celui des stations voûtées ; en effet, à côté des piédroits et des murs pignons revêtus de briques ou carreaux émaillés, de couleur claire réfléchissant brillamment la lumière électrique abondamment répandue, les poutres du plafond, peintes d'une couleur vive, réunies entre elles par des voûtelettes en briques de Bourgogne d'un ton rouge et reposant sur des sommiers en pierre de taille, apportent une variété de couleurs et de formes qui rompt très heureusement la monotonie forcée du souterrain.

5° **Revêtements intérieurs des stations.** — Cette question est traitée plus loin à l'occasion de la ligne circulaire nord ; un paragraphe spécial lui est consacré.

6° **Ouvrages spéciaux.** — En dehors des ouvrages qui viennent d'être décrits et qui constituent les types normaux applicables, en principe, à tout le réseau, on a été amené à adopter sur certains points des dispositions spéciales qu'il peut être intéressant d'exposer brièvement.

Station de la Bastille. — La station de la Bastille est établie à ciel ouvert au-dessus du canal Saint-Martin ; il en est résulté, pour la place de la Bastille, un élargissement de 40 mètres qui a dégagé très heureusement l'entrée de la rue de Lyon et facilite la circulation des voitures, toujours très intense et très difficile sur ce point.

La traversée du canal présentait des difficultés toutes particulières. D'une part, en effet, il fallait ménager au chenal navigable la plus grande hauteur possible entre le dessous des poutres du pont de la station et le niveau de l'eau ; d'autre part, on était limité étroitement à cet égard par la nécessité absolue de passer de part et d'autre du canal sous les boulevards Bourdon et de la Bastille sans apporter de troubles graves au nivellement de ces derniers. Enfermée entre ces obligations rigoureuses et contraires, l'étude de cette station n'a pas laissé d'être fort laborieuse, mais a donné, en fin de compte, un résultat satisfaisant au sujet duquel l'entente a pu s'établir entre les divers services intéressés : Voie publique, Navigation, Métropolitain. La figure 6 montre, en plan, l'ensemble de l'ouvrage ; en outre, la figure 13 (pl. V) qui donne l'élévation de la station, vue du canal, fait voir que, si la recherche de la solution pratique a été délicate et

pénible, le résultat obtenu ne dépare pas la place de la Bastille ;
sans surcharge d'ornements inutiles, l'ensemble ne manque ni de
caractère, ni d'élégance.

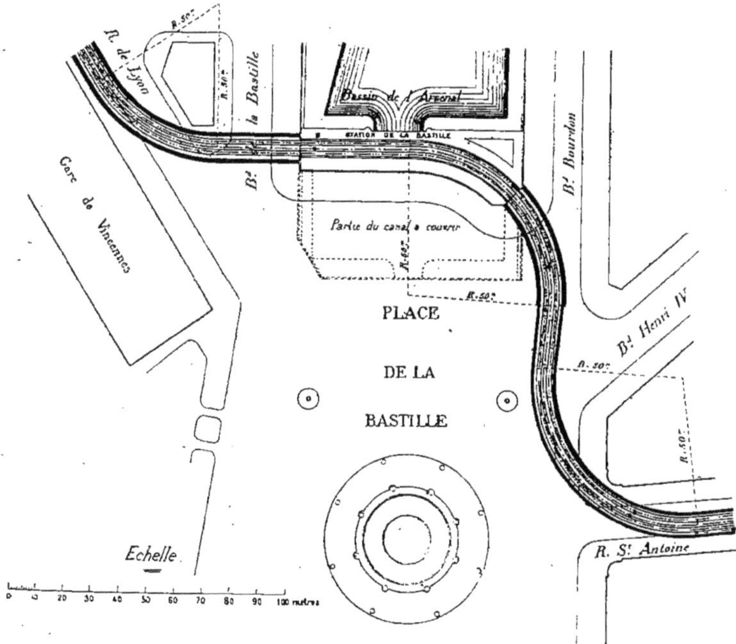

Fig. 6.   Traversée de la place de la Bastille. — Plan.

Station de la gare de Lyon. — La station de la gare de Lyon
devait servir de point de jonction — ou de séparation — aux
lignes nᵒˢ 1 et 2 qui, dans l'avant projet, empruntaient en commun
le boulevard Diderot jusqu'au carrefour de la rue de Lyon où elles
se bifurquaient. Un dispositif spécial, représenté par les figures 7
et 8, a été adopté dans ce but et la station aménagée en vue de
faciliter les échanges entre les deux lignes. Ces dispositions ont
dû être modifiées depuis, au point de vue des voies et des quais,
en raison des combinaisons nouvelles d'exploitation dont il a été
parlé précédemment. Il était intéressant cependant de faire connaître cet ouvrage remarquable tel qu'il a été établi primitivement et dont l'infrastructure subsiste d'ailleurs intégralement.

D'une largeur de 23,90 m. entre piédroits, cette station occupe

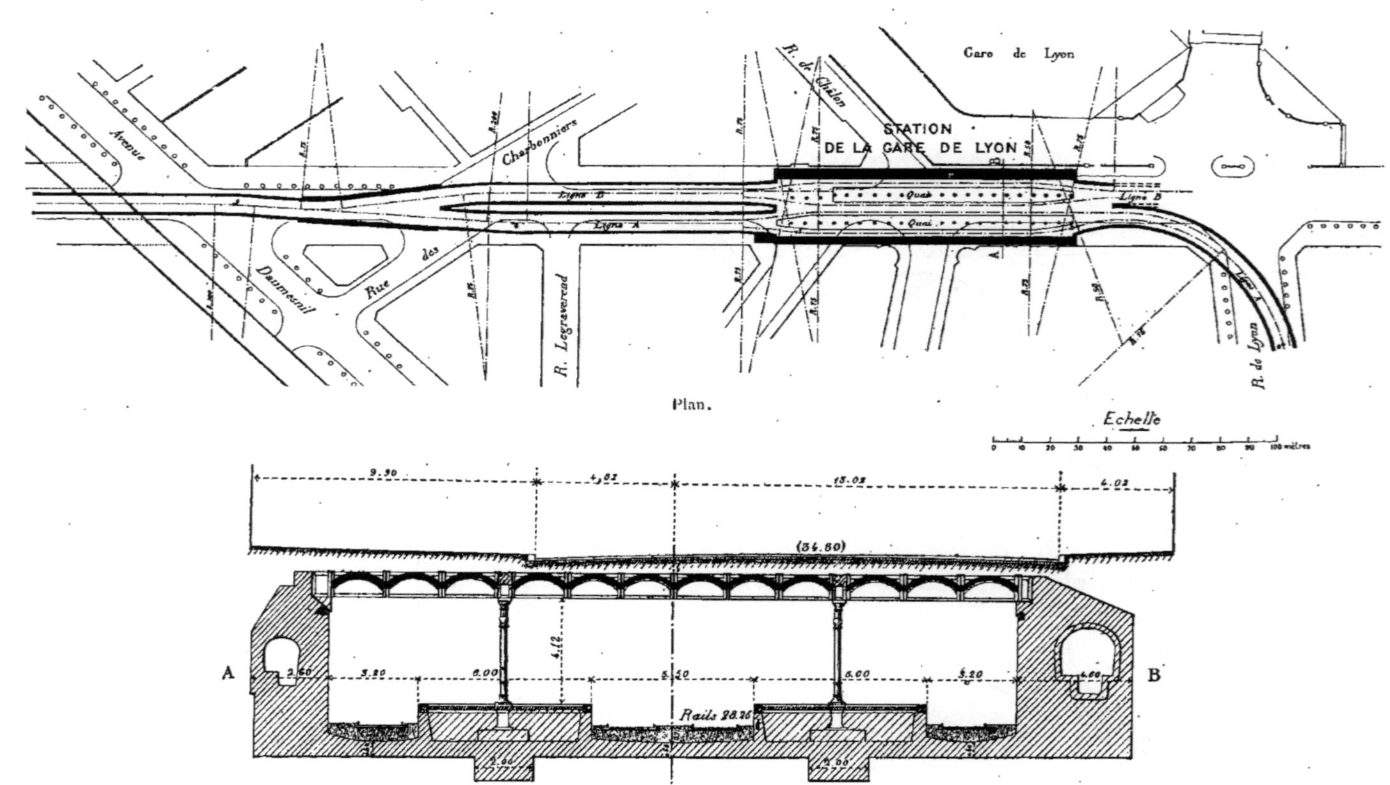

Fig. 7 et 8. — Station de la gare de Lyon.

la totalité du sous-sol du boulevard Diderot sur une longueur de 100 mètres; elle est pourvue d'un tablier métallique dont les poutres maîtresses, perpendiculaires à la direction des voies, reposent à leurs extrémités sur les piédroits et, dans l'intervalle, sur deux files de colonnes-jumelles placées dans l'axe des quais.

On conçoit sans peine les difficultés d'exécution d'un tel travail sur un point que la proximité de la gare de Lyon rend des plus fréquentés. En revanche, vu ses dimensions exceptionnelles et la variété de formes et de couleurs de ses différentes parties, la station de la gare de Lyon constitue certainement l'un des points les plus intéressants du parcours de la première fraction métropolitaine; placée à la porte même de la gare de Lyon, elle est d'ailleurs destinée à recevoir un mouvement considérable de voyageurs et une animation qui contribueront à accentuer le côté pittoresque de ce bel ouvrage.

Stations de l'Étoile. — A la place de l'Étoile convergent, comme on l'a vu, la ligne « porte de Vincennes-porte Maillot » et les deux embranchements se dirigeant l'un vers la porte Dauphine et l'autre vers la place du Trocadéro. Chacune de ces lignes est desservie, place de l'Étoile, par une station. Le plan représenté par la figure 2 (pl. III) montre l'ensemble des dispositions adoptées pour ces ouvrages.

Les deux stations desservant la ligne « porte de Vincennes-porte Maillot » et l'embranchement du Trocadéro, sont exactement juxtaposées et forment, en quelque sorte, une station double; dans le mur séparatif des deux ouvrages, sont ménagées des ouvertures assurant la libre communication entre les deux quais contigus.

A l'origine de l'embranchement Dauphine est placée une troisième station qui a formé tête de ligne jusqu'au moment de la mise en exploitation de la ligne circulaire Nord dont cet embranchement n'était que l'amorce; cette station, comme la ligne qu'elle dessert, est située au-dessous des deux premières.

Un système d'escaliers, couloirs et passerelles assure, d'ailleurs, la communication entre les trois stations de telle sorte que les voyageurs d'une des trois lignes convergentes peuvent prendre un train de l'une quelconque des deux autres, sans remonter à la surface du sol ; en outre, la station de l'embranchement Dauphine sera, en raison de sa profondeur, desservie par un ou deux ascenseurs pouvant, au besoin, faire également le service des deux stations supérieures.

Les trois stations de l'Étoile sont, sauf quelques modifications de détail, du type décrit plus haut pour les stations voûtées ; toutefois, celle de l'embranchement Trocadéro n'est munie que d'un seul quai situé le long de la station juxtaposée (fig. 2, pl. III).

Stations terminales. — Les stations de la porte de Vincennes et de la porte Maillot, points terminus de la ligne n° 1 et celle de la porte Dauphine, terminus de la circulaire Nord, présentent une disposition toute particulière, en forme de raquette, adoptée sur la demande de la Compagnie concessionnaire.

Les deux voies, ainsi que les quais qui les desservent, prennent des directions angulaires réunies par une boucle circulaire. En réalité, chacune des branches de la raquette est munie d'une station distincte : l'une est affectée au service de l'arrivée, l'autre à celui du départ.

Cette disposition est des plus heureuses en ce qu'elle permet aux trains arrivants de se rendre, après déchargement, à la station de départ, sans avoir à effectuer aucune manœuvre spéciale : il suffit de suivre la galerie circulaire réunissant les deux branches de la raquette.

L'aménagement de ces stations a exigé l'emploi de courbes de rayon inférieur à 75 mètres et descendant même à 30 mètres pour les galeries circulaires extrêmes. Mais, les conditions où se fait nécessairement, dans ces boucles, la circulation des trains, enlèvent tout inconvénient à cette augmentation de la courbure normale et on a pu admettre, pour ces points exceptionnels, l'exercice de la faculté stipulée par l'article 5 § 3 du cahier des charges annexé à la loi du 30 mars 1898.

L'examen des figures 3, 4 et 5 complète suffisamment les indications qui précèdent.

7° **Viaducs et tranchées.** — Ces deux types d'ouvrages, non employés pour la première fraction, sont décrits plus loin, au cours de l'étude de la ligne circulaire Nord.

V. — SUPERSTRUCTURE

1° Accès des stations. — Parmi les travaux qui incombent au concessionnaire du Métropolitain, en vertu de l'article 4 de la convention, figure, en particulier, l'établissement des accès et des édicules ou toitures pour le service des stations. L'article 11 du cahier des charges qui fait suite à ladite convention dispose que « l'accès des stations aura lieu par des emplacements arrêtés « d'accord entre la Ville de Paris et le concessionnaire, à la suite « de l'enquête réglementaire et que ces emplacements seront choi- « sis, autant que possible, sur la voie publique. »

Après enquête réglementaire sur le nombre et l'emplacement des stations de la première fraction, les projets d'établissement des accès ont été dressés après discussion entre les représentants de la Ville et ceux de la Compagnie concessionnaire et le Conseil municipal de Paris a approuvé les emplacements qui lui avaient été proposés pour les débouchés de ces accès sur la voie publique.

Dans ses grandes lignes, chaque accès comporte un escalier prenant son origine sur la voie publique et aboutissant à une salle souterraine où s'effectue la distribution des billets ; de cette salle, des escaliers et passerelles disposés *ad hoc* conduisent les voyageurs aux quais de départ ou, inversement, les amènent des quais d'arrivée. Les dispositions prévues à cet égard pour chaque station sont résumées ci-après et, à titre d'exemple, la planche VI donne des dessins types des accès pour station maçonnée et pour station à plancher métallique. Les types d'accès aux stations en viaduc sont décrits plus loin (ligne circulaire Nord).

Station de la porte de Vincennes. — La station de la porte de Vincennes, qui constitue un des terminus de la ligne n° 1, est desservie par deux accès situés sur chacun des plateaux plantés du cours de Vincennes, à peu près à mi-distance entre le chemin de fer de Ceinture et la rue des Maraîchers.

L'accès du côté du XX⁰ arrondissement est réservé à l'entrée des voyageurs ; celui du côté du XIIe arrondissement sert pour la sortie.

Station de la place de la Nation. — Les accès de cette station ont été disposés de manière à desservir non seulement la ligne n° 1, mais aussi la ligne circulaire Nord.

Fig. 9. — Garde-corps courant (station de la place Victor-Hugo).

Ces accès sont au nombre de deux : l'un est situé sur le plateau compris entre les rues Fabre-d'Eglantine et Dorian ; l'autre sur le plateau compris entre l'avenue du Trône et l'avenue du Bel-Air.

Le premier sert normalement pour l'entrée et la sortie des voyageurs ; ce n'est que pendant les jours de grande affluence, notamment pendant la foire au pain d'épices, que le second est utilisé ; ce dernier est alors affecté exclusivement à la sortie, le premier ne servant plus que pour l'entrée.

Station de la rue de Reuilly. — L'accès à cette station est unique ; il est situé sur le trottoir pair du boulevard Diderot, à peu près à mi-distance entre les rues Rondelet et de Chaligny.

Station de la gare de Lyon. — L'accès à la station de la gare de Lyon est situé à l'extrémité du trottoir formant plateau, qui sépare le boulevard Diderot de la rampe conduisant aux locaux de départ de la gare de Lyon. Il faut remarquer que, pour l'élargissement prévu de l'entrée de la gare de Lyon, l'extrémité du trottoir en question a été ramenée de 10 mètres vers la rue de

Fig. 10. — Édicule type courant (station de la Porte-Maillot).

Chalon ; c'est à cette extrémité, ainsi modifiée, qu'est établi l'accès à la station.

Station de la place de la Bastille. — Les accès sont disposés de manière à desservir tout à la fois la ligne n° 1 et la ligne projetée du boulevard de Strasbourg à la place d'Italie qui passera à proximité, sous le boulevard de la Bastille.

Ces accès sont au nombre de deux : l'un sur le trottoir de la rue de Lyon, à l'angle de la place de la Bastille, près de la gare de Vincennes ; l'autre sur le trottoir sud de la place de la Bastille, après élargissement de cette dernière par suite de la couverture d'une partie du bassin de l'Arsenal.

Le premier est destiné plus particulièrement aux voyageurs se rendant à la gare de Vincennes ou venant de cette gare ; le second dessert de préférence la clientèle du quartier.

Station de Saint-Paul. — L'accès se trouve au droit de la rue du Prévôt, à l'extrémité ouest du plateau planté qui sépare la rue Saint-Antoine de la rue de Rivoli.

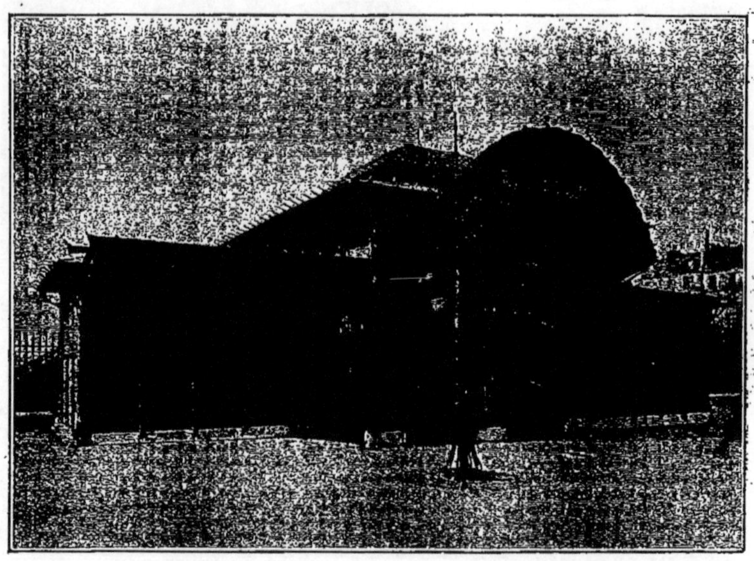

Fig. 11. — Station de la place de la Bastille. — Édicule.

Station de l'Hôtel de Ville. — L'accès est situé sur le trottoir de la rue Lobau qui longe l'Hôtel de Ville, à proximité de la rue de Rivoli.

Station du Châtelet. — L'accès est installé sur un refuge construit rue des Lavandières-Sainte-Opportune, au carrefour de la rue de Rivoli, côté pair de cette dernière ; les trottoirs de la rue des Lavandières-Sainte-Opportune ont été rescindés de façon à permettre le libre passage des voitures de chaque côté du refuge. L'accès sert tout à la fois pour l'entrée et la sortie des voyageurs.

Station du Louvre. — Accès unique pour l'entrée et la sortie ; il est situé sur le trottoir pair de la rue du Louvre, à l'angle de la rue de Rivoli, côté impair de cette dernière ; ce dispositif a entraîné l'élargissement du trottoir de la rue du Louvre, entre la rue de Rivoli et la place Saint-Germain-l'Auxerrois.

Station du Palais-Royal. — L'accès unique a été disposé de manière à desservir tout à la fois la ligne de la porte Vincennes à la porte Maillot et la ligne projetée du Palais-Royal à la place du

Fig. 12. — Station de la place de l'Étoile. — Édicule.

Danube. Il est placé sur un refuge oblong construit sur la place du Palais-Royal, dans l'alignement de la rue de Rivoli et qui remplace les deux refuges circulaires existant anciennement sur cette place.

Station des Tuileries. — Sa place étant mesurée par le peu de largeur du trottoir, l'accès a été établi le long du mur supportant la grille de clôture du jardin des Tuileries ; afin de laisser pour la circulation un espace libre suffisant entre la chaussée et le garde-corps des escaliers, ces derniers ont été ramenés à une largeur de 1,50 m.

Station de la place de la Concorde. — L'entrée est située à l'extrémité de la station (côté porte Maillot). L'escalier d'accès est placé sous la terrasse des Tuileries, parallèlement au mur de clôture du jardin et dans son alignement; il n'occupe ainsi aucun emplacement sur la voie publique.

Station des Champs-Élysées. — L'entrée de la station est à son extrémité (côté Vincennes), au droit du terre-plein formé par le trottoir sud de l'avenue des Champs-Élysées, à l'angle de l'avenue Alexandre III.

On a établi, pour les jours de grande affluence, et notamment pour la durée de l'Exposition universelle de 1900, une seconde entrée placée sur le même terre-plein que la première et le long du trottoir opposé, dont les dispositions sont semblables.

Station de la rue Marbeuf. — L'accès comporte une entrée unique située sur le trottoir sud de l'avenue des Champs-Élysées, vis-à-vis de l'immeuble portant le n° 33, au bord de la passerelle bitumée du trottoir, du côté de la chaussée; cet accès sert à la fois pour l'entrée et la sortie des voyageurs.

Nous devons ajouter que la Commission spéciale d'enquête sur le nombre et l'emplacement des stations avait demandé qu'un accès fût ménagé sur chacun des côtés de l'avenue des Champs-Élysées, la Ville devant entrer en pourparlers avec la Compagnie concessionnaire pour que la circulation publique pût profiter du couloir souterrain qui réunirait les deux accès et éviterait ainsi aux piétons la traversée de la chaussée de l'avenue des Champs-Élysées.

La question, soumise au Conseil municipal, n'a reçu, jusqu'ici aucune suite.

Station de l'avenue de l'Alma. — L'accès unique de la station est placé sur le trottoir sud de l'avenue des Champs-Élysées, au droit du n° 101, entre l'avenue de l'Alma et la rue de Bassano, au bord de la passerelle bitumée du trottoir, du côté de la chaussée; il dessert l'entrée et la sortie des voyageurs.

Station de la place de l'Étoile. — Ainsi qu'il a été déjà expliqué, trois stations sont établies place de l'Étoile. Les deux premières, exactement juxtaposées, desservent respectivement la ligne « porte de Vincennes-porte Maillot » et l'embranchement « Étoile-Trocadéro » ; la troisième, établie en dessous des deux premières, est affectée à l'embranchement Étoile-Dauphine.

L'accès établi permet de desservir à la fois ces trois stations ; il est situé sur le plateau compris entre l'avenue de Wagram et

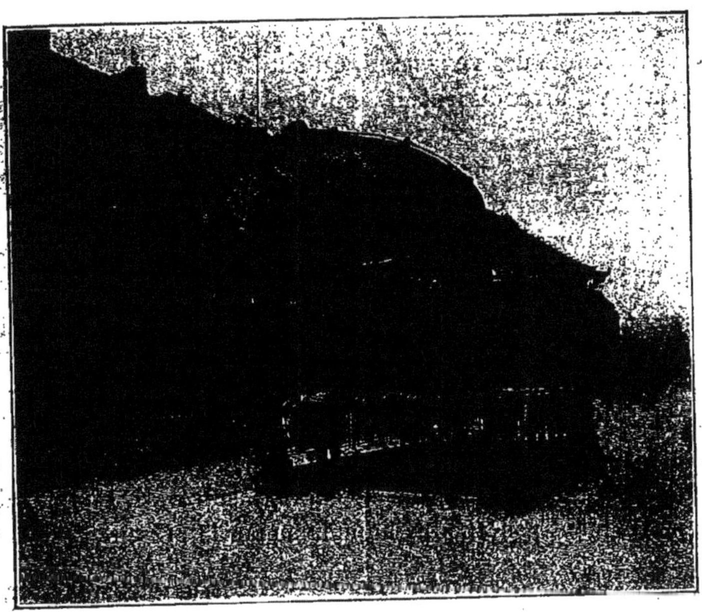

Fig. 13. — Station de l'Hôtel de Ville. — Garde-corps courant.

l'avenue Mac-Mahon, à peu près au centre de ce plateau et comprend un escalier et un ascenseur.

L'escalier conduit à une salle souterraine où se fait la distribution des billets et d'où partent les couloirs et escaliers conduisant aux quais des trois stations ; le passage direct de l'une de ces dernières à l'une quelconque des deux autres est, en outre, assuré par des communications intérieures.

L'ascenseur est destiné spécialement à desservir la station inférieure (Étoile-Dauphine).

On a prévu, en outre, l'installation d'un second ascenseur et d'un orifice de ventilation sur le plateau compris entre les avenues de Wagram et Hoche ; ce second ascenseur desservirait également les quais de la station inférieure.

Station de la rue d'Obligado. — L'accès de cette station est situé sur le plateau planté, côté du XVIIe arrondissement, de l'avenue de la Grande-Armée, en face de l'immeuble n° 34 ; il sert pour l'entrée et la sortie.

Station de la porte Maillot. — Deux accès sont établis. L'un, réservé à l'entrée des voyageurs, est situé sur le plateau de gauche (côté du XVIe arrondissement), au bord de la passerelle bitumée du plateau.

L'autre, réservé à la sortie, est situé sur le plateau de droite (côté du XVIIe arrondissement), au bord de la zone bitumée, du côté de la chaussée centrale [1].

Par une délibération du 8 juillet 1898, le Conseil municipal de Paris avait invité le concessionnaire à négocier avec la Compagnie des chemins de fer de l'Ouest, en vue d'ouvrir une communication directe entre la station métropolitaine et la station de Ceinture. Les dispositions projetées pour les accès ci-dessus décrits, ne mettaient pas obstacle à l'exécution de cette communication ; mais les pourparlers engagés à ce sujet entre les Compagnies intéressées n'ont pas abouti, au moins pour le présent.

Station de la place Victor-Hugo. — Accès unique situé sur la partie du trottoir de la place Victor-Hugo, comprise entre la rue Léonard-de-Vinci et l'avenue Victor-Hugo, près de cette dernière voie.

Station de la porte Dauphine. — Comme les stations de la porte de Vincennes et de la porte Maillot, celle de la porte Dauphine forme un des terminus de la première fraction métropolitaine et comporte deux stations distinctes, l'une pour l'arrivée, l'autre pour le départ, chacune d'elles pourvu de son accès propre.

Pour la station de départ, l'accès est placé sur la pelouse voisine de la gare du chemin de fer de Paris à Auteuil.

Pour l'arrivée, l'escalier de sortie est placé sur la pelouse que

[1] La Compagnie concessionnaire poursuit actuellement l'établissement d'une deuxième issue pour faciliter la sortie des voyageurs.

LE CHEMIN DE FER MÉTROPOLITAIN DE PARIS. — ACCÈS DES STATIONS

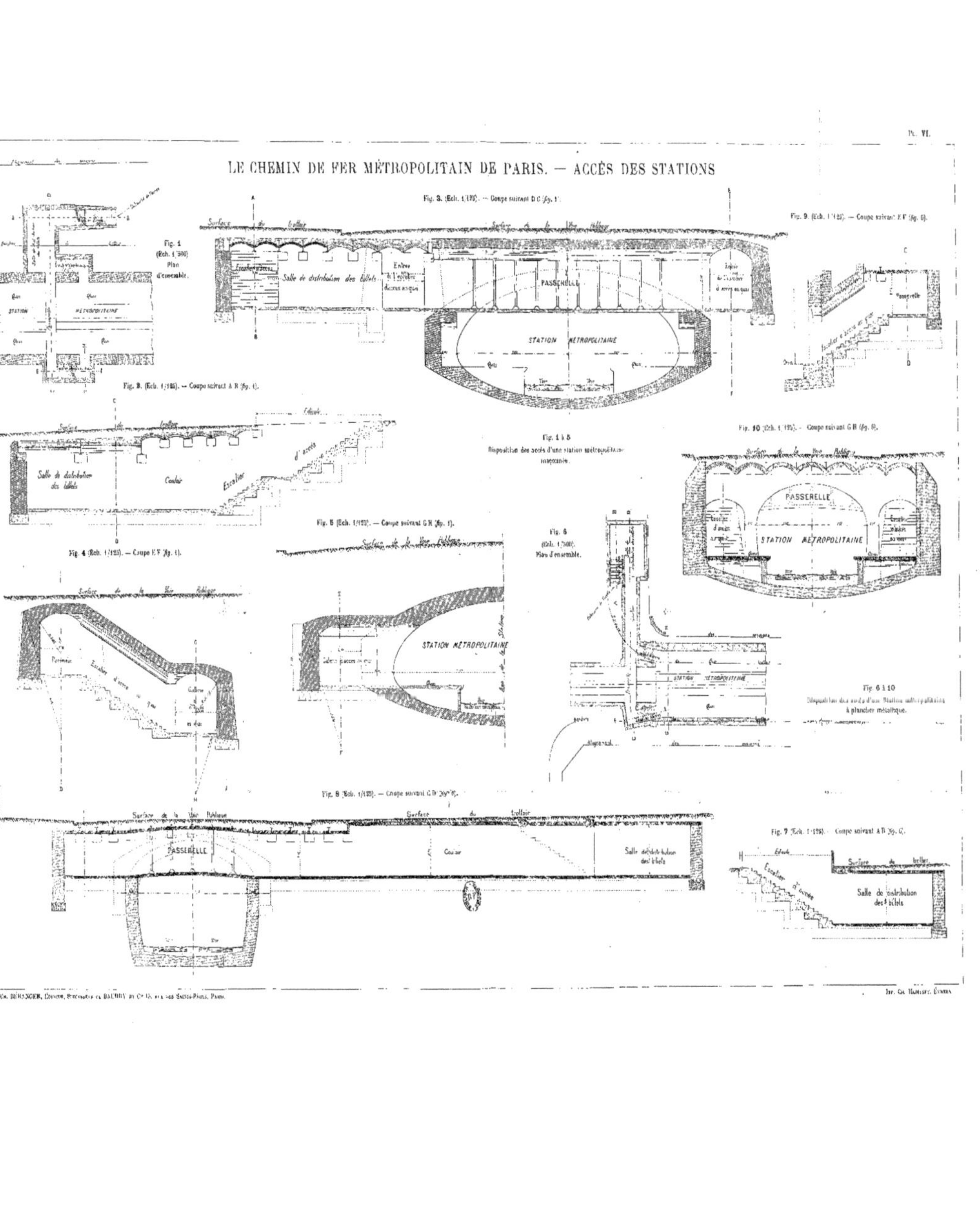

limite, à son débouché sur la porte Dauphine, l'allée cavalière de l'avenue du Bois-de-Boulogne.

Les grands et beaux arbres existants sur ces pelouses ont pu être respectés.

Comme pour la station de la porte Maillot, le Conseil municipal de Paris avait émis l'avis qu'une communication directe fût établie entre la station de la porte Dauphine et la gare du même nom du chemin de fer de Paris à Auteuil ; cette affaire, liée à la première, a subi le même sort.

Stations de l'avenue Kléber et de la rue Boissière. — Ces deux stations sont desservies chacune par un accès unique placé sur le trottoir de l'avenue Kléber, côté impair ; le premier au droit du n° 17, près de la rue Pauquet ; le second, au droit du n°57 près de la rue Boissière.

Station de la place du Trocadéro. — On a établi deux accès, situés de part et d'autre de la station, sur le trottoir qui entoure le bassin de la place du Trocadéro.

L'accès côté du Palais sert en temps ordinaire ; le second n'est ouvert au public que les jours de grande affluence ; tous deux peuvent être affectés à l'entrée et à la sortie des voyageurs.

2° **Édicules des stations.** — En principe, les débouchés des accès sur la voie publique devaient être recouverts par un édicule approprié ; mais, par délibération du 19 mai 1899, le Conseil municipal de Paris décida que, pour les stations de la ligne n°1 comprises entre l'Hôtel de Ville et la place de l'Étoile, il ne serait pas établi d'édicule proprement dit ; l'accès devait être simplement entouré d'une balustrade de protection. La même mesure fut décidée quelque temps après pour les stations du quartier des Bassins, sur la demande du Conseiller municipal de ce quartier. Nous donnons (fig. 9 page 44) une vue perspective du garde-corps adopté et dont le modèle est dû à M. Guimard, architecte à Paris.

Les édicules proprement dits, dus également à M. Guimard, appartiennent au « modern style » ; comme toutes les nouveautés en général, ils ont été vivement loués par les uns, fortement attaqués par les autres ; nous ne prendrons pas parti dans ce débat. Ils comportent plusieurs modèles :

1° Le type courant employé le plus ordinairement (fig. 10); il présente les dimensions principales ci-après ; longueur au pied, 5,86 m., largeur, 3,40 m., hauteur du sol au chéneau, 3,36 m., hauteur du sol au faîtage, 4,06 m.;

2° Des types spéciaux et de plus grandes dimensions pour les stations de la place de la Bastille et de la place de l'Étoile ; les figures 11 et 12 ci-avant montrent la vue d'ensemble de chacun d'eux ;

3° Enfin, la Compagnie concessionnaire a été autorisée sur sa demande, et à titre d'essai, à recouvrir d'une toiture légère l'accès de la station de l'Hôtel de Ville, simplement pourvu du garde-corps ci-dessus. Cette expérience avait pour but de protéger contre la pluie l'escalier découvert de l'accès tout en réduisant sa couverture au minimum possible (fig. 13).

Cet essai ne semble pas avoir donné les résultats attendus car, comme on le verra par la suite, le Conseil municipal a décidé de renoncer à tout édicule pour la ligne circulaire Nord et d'employer exclusivement le garde-corps du modèle Guimard (fig. 9); le dessin en est d'ailleurs très joli et, échappant aux critiques formulées à tort ou à raison contre les édicules, semble avoir rallié les suffrages unanimes du public.

3° **Voie.** — Le type de rail adopté est un rail Vignole en acier de 52 kilogrammes. Ses dimensions principales sont : hauteur 0,150 m.; épaisseur de l'âme, 0,016 m. ; rapport $\dfrac{\mathrm{I}}{v}$ du moment d'inertie à la distance maxima du centre de gravité au bord supérieur, 273,644. La longueur des rails longs est de 15 mètres.

Les rails sont posés à joints alternés et soutenus. Chacun d'eux est porté par seize traverses en hêtre créosoté, de 2,20 m. de longueur, 0,20 m. de largeur et 0,14 m. de hauteur ; la largeur des traverses de joints est portée à 0,30 m. Les traverses sont espacées de 0,985, à l'exception des traverses contre-joints qui sont distantes de 0,740 m. seulement.

Tous les trois mètres, les traverses portent par l'intermédiaire

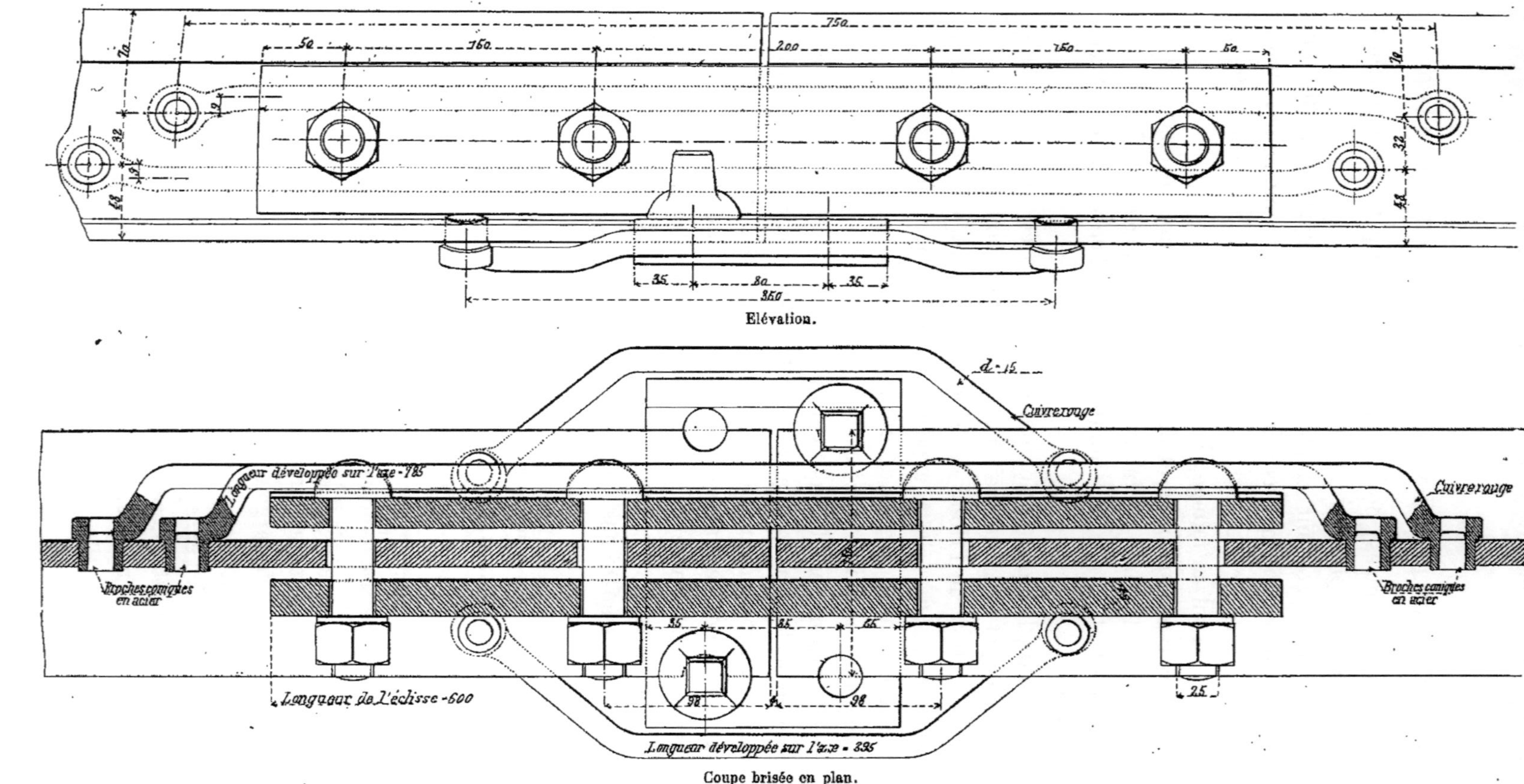

Fig. 14 et 15. — (Ech. 1/4). Voie courante. Détail des rails et de l'éclissage.

d'un support isolateur placé à l'extérieur des voies, la prise de courant constituée par deux rails à double champignon du poids de 38,750 kg. au mètre courant ; la longueur des traverses sur lesquelles est fixée cette prise de courant est portée à 2,50 m.

Le retour du courant se fait par les rails de la voie ; à cet effet, ces rails sont reliés électriquement les uns aux autres, à chaque joint, par quatre conducteurs en cuivre rouge de 0,015 m. de diamètre.

Les éclisses ont 0,600 m. de longueur et 0, 022 m. d'épaisseur ;

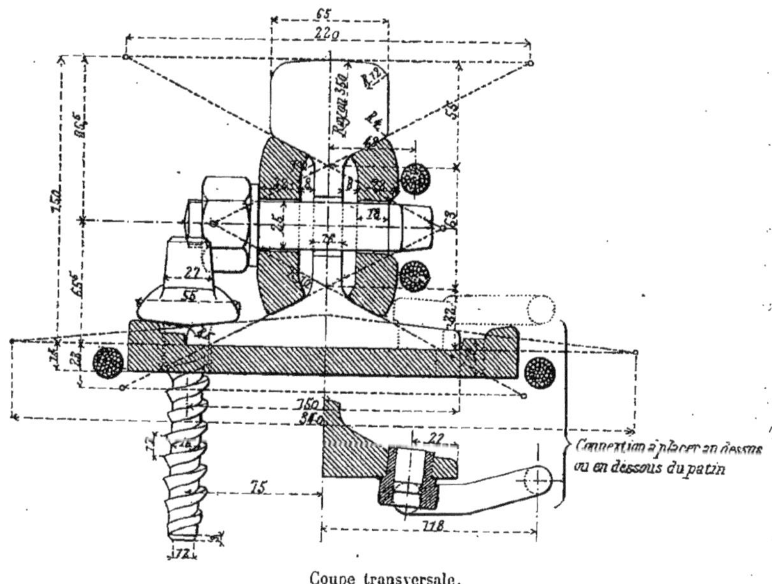

Coupe transversale.

Fig. 16. — (Éch. 1/4). Voie courante. Détail des rails et de l'éclissage.

elles sont maintenues par quatre boulons de 0,025 m. de diamètre.

Les rails reposent sur les traverses par l'intermédiaire de plaques d'appui ayant 0,242 m. de longueur, 0,130 m. de largeur et 0,014 m. d'épaisseur. Chaque rail est relié à la traverse par trois tire-fond de 0,016 m. de diamètre et 0,160 m. de longueur.

L'épaisseur du ballast est de 0,42 m. sur l'axe de la voie, de 0,58 m. sous l'extrémité intérieure de la traverse et de 0,17 m. sous l'extrémité extérieure.

Les figures 14 et 15 (pl. 5) donnent respectivement le plan de pose et la coupe transversale des voies dans le souterrain courant; les figures 14 à 16 ci-dessus indiquent le détail des rails et de l'éclissage.

L'ensemble des dispositions ci-dessus répond aux conditions fixées par l'article 10 du cahier des charges annexé à la loi déclarative d'utilité publique.

Ce type est très robuste et, étant donné que la voie n'est parcourue que par des véhicules dont les essieux ne portent que de 7 à 8 tonnes et animés d'une vitesse inférieure à 36 kilomètres à l'heure, on peut admettre qu'elle présente les meilleures conditions pour réduire au minimum possible le bruit et les trépidations au passage des trains.

Toutefois, l'emploi de ces rails lourds et à fort moment d'inertie donne parfois lieu à quelques difficultés lors de la pose, notamment au point de vue du cintrage qui est nécessaire pour réaliser les raccordements courbes en profil, à l'entrée des fortes déclivités; mais ce léger inconvénient ne saurait être mis en balance avec les avantages précieux que présente cette voie au point de vue du roulement.

4° **Matériel roulant.** — Les trains du Métropolitain empruntent leur force motrice à l'électricité. Ce mode de traction était tout indiqué en raison des avantages qu'il présentait : d'une part, absence de fumée et d'odeur dans le souterrain, d'autre part, grande facilité de division de la force motrice permettant l'emploi de trains légers et nombreux, conditions essentielles de l'exploitation d'un chemin de fer de ce genre.

Le matériel roulant mis tout d'abord en service lors de l'ouverture de la première ligne à l'exploitation, en 1900, a dû subir des modifications assez sérieuses pour remédier à quelques inconvénients que l'expérience avait fait ressortir. Les anciennes voitures ont été successivement transformées et ramenées au nouveau type qui, seul, est aujourd'hui en service.

Afin de permettre une comparaison utile entre les deux matériels, ancien et nouveau, et aider à la compréhension des changements adoptés, on trouvera ci-après une description, un peu sommaire pour le premier, plus détaillée pour le second. Les planches 7 et 8 complètent suffisamment ces descriptions.

a. MATÉRIEL PRIMITIF. — Il comporte deux types de voitures automotrices et trois types de voitures d'attelage, savoir :

Type M. Voiture motrice à une direction ;

— MM. Voiture motrice à deux directions.

— A. Voiture d'attelage de 1re classe ;

— B. Voiture d'attelage de 2e classe ;

— AB. Voiture d'attelage mixte, comprenant 1re et 2e classes.

Ces dernières ont d'ailleurs été supprimées peu après leur mise en service, leur disposition présentant divers inconvénients tant au point de vue de l'entrée et de la sortie des voyageurs que de leur répartition entre les deux classes ; elles ont été transformées en voitures de 1re classe.

Chaque train était composé de quatre voitures : une motrice et trois d'attelage.

Voitures motrices. — Ces voitures ne comportaient que des places de 2e classe. Extérieurement, elles ne différaient pas sensiblement des voitures d'attelage (planche VII fig. 1 et 9) ; elles étaient seulement munies, soit à une, soit aux deux extrémités, d'une petite loge spéciale destinée au wattman et où étaient réunis, sous la main de celui-ci, tous les appareils de manœuvre.

Ces voitures motrices étaient actionnées par deux moteurs Westinghouse, chacune de 100 chevaux à pleine charge et à la vitesse de 450 tours par minute, placés sous la caisse de la voiture ; la prise de courant sur le rail conducteur se faisait par un sabot frotteur suspendu élastiquement au-dessous des boîtes à huile (fig. 8, planche VII). Elles pouvaient remorquer trois voitures d'attelage ; en raison de leur poids adhérent et des conditions atmosphériques spéciales du souterrain, ce nombre aurait pu, au besoin, être porté à quatre.

Les figures 1 et 2 (pl. VII) montrent, en élévation et en plan, les dispositions d'une voiture motrice à deux loges ; le détail d'installation d'une loge est donné par les figures 3 à 7.

Voitures d'attelage. — Ces voitures comportaient dix rangées de sièges transversaux adossés deux à deux, à l'exception des rangées extrêmes ; un couloir central de 0,85 m. de largeur divisait longitudinalement la voiture, laissant d'un côté un siège, de l'autre deux sièges de chaque rangée transversale. Le total des places assises était ainsi de 32, chiffre réduit à 26 dans les motrices à une loge et à 20 dans celles à deux loges.

Les voitures étaient munies, de chaque côté, de deux portes à coulisses de 0,72 m. de largeur, l'une pour l'entrée, l'autre pour la sortie des voyageurs ; sur les vitres de ces portes, étaient gravées les inscriptions *Entrée* ou *Sortie* pour éviter toute indécision. Devant chaque porte était ménagée une sorte de plate-forme libre dépourvue de sièges et qui pouvait être occupée par des voyageurs debout, au nombre de quatre par plate-forme.

L'éclairage de chaque voiture était assuré par dix lampes à incandescence de 10 bougies chacune, réparties dans les parois extrêmes et au plafond de la voiture.

L'éclairage des voitures était assuré par une dérivation du courant principal.

Les figures 9 à 12 (pl. VII) montrent les dispositions d'une voiture d'attelage en élévation, coupe longitudinale et plan.

Les indications qui précèdent s'appliquaient également à la partie des voitures motrices réservée aux voyageurs.

Les deux tableaux nᵒˢ 3 et 4 donnent le résumé du nombre de places offertes par chaque type et de ses dimensions principales.

Ajoutons que toutes les voitures étaient pourvues du frein continu système Westinghouse.

La figure 17 ci-après reproduit une photographie d'un train prise au moment de l'arrêt dans une station à tablier métallique.

TABLEAU Nᵒ 3.

TYPES DES VOITURES	PLACES OFFERTES		
	Assises.	Debout.	Total.
M, motrice à une loge	26	8	34
MM, motrice à deux loges	20	8	28
A, attelage 1ʳᵉ classe.	32	8	40
B, attelage 2ᵉ classe	32	8	40
AB, mixte { 1ʳᵉ classe. . . . . / 2ᵉ classe	14 } 28 / 14 }	8	36

TABLEAU N° 4.

DIMENSIONS PRINCIPALES	DÉSIGNATION DES VOITURES				
	M	MM	A	AB	B
Longueur de la caisse entre tampons	9,25	8,70	9,85	8,50	9,85
Largeur maxima de la caisse	2,40	2,40	2,40	2,40	2,40
Hauteur maxima de la caisse	2,28	2,28	2,28	2,28	2,28
Hauteur maxima de la voiture au-dessus du rail	3,25	3,25	3,25	3,25	3,25
Ecartement des essieux	3,00	3,00	3,75	3,75	3,75
Epaisseur des parois	0,064	0,064	0,064	0,064	0,064
Portes latérales { largeur	0,70	0,70	0,70	0,70	0,70
Portes latérales { hauteur	1,89	1,89	1,89	1,89	1,89
Sièges. { Profondeur	0,42	0,42	0,40	0,40 / 0,42	0,42
Sièges. { Largeur normale	0,475	0,475	0,475	0,475	0,475
Sièges. { Largeur réduite près des portes de loge des motrices ou de l'intercommunication	0,45	0,45	0,45	0,45	0,45
Couloir central longitudinal	0,847	0,847	0,847	0,847	0,847

Châssis des voitures d'attelage. — Les châssis des voitures, tant motrices que d'attelage, étaient composés de deux brancards, deux traverses de tête et quatre traverses intermédiaires en acier profilé en U, qnatre guides d'attelage également en acier en U et une croix de Saint-André formée de deux barres d'acier profilé en L. En outre, les traverses intermédiaires étaient reliées entre elles par des flèches en acier profilé en I, sauf pour les voitures motrices au-dessus des essieux où ces flèches étaient en acier en U posé à plat pour permettre de placer le moteur sur l'essieu.

Ces pièces étaient assemblées entre elles avec des équerres et des goussets en acier, rivés.

Le châssis était muni, à chaque extrémité, d'un appareil complet de choc et de traction pourvu de ressorts de suspension et monté sur deux essieux au moyen de boîtes à huile (fig. 1, 9 et 12, pl. VII).

Le châssis comprenait, en outre, les pièces d'attache ou de suspension du frein et des crochets de tirage pour la manœuvre.

Châssis des voitures motrices. — Les châssis des voitures

motrices (fig. 1, pl. VII) étaient semblables à ceux des voitures d'attelage. Toutefois, les brancards étaient renforcés au moyen de sommiers en acier en L placés entre les plaques de garde, leurs entretoises de cornes prolongées d'une plaque de garde à l'autre de chaque côté et reliées, sur ce prolongement, au châssis au moyen de jambes verticales, de façon à ce que le tout formât un cadre rigide offrant toute la solidité nécessitée par la surcharge que ces châssis avaient à supporter par suite de l'adjonction des moteurs.

Ces châssis portaient deux traverses spéciales et les attaches voulues pour suspendre lesdits moteurs et leurs accessoires.

Caisses. — La structure générale de la caisse était la même pour toutes les voitures, de même que l'aménagement et le garnissage intérieur étaient conformes pour chaque classe, dans quelque voiture que ce soit.

Les baies latérales d'aération étaient munies de châssis de glace brisés, c'est-à-dire fixes dans le bas et mobiles par relèvement dans le haut.

Les portes de face, à un seul vantail, coulissaient à l'aide de l'appareil articulé système Nuszbaumer, dans des rainures ménagées à cet effet en bas, en haut et au pied d'entrée dont la partie extérieure était bordée d'une cornière en acier pour lui donner de la tenue.

La fermeture était assurée par un cliquetage et un bec de cane ; elle pouvait être verrouillée au moyen de la clef de service.

Chaque porte était munie, à sa partie supérieure, d'une ouverture garnie d'un châssis de glace fixe. Le panneau intérieur du bas, de chaque côté de l'entrée, était formé d'une tôle peinte laissant l'espace nécessaire au coulissage dans la paroi dont l'épaisseur était de 0,064 m.

Dans les voitures motrices, chaque loge de mécanicien était pourvue, outre ses deux portes de bout et de communication intérieure (fig. 2 et 8, pl. VII), d'une porte d'entrée latérale placée du côté droit (fig. 1 et 2), munie de glaces à sa partie supérieure, fermant à loquet et pouvant être verrouillée au moyen d'une clef de service.

Équipement électrique des voitures motrices. — Chaque équipement comprend les pièces ou appareils suivants :

1° Les quatre frotteurs servant pour la prise de courant sur le rail de transmission ;

2° Un parafoudre ;

3° Un plomb fusible de sûreté ;

4° Un interrupteur de sûreté automatique et à main, par régulateur ;

5° Un ou deux régulateurs du système dit « série parallèle », pour le réglage de la marche des voitures, avec leurs résistances et leurs accessoires ;

6° Deux moteurs avec leurs accessoires ;

7° Le câblage complet des motrices ;

8° Le matériel d'éclairage des motrices et les raccords avec les voitures d'attelage pour fournir à ces dernières le courant d'éclairage.

Les deux moteurs étaient identiques, tant au point de vue électrique que mécanique, de façon à assurer un égal partage de courant entre eux quand ils travaillent en parallèle.

b. MATÉRIEL ACTUEL. — Le nouveau matériel roulant mis en service sur la ligne « Vincennes-Maillot » et sur la Circulaire Nord (planche 8), ne comporte plus que trois types de voitures ; un type d'automotrice et deux types d'attelage, savoir :

Type M, voiture motrice à une loge.

Type A, voiture d'attelage de 1re classe.

Type B, voiture d'attelage de 2e classe.

Il faut pourtant en excepter douze anciennes motrices à deux loges, du type précédemment décrit, qui font le service sur l'embranchement Étoile-Trocadéro.

Chaque train de quatre voitures est composé normalement d'une motrice en tête et de trois voitures d'attelage, celle de première en queue, et chaque train à huit voitures, de deux motrices, une en tête, une en queue, et de six d'attelage, les deux de première classe se trouvant au milieu du train.

Voitures motrices (fig. 1, 2, 3 et 4, pl. VIII). — Ces voitures présentent exclusivement des places de seconde classe. Elles comportent, à une extrémité, une loge où se tient le wattman et où se trouvent réunis les différents appareils de manœuvre.

Les automotrices, du type Thomson, possèdent un équipement électrique dit « Équipement à unités doubles ». Ce système permet de former un train de huit voitures en accouplant queue à queue deux trains de quatre voitures, la deuxième motrice étant en marche arrière. La direction de ce train se fait par un seul watman placé dans la loge de la motrice de tête. Chacun des régulateurs peut commander les quatre moteurs par l'intermédiaire d'un câble qui court tout le long du train sous le pavillon des voitures. Un inverseur électro-magnétique permet de changer le sens de la marche et de se servir du frein électrique en cas de besoin.

Les automotrices sont actionnées par deux moteurs Thomson donnant chacun cent chevaux à pleine charge et à 450 tours par minute; chaque moteur commande par l'intermédiaire d'un pignon de 220 millimètres calé sur son arbre, une roue de 592 millimètres placée sur l'essieu. Quant à la prise de courant sur le rail conducteur, elle se fait au moyen de quatre sabots frotteurs, suspendus élastiquement sur une poutre en bois réunissant les boîtes à huile de chaque essieu. Un câble isolé transmet le courant aux moteurs.

Une motrice Thomson ainsi équipée pèse 18 tonnes à vide; elle peut remorquer trois voitures d'attelage.

Voitures d'attelage (fig. 5 et 6, pl. VIII). — Ces voitures comportent six rangées de sièges transversaux simples et une double; un couloir de 85 centimètres divise longitudinalement la voiture, laissant d'un côté des banquettes à une place et de l'autre à deux places.

En seconde classe, les sièges sont formés de baguettes en bois vernis; en première classe, ils sont recouverts de cuir rouge brun foncé; pour les bagages à main, des filets sont disposés au-dessus des sièges.

Les portes des voitures du nouveau type à raison de deux par face sont fermées chacune par deux battants conjugués, à coulisse; elles forment donc une baie d'entrée et de sortie de

1,20 m. de largeur beaucoup plus grande que dans les anciennes voitures et facilitent ainsi le mouvement des voyageurs. Devant chacune de ces portes, est ménagée une plate-forme libre et sans sièges, occupée par les voyageurs debout. Dix lampes à incandescence de dix bougies réparties dans les parois extrêmes et au plafond, assurent l'éclairage de chaque voiture. Ces lampes sont branchées sur une dérivation du courant principal et, en cas d'interruption du courant de traction, un dispositif permet de relier le train au câble d'éclairage du tunnel et d'éviter aux voyageurs de se trouver dans l'obscurité.

Les deux tableaux ci-après donnent le résumé du nombre de places offertes par chaque type et ses dimensions principales.

TABLEAU N° 5.

TYPES DE VOITURES	PLACES OFFERTES		
	Assises.	Debout.	Total.
M, Motrices à une loge.	20	30	50
MM, Motrices à deux loges ancien type.	20	30	50
A, Attelages de 1ᵉ classe.	25	30	55
B, Attelages de 2ᵉ classe.	25	30	55

TABLEAU N° 6.

DIMENSIONS PRINCIPALES	DÉSIGNATION DES VOITURES			
	M	MM ancien type.	A	B
Longueur de la caisse entre tampons.	9,25 / 8,97	8,70	9,85 / 8,97	9,85 / 8,97
Largeur maxima de la caisse	2,40	2,40	2,40	2,40
Hauteur maxima de la caisse.	2,28	2,28	2,28	2,28
Hauteur maxima de la voiture au-dessus du rail	3,25	3,25	3,25	3,25
Ecartement des essieux	3,00	3,00	3,75 / 3,60	3,75 / 3,60

Toutes les voitures sont munies du frein continu système Westinghouse.

Enfin, le plancher des voitures se trouve à 1,10 m. au-dessus
du rail, soit 0,25 m. au-dessus des quais des stations, mais ce
dernier chiffre qui correspond au cas d'une voiture neuve et vide
se trouve en réalité réduit à 0,15 m. ou 0,18 sous le poids des

Fig. 17. — Vue d'un train dans la station à tablier métallique
de l'Hôtel-de-Ville.

voyageurs. L'embarquement et le débarquement se font ainsi
avec la plus grande facilité.

Châssis des voitures d'attelage. — Les châssis des voitures, tant
motrices que d'attelage, se composent de deux brancards, deux
traverses de tête et quatre traverses intermédiaires en acier profilé en **U**, quatre poussards et deux flèches en **U**. Ces dernières
règnent sur toute la longueur du châssis. Ces pièces sont assemblées entre elles avec des goussets et équerres en acier, rivés. Le
châssis est muni à chaque extrémité d'un appareil complet de

choc, la traction étant du système dit « continu ». La caisse est portée par quatre ressorts de suspension qui reposent sur les boîtes à huile. Les essieux montés ont leurs roues à centre plein bandagés.

Les boîtes à huile qui reçoivent les fusées d'essieux sont à coussinets régulés, à graissage inférieur et du type annulaire ; elles sont guidées dans les deux sens par des plaques de garde rivées au brancard et munies d'une entretoise.

Chaque appareil de choc et le crochet qui est relié par un axe à la barre de traction, constitue un attelage dont la composition est la suivante :

Un ressort de traction en spirale ;

Un tampon de choc central relié à deux plongeurs comprimant deux ressorts à boudin contenus dans deux boisseaux ;

Un crochet de traction avec tendeur articulé à la barre de traction ;

Deux chaînes de sûreté, chacune avec un ressort en spirale placé en dedans de la traverse de tête.

La suspension se compose de quatre ressorts bridés, en acier ; les extrémités roulées sont reliées par des anneaux aux mains de suspension qui sont pourvues d'axes verticaux et horizontaux permettant leur réglage.

Le châssis comprend en outre les diverses pièces du frein et des crochets de tirage pour la manœuvre.

Châssis de voitures motrices. — Les châssis de caisse des voitures motrices sont semblables à ceux des voitures d'attelage ; ils reposent sur les trucs par l'intermédiaire de ressorts à boudin ou de plaques en caoutchouc.

Les châssis porteurs sont constitués par deux longerons en tôle découpée avec cornières rivées à la partie supérieure et inférieure ; ces longerons sont reliés entre eux par des traverses intermédiaires en **U**. Des flèches en **I** et des croix de Saint-André en **L** reliant les traverses intermédiaires donnent à tout le système une grande rigidité. Les deux traverses du milieu renforcées par des consoles en **L** et des tirants, supportent les moteurs.

Caisses. — La structure générale de la caisse est la même pour toutes les voitures; il en est de même pour l'aménagement intérieur, le garnissage seul différant d'une classe à l'autre.

Pour la charpente de la caisse, on a conservé les mêmes bois que pour les premières voitures, c'est-à-dire :

Chêne : châssis de caisse, cadre de pavillon, ceintures et écharpes ;

Frêne : courbes de pavillon;

Teck : pieds et montants, carcasses de siège de 1re et 2e classes; frises apparentes à l'extérieur à feuillures en larmier ;

Sapin rouge : Corniches et jets d'eau;

Pitchpin : frises du pavillon pour les 2es classes;

Érable : plaquages du pavillon pour les 1res classes ;

Sapin : plancher de la voiture.

Dans les compartiments de 1re classe, les panneaux sont en acajou avec encadrement, moulures et châssis de glace en teck; dans ceux de 2e classe ils sont en pitchpin avec encadrement, moulures et châssis de glaces en teck. Dans les loges de wattman, l'intérieur est identique à celui de la seconde classe.

Les formes de siège sont en teck avec application d'acajou sur les parties visibles pour la première classe; de plus, dans ces mêmes voitures, le siège est formé par un cadre à ressorts rembourrés et agrafés en place; le dossier est composé de rembourrage sur forme fixe.

Les baies latérales d'aération sont munies de châssis de glaces brisés, c'est-à-dire fixés dans le bas et mobiles dans le haut, soit par relèvement soit par abaissement; la jonction des deux parties est en bois ou en métal et à forme d'emboîture.

De plus, pour augmenter l'aération, la partie supérieure des bouts de caisse porte des panneaux mobiles s'ouvrant vers l'intérieur; pour les faces, on a adopté, au-dessus des baies axiales, des vasistas pivotant autour d'un axe vertical qui chassent l'air à l'intérieur des voitures.

Les portes de face, à deux vantaux conjugués, sont en teck et coulissent dans des rainures, le pied de la porte étant renforcé par une cornière d'acier pour lui donner de la tenue. La fermeture est assurée par un cliquetage et bec de cane, et peut être verrouillée par la clef de service; un loqueteau maintient la porte fermée en temps ordinaire. De plus, chaque porte est munie à sa partie supérieure d'une ouverture garnie d'un châssis de glace fixe.

Dans les voitures motrices, chaque loge de mécanicien est pourvue, outre ses deux portes de bout et de communication intérieure, d'une porte d'entrée latérale placée du côté droit, porte munie d'une glace à sa partie supérieure, fermant à loquet et pouvant être verrouillée au moyen de la clef de service (fig. 1 et 2, pl. VIII).

Les garnitures intérieures sont en maillechort pour les baies, conduits, poignées de portes tant intérieures qu'extérieures, poignées montoires et parties métalliques nues des appareils d'éclairage; les supports de filets à bagages sont en fonte malléable et les supports de sièges, colonnes de dossiers et tringles de filets, en fer peint.

Freins à air comprimé. — Chaque voiture motrice ou d'attelage est munie d'un cylindre à double ou simple piston, avec réservoir auxiliaire, triple valve et tuyauterie; le piston agit sur les huit sabots par l'intermédiaire d'une timonerie assurant un égal serrage sur chaque roue.

Sur les motrices se trouve un réservoir principal où s'emmagasine l'air provenant du compresseur électrique placé dans la loge. Le robinet de manœuvre, dit « robinet du mécanicien » est également placé dans la loge et peut être isolé du réservoir principal à l'aide d'une clef de manœuvre servant pour la loge inoccupée des motrices MM et pour la motrice de queue dans les trains à huit voitures.

Les voitures d'attelage sont munies d'un robinet, dit de « vigie » permettant d'actionner le frein à air, et placé sur la cloison du bout, en dehors. Une manette enfermée dans une boîte, permet, de l'intérieur de la voiture, d'ouvrir un robinet. De plus, chaque loge et chaque attelage portent un volant de manœuvre à vis dont l'action se transmettant à la timonerie du frein à air, détermine le serrage des sabots sans mettre en mouvement les pistons.

Équipement électrique des voitures motrices. — Chaque équipement comprend les appareils suivants :

1° Les quatre frotteurs servant pour la prise de courant sur le rail ;

2° Un interrupteur à main ;

3° Un parafoudre ;

4° Un plomb fusible à soufflage magnétique ;

5° Un interrupteur-disjoncteur automatique et à main ;

6° Un commutateur pour deux ou quatre moteurs ;

7° Un régulateur avec ses résistances et accessoires ;

8° Deux moteurs avec leurs paliers, pignons, engrenages de commande, boîte d'engrenages, ressorts de suspension avec cale destinée à fixer l'engrenage de commande sur l'essieu ;

9° Un inverseur électro-magnétique pour le changement de marche ;

10° Le câblage complet des motrices ;

11° Un disjoncteur automatique pour la commande du compresseur ;

12° Le matériel d'éclairage de motrices et les raccords pour les voitures d'attelage, afin de fournir à ces dernières le courant d'éclairage, ainsi que le courant de traction nécessaire à la motrice de queue.

Les régulateurs sont du système « série-parallèle ». Chacun d'eux comporte deux manettes permettant d'isoler l'un ou l'autre des moteurs en cas d'avarie en cours de route dans le cas de la marche à quatre voitures, et l'une ou l'autre des motrices en cas de marche à huit voitures.

Les pignons sont en acier forgé et les roues d'engrenage en acier coulé ; les uns et les autres sont taillés à la fraise.

En résumé, les deux matériels, types ancien et nouveau, diffèrent surtout l'un de l'autre sur les points ci-après :

Emploi des motrices Thomson au lieu des motrices Westinghouse, ou plutôt concurremment avec ces dernières.

Substitution de portes à deux vantaux de 1,20 m. de largeur aux portes simples de 0,72 m.

Nouvelle répartition et augmentation considérable du nombre de places offertes, notamment des places debout (comparer les chiffres des tableaux n°s 3 et 5).

En outre, la Compagnie du Métropolitain a mis à l'étude des voitures à boggies destinées à la ligne n° 3, du boulevard de Courcelles à Ménilmontant et aux autres lignes à construire.

Enfin, par suite de l'affluence des voyageurs sur les lignes en exploitation et pour éviter l'encombrement dans les stations et leurs dépendances ainsi que dans les voitures mêmes, la Compagnie a été conduite à mettre en circulation des trains de huit voitures.

Actuellement (mars 1903), elle alterne les trains de quatre et huit voitures, mais elle poursuit aussi rapidement que possible l'emploi exclusif de ces dernières.

5° **Éclairage du souterrain et des stations.** — Le souterrain et les stations sont éclairés d'une façon continue pendant la durée du service.

L'éclairage est assuré par des lampes à incandescence de 16 bougies.

Dans le souterrain proprement dit, ces lampes sont placées un peu au-dessus des naissances de la voûte ; elles sont disposées en quinconce à 25 mètres l'une de l'autre, de façon à ce qu'une lampe se trouve au-dessus ou en face de chacune des niches de sécurité ménagées dans les parois du souterrain.

Cet éclairage est renforcé aux abords des stations : sur 75 mètres de longueur de part et d'autre de chacune de ces dernières, les lampes, toujours placées en quinconce ne sont plus distantes l'une de l'autre que de 12,50 m. De plus, au débouché dans les stations, l'intrados du souterrain est dessiné par cinq lampes de même puissance.

Dans les stations voûtées, l'éclairage est constitué par deux files de dix-huit lampes placées à l'aplomb de chaque quai ; dans les stations à tablier métallique où la diffusion de la lumière se fait moins énergiquement, chaque file comprend 28 lampes ; les lampes à arc installées à l'origine pour renforcer les lampes à incandescence ont cessé d'être utilisées, leur lumière, fournie par le courant de traction, étant trop instable et sujette à des variations désagréables et fatigantes pour la vue.

Les figures 18 et 19 donnent les schémas de l'éclairage tant du

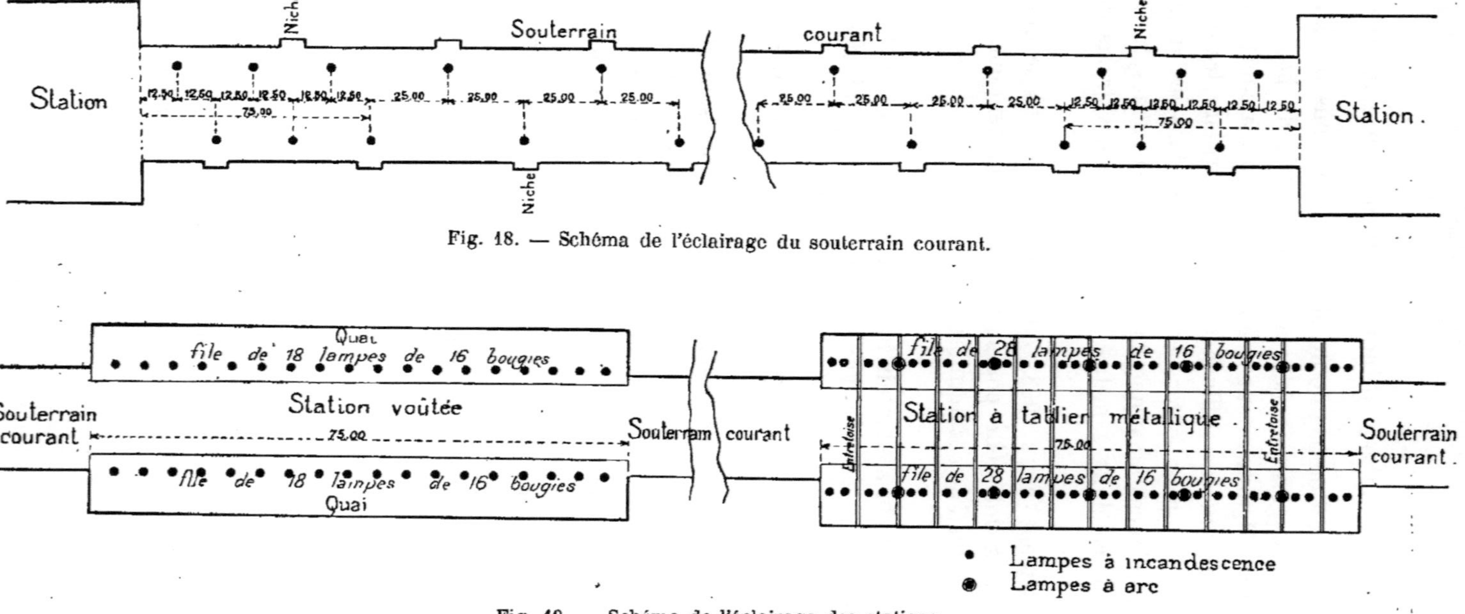

Fig. 18. — Schéma de l'éclairage du souterrain courant.

Fig. 19. — Schéma de l'éclairage des stations.
(Les lampes à arc sont aujourd'hui supprimées).

souterrain courant que des stations voûtées ou à tablier métallique.

6° Signaux de sécurité et téléphone. — Le système de signaux
de sécurité adopté pour le Métropolitain de Paris est encore assez
peu connu, du moins en France; il est donc intéressant de donner
quelques indications sur l'application qui en est faite au Chemin
de fer Métropolitain de Paris.

Etant donné la situation du Métropolitain en tunnel, la circulation intensive des trains, et la quasi-impossibilité en résultant
d'employer des signaux à main, on ne pouvait songer qu'à un système fonctionnant automatiquement.

On connaît en Angleterre le système « Timmis » et en Amérique le système « Hall ». Le premier est peu répandu encore,
tandis que le second fonctionne depuis longtemps en Amérique où
l'expérience ainsi faite a permis d'y apporter successivement des
modifications, qui l'ont amené peu à peu à son degré de perfec-
tionnement actuel; à une grande simplicité, ce système allie un
fonctionnement d'une sûreté remarquable : les ratés ne se produisent, en effet, que dans la proportion de 1 à 10 000 000; enfin, il a
donné de même toute satisfaction dans des cas très compliqués et
difficiles.

Les renseignements pris à cet égard auprès de plusieurs Com-
pagnies américaines ont été très favorables au système Hall.
Nous citerons en particulier les Compagnies suivantes :
Boston and Albany Railroad C°;
Chicago and North-Western Railway C°;
Philadelphia and Reading Railway C°;
Lehigh Walley Railroad;
Chicago, Rock Island and Pacific Railway C°;
Illinois central Railroad C°.

La Compagnie des chemins de fer « Paris-Lyon-Méditerranée »
a elle-même fait un essai en grand du système Hall sur la partie
de réseau comprise entre Laroche et Cravant; cet essai a donné
les résultats les plus satisfaisants et il y a lieu de croire que le
développement du système sur les chemins de fer français
prendra une extension considérable.

De son côté, la Compagnie du chemin de fer Métropolitain de
Paris avait d'ailleurs fait installer à la gare de Montgeron deux

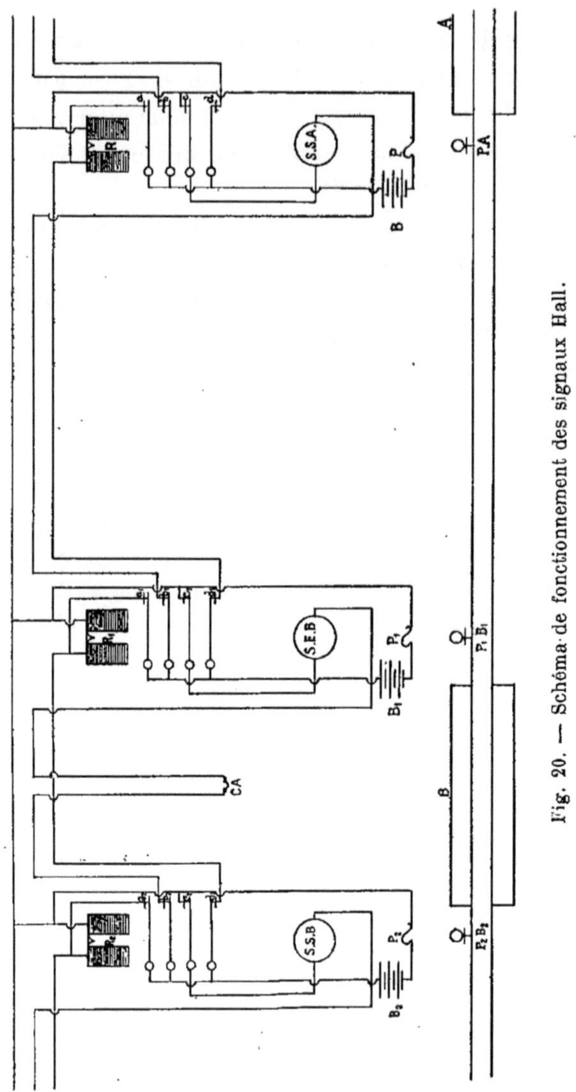

Fig. 20. — Schéma de fonctionnement des signaux Hall.

pédales du système Hall qui ont fonctionné pendant plus d'une
année sans donner lieu à aucun raté.

Les renseignements ainsi recueillis et les résultats des expé-

riences ainsi faites ont amené la Compagnie du chemin de fer
Métropolitain à adopter le système Hall sur le réseau municipal.

Description et fonctionnement des appareils. — Un signal comprend comme parties principales :

Le signal proprement dit ;

Une pédale mue par le bandage de la roue ;

Un relais commandant 4 leviers.

Le signal est à l'arrêt toutes les fois que le courant qui circule
dans l'électro-aimant qu'il contient est coupé.

La pédale interrompt momentanément le circuit du relais.

Lorsque le courant passe dans l'électro-aimant du relais, les
leviers sont sur les contacts-avant ; lorsque ces courants sont
interrompus, ces leviers sont sur le contact-arrière. En position
normale, ces leviers sont sur les contacts-avant.

Pour expliquer le fonctionnement de l'appareil, prenons deux
stations A et B, et un train se dirigeant de A vers B. (Voir le
schéma fig. 20).

Lorsque le train quitte A et passe sur la pédale PA, il coupe
en P le circuit de la pile B ; le relais R n'est plus aimanté, les
leviers tombent sur les contacts-arrière, le circuit du signal SSA
est coupé en c, et celui-ci se met à l'arrêt. De plus, le circuit du
relais R, reste coupé en a.

Avant d'arriver en B, le train passe sur la pédale P_1B_1, et coupe
momentanément le courant P_1. Le relais R_1 n'ayant plus de courant, ses leviers tombent sur les contacts-arrière. Le circuit du
signal SEB est coupé en c_1 ; celui-ci se met à l'arrêt.

Voyons ce qui s'est produit en A pour le signal précédent.

Lorsque les leviers du relais R_1 sont tombés, le courant de la
pile B_1 est arrivé au relais R par le contact d_1. Les leviers de R
sont donc revenus sur les contacts-avant. Mais le signal SSA est
toujours à l'arrêt, car son circuit est coupé en b_1 alors qu'il ne
l'est plus en c.

A ce moment donc, il y a deux signaux à l'arrêt derrière le
train. Lorsque le train en continuant sa route passe sur la pédale
P_2B_2, le courant de la pile B_2 est coupé en P_2 ; comme précédem-

ment, les leviers se mettent sur les contacts-arrière et le signal SSB se met à l'arrêt.

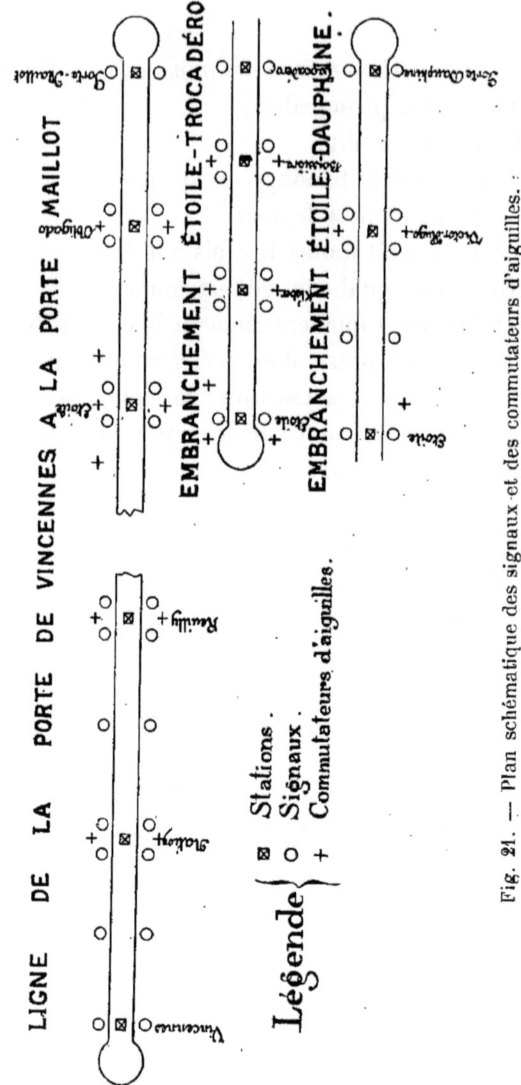

Fig. 21. — Plan schématique des signaux et des commutateurs d'aiguilles.

Par le courant d_2, le courant arrive dans le relais R_1 et les leviers de R_1 reviennent sur les contacts-avant. Le circuit du signal SEB qui était coupé en c_1 l'est de nouveau en b_2 et par suite celui-ci reste à l'arrêt. Mais le circuit du signal SSA se referme en b_1, et par suite, celui-ci se remet à voie libre. Et ainsi de suite.

En résumé, quand un train passe sur la pédale d'un signal, il le met à l'arrêt, et remet à voie libre le signal antéprécédent, en laissant à l'arrêt le signal précédent.

Pour protéger les manœuvres des trains dans les stations et aux embranchements, on a prévu des commutateurs d'aiguilles, qui mettent automatiquement à l'arrêt les signaux qui couvrent ces aiguilles, en interrompant le courant.

Ainsi, lorsque le commutateur CA est ouvert, le circuit du signal SEB est coupé, et par suite, celui-ci est à l'arrêt.

Position des signaux. — Sur les lignes composant la première fraction métropolitaine, chaque station a sur chaque voie un signal d'arrivée et un signal de départ. Les stations terminus seules n'ont qu'un signal d'arrivée sur la voie d'arrivée et un signal de départ sur la voie de départ.

Pour un service à deux minutes, on a été obligé de mettre des signaux intermédiaires, de façon à avoir un certain battement qui permet, en temps normal, à un mécanicien de ne jamais rencontrer un signal à l'arrêt.

Le plan schématique, figure 21 ci-avant, indique la position des signaux sur les lignes en question.

L'expérience, faite dans ces conditions depuis l'ouverture de la ligne à l'exploitation, a conduit la Compagnie du chemin de fer Métropolitain à apporter, dans le système de signaux ainsi établi, quelques modifications exposées plus loin (ligne circulaire Nord).

Téléphone. — L'installation qui vient d'être décrite est complétée par un réseau téléphonique spécial qui réunit les stations entre elles et aussi avec l'usine génératrice de Bercy et les ateliers et dépôt de la Compagnie, situés à Charonne.

Les appareils sont du système Dardeau et remplissent les conditions suivantes : deux postes quelconques peuvent communiquer entre eux sans déranger les postes intermédiaires ; en cas d'urgence, un poste quelconque peut s'introduire sur la ligne, même si elle est occupée ; en cas de nécessité, un poste peut communiquer avec plusieurs postes et, au besoin, avec tous les postes du réseau.

7° Bâtiment d'administration, ateliers et dépôt de la Compagnie concessionnaire. — Un bâtiment d'administration a été construit sur le quai de la Rapée, en façade de l'usine génératrice de Bercy dont il est parlé plus loin. Les sous-sols de ce bâtiment ont reçu la batterie d'accumulateurs de l'usine ; le rez-de-chaussée contient un atelier d'entretien et un magasin ; les deux premiers étages sont affectés au service des bureaux ; le troisième et le quatrième renferment les logements du personnel de l'usine.

Le dépôt et les ateliers de réparation du matériel ont été établis par la Compagnie, à Charonne, rue des Maraîchers, n°s 38 à 44 (XXe arrondissement) ; ils se trouvent en bordure du chemin de fer de ceinture. Les voies du dépôt sont reliées d'une part avec la ceinture, dans la gare aux marchandises dite de Charonne, d'autre part avec la ligne « porte Vincennes-porte Maillot » à la boucle terminale de la station de la porte de Vincennes.

Dans l'intérieur du dépôt, les voitures motrices prennent le courant sur des fils aériens à l'aide d'un trolley amovible pouvant être placé successivement sur chaque voiture.

Ce dépôt et les ateliers comprennent :

1° Un vaste hall renfermant divers ateliers mécaniques munis de machines-outils à fer et à bois : tours à roues, raboteuses, perceuses, scies, etc..., mues électriquement ; sous ce hall, se trouvent aussi les forges, les ateliers de peinture, de vernissages, les appareils de levage, des voies munies de fosses de visite et enfin les bureaux ;

2° Un magasin renfermant les matériaux et fournitures diverses destinés aux travaux d'entretien et de réparation du matériel mécanique et électrique ; d'un pavillon servant de logement au chef de dépôt et au concierge.

Le surplus du terrain est affecté à des voies de garage en dehors de la voie principale de circulation ; ces voies sont couvertes en grande partie par des hangars.

8° Usine électrique de Bercy. — *Production de l'énergie électrique.* — En principe, l'énergie électrique nécessaire à l'exploitation du chemin de fer métropolitain (force motrice et éclairage), est produite par une usine établie dans un terrain compris entre le quai de la Rapée et la rue de Bercy ; ce terrain porte, sur le quai de la Rapée le n° 46 et sur la rue de Bercy, les n°ˢ 177 et 179.

L'usine comprenait d'abord un bâtiment d'administration en façade sur le quai de la Rapée et, en arrière, deux bâtiments accolés destinés à recevoir l'un, les générateurs, l'autre, les machines (voir le plan fig. 1, pl. IX). L'ensemble de ces bâtiments ne couvrait que les deux tiers environ de la surface totale du terrain ; le surplus est actuellement en construction en vue de l'extension de l'usine nécessitée par les besoins des nouvelles lignes en construction ou restant à construire.

L'usine de Bercy alimente une sous-station électrique située sous la place de l'Étoile, entre les avenues Hoche et de Wagram ; chacun de ces deux centres d'énergie alimentera les portions de réseau de sa région et la position d'équilibre sur la ligne « Vincennes-Porte Maillot », se trouvera vers la station du Louvre [1].

Nous donnons ci-après la description sommaire de l'installation et des conditions auxquelles les différents appareils ou organes doivent satisfaire.

Usine principale dite de Bercy. — L'usine de Bercy comprend :
Deux groupes électrogènes de 1500 kws, pour courant continu à 600 volts ;
Trois groupes électrogènes de 1500 kws chacun pour courants triphasés à 5 000 volts, 25 périodes ;
Dix-huit chaudières semi-tubulaires de 244 mètres carrés de surface de chauffe ;
Une batterie volante d'accumulateurs de 1 560 ampères-heures en une heure ;
Des tableaux de distribution et toutes les connexions avec les dynamos ;
Les commutatrices, les transformateurs, les excitatrices et survolteurs nécessaires au service de la station de Bercy.

---

[1] Deux autres sous-stations sont en construction, pour le service de la ligne circulaire nord, boulevard du Rochechouart et de Ménilmontant ; ces installations ne sont pas entièrement terminées et ne peuvent par suite être décrites dès maintenant.

Installation générale des appareils. — Le plan de détail (fig. 2, pl. IX) et la coupe transversale (fig. 1 pl. X) montrent la disposition générale de l'installation des appareils ; la légende qui accompagne le plan (fig. 2, pl. IX) dispense d'entrer ici dans des explications qui feraient avec elle double emploi.

Description des machines. — Les machines sont compound à deux cylindres à vapeur et à condensation. Elles sont verticales, à deux manivelles motrices.

Les dynamos sont placées entre les manivelles motrices.

La distribution de la vapeur, dans les petits cylindres, est du système Corliss à quatre distributeurs et à détente variable à déclic commandée par le régulateur.

Dans les grands cylindres, la distribution de la vapeur est assurée par quatre distributeurs cylindriques, du système Corliss, mais sans déclic et sans variation de détente.

Chaque cylindre est muni d'une enveloppe de vapeur vive aux fonds et au couvercle, d'un réservoir réchauffeur (receiver), d'une enveloppe calorifuge et d'une garniture en tôle.

Chaque machine est munie d'un condenseur et de deux pompes à air.

Les pompes à air, verticales et à simple effet, sont commandées par des balanciers reliés aux têtes des tiges des pistons à vapeur.

Les condenseurs et les pompes à air sont placés au-dessous du sol pour que l'eau d'injection puisse être aspirée directement à la Seine par le vide. Chaque condenseur porte, en plus de la vanne d'injection, une petite vanne spéciale communiquant à une conduite d'eau en pression et destinée à l'amorçage au moment de la mise en marche, pendant les basses eaux.

Deux pompes de purge destinées à aspirer, pour les refouler aux chaudières, les eaux condensées dans les conduites de vapeur et dans les enveloppes des cylindres sont disposées sur les pompes à air.

Des réservoirs d'air sont constitués dans les couvercles des pompes à air pour permettre à celles-ci de refouler l'eau d'évacuation au niveau des plus hautes crues de la Seine.

Le graissage intérieur des cylindres à vapeur est assuré par des graisseurs automatiques à pompe du genre Drevdal.

Des parquets superposés, en tôle percée, disposés autour des cylindres à vapeur, permettent d'accéder à toutes les parties du mécanisme ; des garde-corps avec plinthes sont établis devant les manivelles et autour des volants.

Les presse-étoupes des tiges de pistons à vapeur sont munis de garnitures métalliques.

Chaque machine est munie d'un tachymètre et de tous les manomètres de pression et de vide nécessaires.

Données et dimensions principales des machines.

Puissance indiquée sur les pistons à vapeur.	2.600 chx.
Nombre de tours par minute	70
Pression initiale de la vapeur sur les petits pistons.	9 kg.
Diamètre des petits cylindres.	1,100 m.
Diamètre des grands cylindres	1,800 »
Course des pistons	1,500 »
Degré de détente totale correspondant à la puissance de 1.000 kilowatts environ . . .	22 env.
Degré de détente totale correspondant à la puissance de 1.500 kilowatts.	12 env.
Diamètre des pistons de pompe à air	0,900 m.
Course des pistons de pompe à air	0,400 »
Rapport du volume du grand cylindre à vapeur au volume utile des pompes à air	14,2
Diamètre de l'arbre moteur dans les paliers .	0,490 et 0,550 m
Longueur des paliers moteurs	1,000 m.
Diamètre des tiges de piston	0,170 »
Diamètre des boutons des manivelles motrices.	0,340 »
Longueur des bielles motrices.	3,500 »
Diamètre du volant.	7,500 »
Poids total du volant, environ.	63.000 kg.
Poids de l'arbre moteur avec ses manivelles, environ	20.000 kg.

Description des chaudières. — Les chaudières à vapeur, au nombre de dix-huit, sont du type « semi-tubulaire », composées de deux bouilleurs inférieurs, d'un grand corps tubulaire relié à chacun des bouilleurs par trois jambettes et d'un dôme de vapeur.

Les tubes sont individuellement amovibles et du système Bérendorff; toutefois un certain nombre de tubes servent de tirants entretoisant les plaques tubulaires et ils sont fixés sur celles-ci par des écrous.

Des plaques de sûreté empêchent le déboîtage accidentel des tubes amovibles. Les joints longitudinaux des tôles du corps tubulaire sont à couvre-joints intérieurs et extérieurs et à quatre rangées de rivets ; tous les autres joints longitudinaux et transversaux sont à double clouure en quiconque, à l'exception des attaches des fonds, des communications du dôme, des têtes de bouilleurs et des piétements.

Les chaudières sont supportées par des chandeliers en fonte établis sous les bouilleurs.

Les dimensions principales des chaudières et leurs conditions de fonctionnement sont les suivantes :

Timbre		10 kg.
Surface de grille, par corps		3,60 m².
Surface de chauffe par chaudière	des bouilleurs	31,50 »
	des jambettes	5,30 »
	des tubes	184,50 m².
	du corps tubulaire	22,70 »
	totale	244 »
Diamètre moyen des bouilleurs		0,900 m.
Epaisseur des tôles		0,0125 »
Diamètre moyen du corps tubulaire		2,200 »
Epaisseur des tôles du corps tubulaire		0,020 »
Epaisseur des plaques tubulaires		0,026 »
Diamètre des jambettes		0,450 »
Epaisseur des tôles		0,0014 »
Nombre de tubes	démontables. . . 86 ; tirants. . . 16 } 102	
Diamètre extérieur des tubes	ordinaires	0,105 m.
	tirants	0,090 »
Epaisseur des tubes ordinaires		0,0035 »
Epaisseur des tubes tirants		0,008 »
Volume d'eau		15,700 m³.
Volume de vapeur		9,800 »

Description de la dynamo à courant continu. — La dynamo à courant continu est commandée directement par la machine à vapeur et tourne à 70 tours à la minute.

Le système inducteur, en acier, est du type multipolaire et disposé de façon à rendre facile la visite de l'induit ainsi que le remplacement des bobines inductrices en cas d'accident. L'excitation est simplement en shunt.

Le système induit est formé d'un moyeu en fonte calé sur l'arbre de la machine à vapeur, et d'une couronne également en fonte portant les tôles et le bobinage ; l'entraînement des tôles est obtenu au moyen de pièces donnant lieu à un isolement magnétique suffisant.

Le bobinage induit est formé de barres de cuivre isolées et placées dans des rainures pratiquées à la périphérie des tôles ; ces barres sont réunies entre elles et au collecteur au moyen de jonctions également en cuivre.

Description des alternateurs. — Les alternateurs à courants triphasés sont commandés directement par les machines à vapeur comme la dynamo à courant continu ; ils tournent à la vitesse de 70 tours par minute et donnent une fréquence de 25 périodes. L'inducteur est mobile et l'induit fixe.

Le système inducteur est à pôles radiants en acier coulé, montés sur un essieu en fonte en deux parties formant volant. Les deux parties sont assemblées par des boulons et des frettes.

Le courant d'excitation arrive à l'inducteur par des bagues en deux parties montées sur l'arbre et par des frotteurs.

L'induit est formé d'une couronne en deux parties reposant sur des plaques de fondations dans laquelle est enchâssé le noyau induit en tôle mince. Les bobinages induits sont logés dans des rainures pratiquées dans les tôles desquelles ils sont isolés par des gaines en matière de haut isolement.

A pleine charge de 1.500 kilowatts, le rendement des alternateurs est de 0,92 m. y compris le travail reçu pour l'excitation ; ce rendement s'étend de la puissance électrique disponible aux bornes des alternateurs, à la puissance fournie par les arbres moteurs.

Description des commutatrices. — Les commutatrices, transformant les courants triphasés en courant continu, ont une puissance unitaire de 750 kilowatts et tournent à 250 tours par minute. Elles sont disposées pour recevoir des courants hexa-

phasés obtenus par un groupement convenable des transformateurs réducteurs.

En principe, les commutatrices sont identiques comme construction aux dynamos à courant continu ; elles n'en diffèrent que
par l'addition des six bagues avec frotteurs pour l'arrivée des courants hexaphasés.

La tension du courant continu est de 600 volts.

La mise en marche des commutatrices s'effectue avec le courant des accumulateurs.

Description des excitatrices. — L'excitation des alternateurs est
fournie par deux groupes formés chacun de deux dynamos à courant continu, accouplées, l'une fonctionnant comme moteur, sous
le courant à 600 volts, l'autre comme génératrice secondaire et
fournissant du courant sous 100 volts.

Chaque groupe est suffisant pour alimenter deux *alternateurs*,
de sorte que le second groupe sert de rechange.

Description des transformateurs. — Les transformateurs réducteurs de tension des courants triphasés ont une puissance unitaire de 250 kilowatts.

Les transformateurs sont à deux colonnes conjuguées réunies par
des culasses et assemblées entre elles.

Tableaux et canalisations intérieures. — Les tableaux et canalisations électriques intérieures sont par rapport au matériel électrique ce que sont les tuyautages et appareils de manœuvre relativement au matériel mécanique.

Les tableaux sont formés de châssis métalliques supportant des
panneaux en marbre sur lesquels sont fixés tous les appareils de
manœuvre, de réglage de mesure et de sécurité nécessaires au
bon fonctionnement de l'installation, à l'exclusion de tout appareil dont les indications ou le fonctionnement ne sont pas rigoureusement nécessaires.

Les canalisations intérieures comprennent les conducteurs
reliant les dynamos aux tableaux.

Schéma général de la distribution. — Le schéma (fig. 3, pl. IX) donne l'ensemble de la distribution, y compris la relation entre l'usine de Bercy et la sous-station de l'Étoile.

A l'usine de Bercy, le courant continu à 600 volts servant à alimenter le réseau peut être fourni de deux façons différentes :

1° Par la dynamo A à courant continu ;

2° Par les commutatrices B alimentées par le courant triphasé à 5.000 volts produit par les alternateurs C, après réduction de tension dans les transformateurs D.

A la sous-station de l'Étoile, le courant continu est fourni par les commutatrices B¹, alimentées par le courant triphasé provenant des alternateurs C de l'usine de Bercy, après réduction de tension dans les transformateurs D¹.

Comme il a été dit plus haut, chacun de ces deux centres d'énergie alimente les portions de réseau de sa région et la position d'équilibre sur la ligne « Vincennes-porte Maillot » est vers la station du Louvre.

Le pôle positif est relié aux rails prise de courant et le pôle négatif aux rails de roulement.

Alimentation d'eau et de charbon. — L'usine est desservie par deux aqueducs aboutissant à la Seine pour les eaux d'alimentation et de condensation, et par un transporteur souterrain débouchant sur le port de Bercy, pour le charbon.

Le combustible destiné à l'alimentation des générateurs est amené par bateaux en face de l'usine ; une grue électrique le prend dans ces bateaux et le déverse dans une trémie qui alimente un système de transporteurs et élévateurs ayant pour but de l'emmagasiner dans les soutes après pesage automatique sur le parcours.

Le tout a été établi pour un débit de 60 tonnes à l'heure ; la commande des appareils se fait par dynamos.

9° **Les sous-stations électriques.** — *a.* Sous-station de la place de l'Étoile. — La sous-station de la place de l'Étoile qui fournit l'énergie motrice et la lumière nécessaires à l'exploitation de la partie Ouest du réseau, comporte des appareils destinés à transformer en courant continu à la tension convenable (600 volts) pour l'éclairage et la traction électrique, le courant alternatif à haute tension (5.000 volts) engendré par les machines à vapeur

LE CHEMIN DE FER MÉTROPOLITAIN DE PARIS. — SOUS-STATION ÉLECTRIQUE DE LA PLACE DE L'ÉTOILE

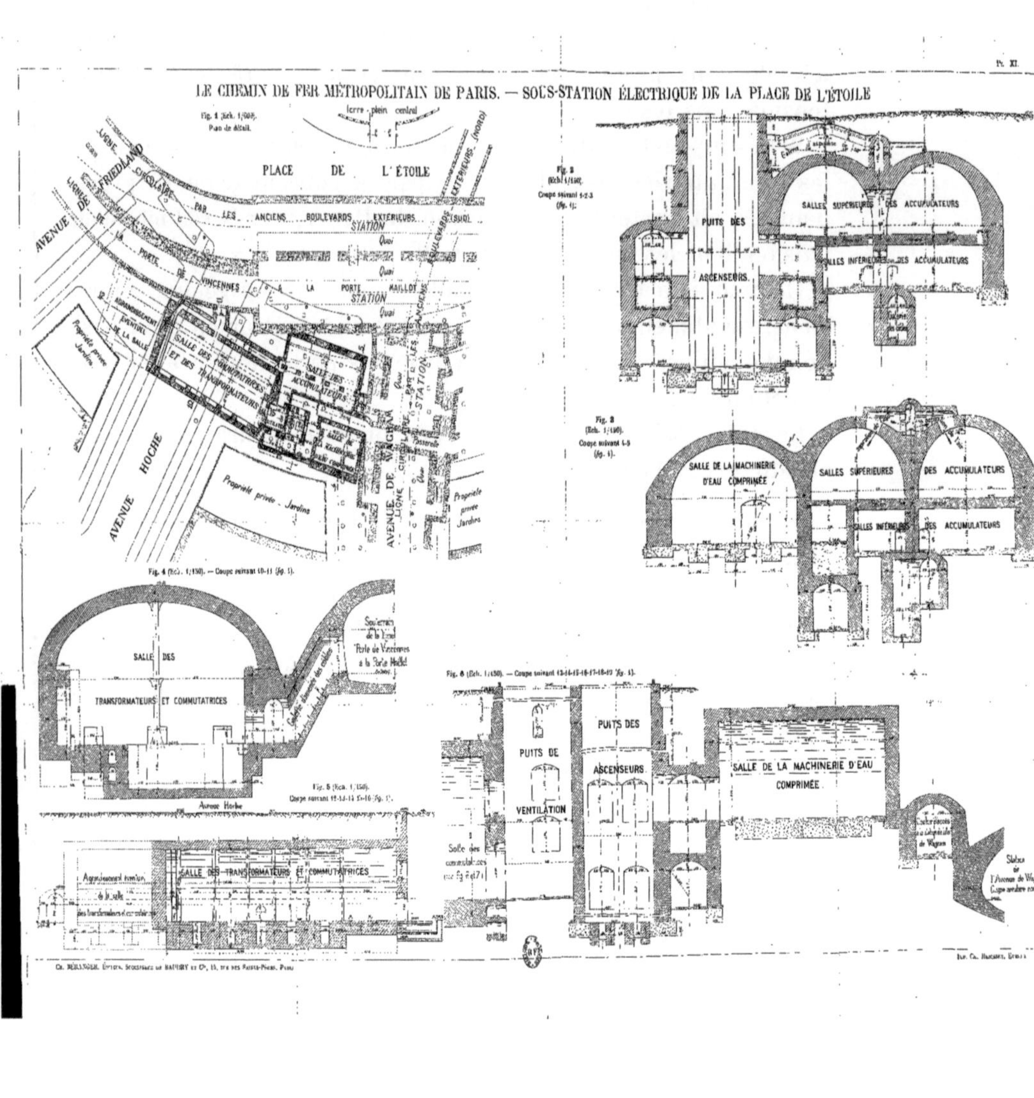

de l'usine de Bercy et transmis au moyen de câbles armés placés le long de la voie.

Elle comporte en même temps une puissante batterie d'accumulateurs destinés à assurer la régularité du voltage quel que soit le débit et qui est, en outre, un élément important de sécurité en cas d'avarie aux câbles.

Dispositions générales. — Le point qui a paru le plus propice à l'établissement de la sous-station est situé au Nord-Est de la place de l'Étoile, dans l'angle compris entre la ligne « porte de Vincennes-porte Maillot » et la ligne circulaire Nord (par les anciens boulevards extérieurs), c'est-à-dire entre les avenues de Wagram et de Hoche (voir le plan d'ensemble fig. 22).

C'est là, en effet, qu'aboutissent naturellement les câbles venant de l'usine de Bercy par la ligne « porte de Vincennes-porte Maillot », et ce lieu est à proximité de deux autres lignes : la ligne circulaire Nord et l'embranchement « Etoile-Trocadéro » qui, prolongé, deviendra la ligne circulaire Sud.

La sous-station est entièrement souterraine ; le projet d'implantation des maçonneries a été conçu de façon à respecter tous les arbres du terre-plein correspondant ; on a, en outre, ménagé partout une hauteur suffisante, entre la surface du sol et la maçonnerie, pour la vie et la prospérité des arbres ; une partie de ces derniers ont dû seulement être déplacés provisoirement pendant l'exécution des travaux, mais ils ont été ensuite remis en place.

La construction de cet ouvrage dont on jugera l'importance et les difficultés par les dessins que nous en donnons, n'a donc eu aucune conséquence fâcheuse pour la merveilleuse place qui termine si triomphalement notre splendide avenue des Champs-Élysées ; sa présence n'est signalée que par l'édicule qui recouvre le puits de ventilation et les ascenseurs.

Les plans et coupes (fig. 22 et 23 et pl. XI) montrent suffisamment les dispositions des maçonneries au sujet desquelles on trouvera ci-après les indications essentielles.

La nécessité d'éloigner les constructions de la sous-station des culées de la station à voyageurs de la ligne « porte de Vincennes-porte Maillot » a conduit à prendre les dispositions suivantes afin d'utiliser au mieux l'espace compris entre les souterrains des lignes voisines et l'emplacement désigné par la Ville pour les puits de ventilation et des ascenseurs (plan fig. 1, pl. XI).

Fig. 22. — Plan d'ensemble du Métropolitain sous la place de l'Étoile.

La salle des accumulateurs (fig. 1 à 3, pl. XI) dont la longueur est de 22 mètres et qui est composée de deux travées de 7 mètres de largeur, est établie dans l'angle même dés deux lignes « porte de Vincennes-porte Maillot » et Circulaire Nord, parallèlement au grand axe et le long même des puits ci-dessus désignés.

Comme cette surface n'était pas suffisante pour permettre le logement de la batterie, un plancher a été établi au milieu de la hauteur de la salle, comme l'indiquent les coupes (fig. 2 et 3), de manière à constituer deux étages.

Les transformateurs et les commutatrices sont établis dans une salle unique rectangulaire de 30 mètres de longueur et 13 mètres de largeur (fig. 2 et 5) dont le petit côté a la direction de la normale à la ligne « porte de Vincennes-porte Maillot » la plus éloignée qui puisse, avec la même longueur, se loger entre cette ligne et les propriétés voisines qui bordent la place de l'Étoile ; on s'est réservé ainsi la possibilité d'augmenter les dimensions de cette salle si le besoin en était reconnu ultérieurement

Les câbles de transmission du courant, venant de l'usine génératrice de Bercy et placés dans le souterrain de la ligne « porte de Vincennes-porte Maillot » sont amenés dans les salles des transformateurs et commutatrices par une percée dans le souterrain qui sert également à l'amenée d'air pour la ventilation de la salle (fig. 1 et 4).

La galerie dont il s'agit vient se prolonger jusqu'à la salle des accumulateurs et elle y amène, à la partie inférieure, l'air qui est aspiré au sommet des voûtes dans une galerie centrale. Le plancher est, à cet effet, percé des trous nécessaires pour la communication des salles supérieures et inférieures (fig. 23). De la galerie centrale supérieure, l'air arrive dans les conduites d'aspiration établies dans les puits de ventilation.

Enfin, les galeries inférieures d'amenée de l'air sont disposées pour permettre le logement des câbles de basse tension qui fournissent le courant continu au réseau.

Dans l'espace laissé libre entre les puits de ventilation et des ascenseurs et le souterrain de la ligne Circulaire Nord, on a placé une salle destinée à recevoir la machinerie à eau comprimée des ascenseurs (fig. 1, pl. XI) ; cette salle de 12,20 m. de longueur sur 9 mètres de largeur, est voûtée comme les précédentes (fig. 3).

Le couloir indiqué par le plan à la cote (48,12) donne accès à la salle de la machinerie à eau comprimée.

Les ventilateurs, au nombre de deux et mus, bien entendu, par l'électricité, sont du système Rateau, actionnés directement par dynamo à courant continu recevant le courant sous 550 à 600 volts.

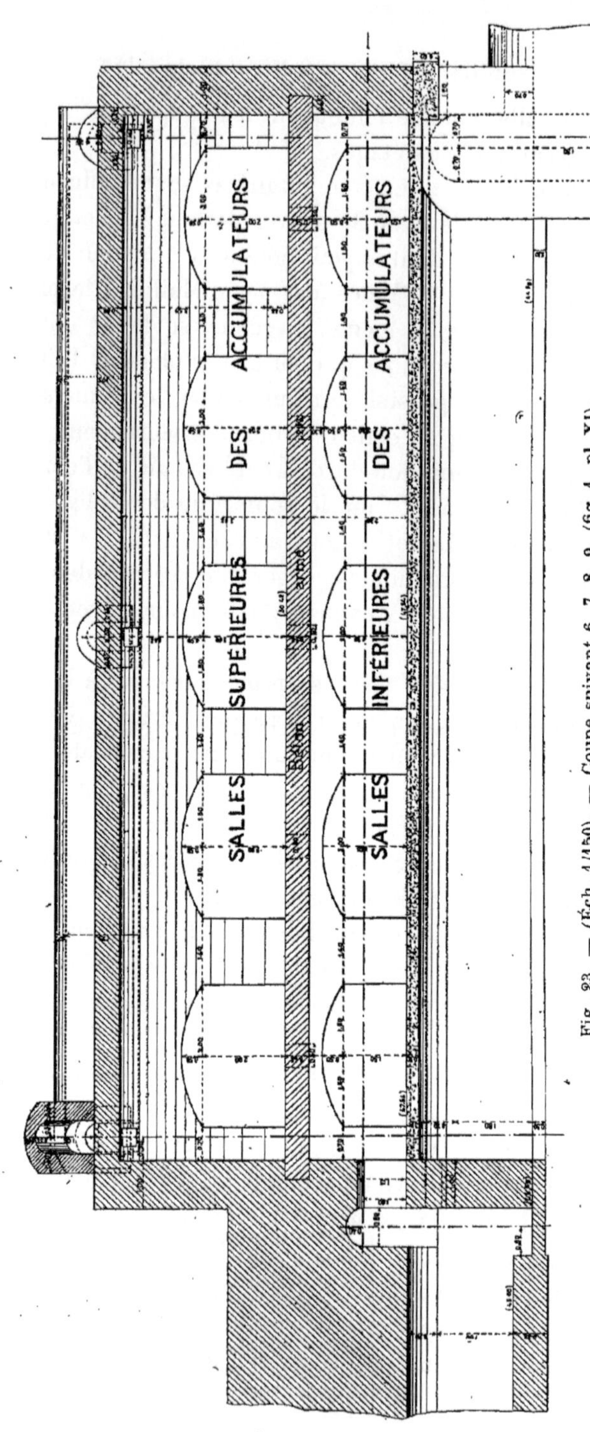

Fig. 23. — (Éch. 1/150). — Coupe suivant 6, 7, 8, 9, (fig. 4, pl. XI).

LE CHEMIN DE FER MÉTROPOLITAIN DE PARIS
CONSTRUCTION DE LA PREMIÈRE FRACTION

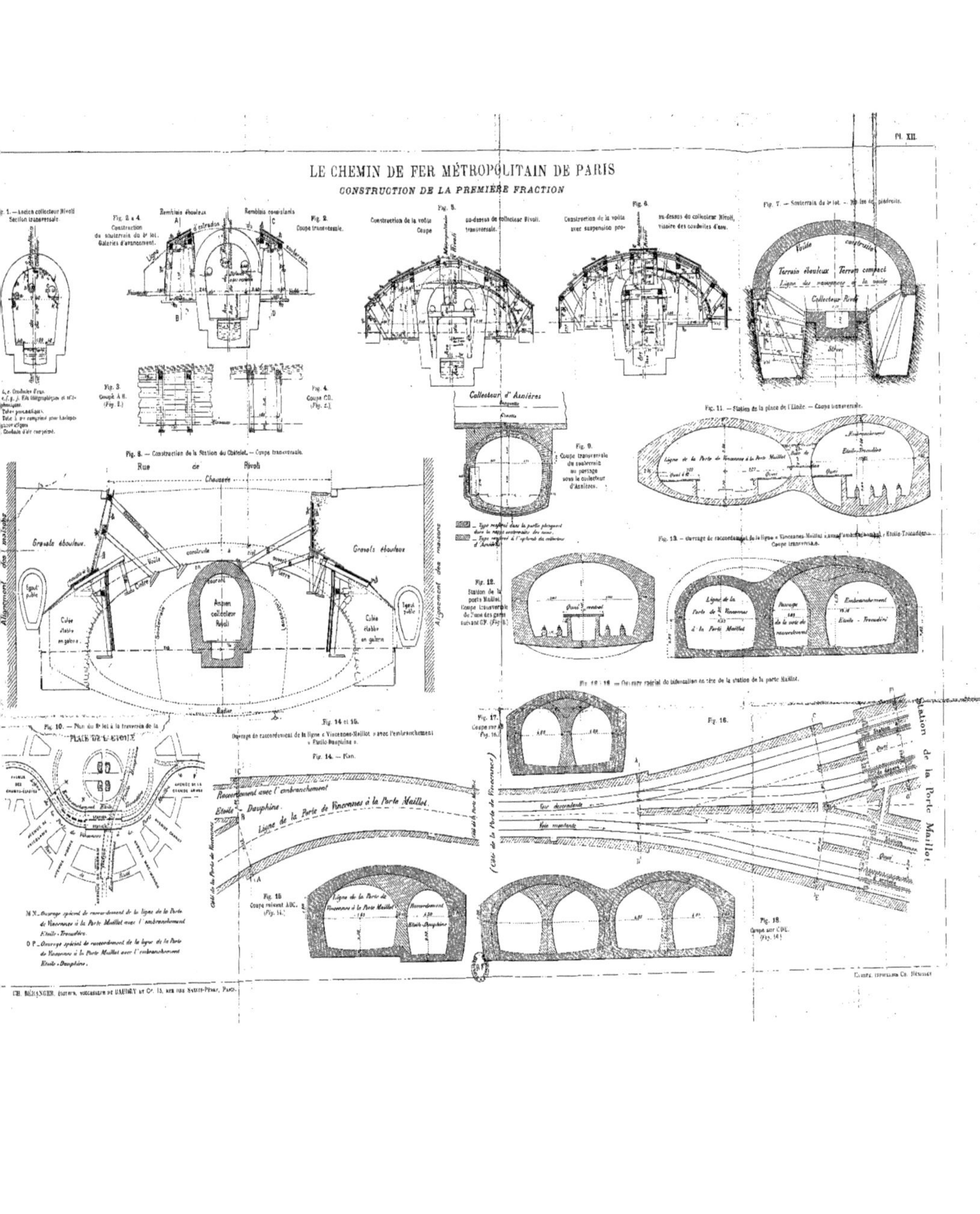

Chaque ventilateur est muni d'un appareil de mise en marche et d'un interrupteur bi-polaire à interruption brusque.

Les données et dimensions principales sont les suivantes :

Débit par heure. . . . . 10.000 m³.
Nombre de tours par minute 430
Diamètre de la turbine. . . . . 0,90 m.
Puissance . . . . 50 kg.
Pression . . . . 6 mm. d'eau.

Installations électriques. — La sous-station de l'Étoile comprend :

4 commutatrices de 750 kilowatts sous 600 volts ;

12 transformateurs de 250 kilowatts sous 5.000/360 volts ;

2 survolteurs de 250 kilowatts sous 600/100 volts ;

1 batterie d'accumulateurs de 1800 ampères-heures ;

4 feeders à courant alternatif de 1500 kilowatts sous 5.000 volts ;

3 feeders à courant continu de 1500 kilowatts sous 600 volts ;

Le tableau de distribution et toutes les connexions avec les dynamos.

Ces appareils sont analogues à ceux de l'usine génératrice de Bercy et n'en diffèrent que sur quelques points de détail.

b. Sous-station du Louvre. — Cette sous-station a pour objet de fournir le supplément de force nécessaire pour assurer l'exploitation intensive de la ligne de la Porte de Vincennes à la Porte Maillot; elle desservira en outre ultérieurement la ligne projetée n° 4, de la Porte de Clignancourt à la Porte d'Orléans. L'emplacement choisi, place Saint-Germain l'Auxerrois, au croisement des deux lignes était donc indiqué. Elle renferme les appareils nécessaires pour transformer le courant alternatif haute tension (5 000 volts) engendré par les groupes électrogènes de l'usine de Bercy et transmis par câbles armés, en courant continu à la tension convenable (600 volts) pour l'éclairage et la traction électriques; l'ensemble comprend une salle des machines de 13,90 m, × 10,96 m., une galerie de câbles reliant celle-ci au souterrain de la ligne n° 1, des puits de descente et de ventilation; la sous-station est entièrement souterraine et n'est établie actuellement que pour les besoins de la ligne n° 1 ; elle recevra plus tard l'extension nécessaire pour loger les appareils destinés à l'alimentation de la ligne n° 4.

L'installation électrique actuelle comporte deux groupes de transformation de 750 kilowatts, comprenant :

Un tableau d'arrivée des feeders triphasés ;

Deux tableaux primaires des groupes de transformation ;

Deux groupes de transformation complets ;

Un groupe de démarrage ;

Un tableau secondaire ;

enfin, les canalisations reliant les tableaux entre eux et aux appareils.

Chaque groupe de transformation se compose de trois transformateurs monophasés de 5 000 volts primaires et 25 périodes et d'une commutatrice établie pour 600 volts continus à excitation en simple dérivation.

VI. — EXÉCUTION DES TRAVAUX

1° **Nature du sous-sol.** — Dans son ensemble, le relief du sol de Paris, suivant le tracé de la ligne « Vincennes-Maillot », donne l'image, en coupe verticale, d'une vaste cuvette aplatie dont le fond est constitué par l'intervalle de 5 kilomètres qui s'étend de la rue de Lyon aux Champs-Élysées ; l'altitude du sol y varie entre les cotes 33 et 37. A chaque extrémité de ce fond s'élève une rampe s'étendant, celle de l'Est sous le boulevard Diderot jusqu'à la place de la Nation (cotes 44 et 45), celle de l'Ouest sous l'avenue des Champs-Élysées jusqu'à la place de l'Étoile (cotes 56 et 57).

Les deux bords sont formés, l'un par le cours de Vincennes, l'autre par l'avenue de la Grande-Armée. Ce dernier descend, à la porte Maillot, jusqu'à la cote 42.

Partant de la place de l'Étoile, le sol s'abaisse, vers la porte Dauphine, à la cote 47, tandis qu'il se relève, à la place du Trocadéro, à la cote 61.

Le relief ainsi défini détermine la nature des terrains rencontrés.

Dans la partie centrale (fond de la cuvette) on rencontre d'abord, à partir de la surface, des remblais plus ou moins anciens et dont l'épaisseur varie pour atteindre un maximum de 10 mètres à l'emplacement de l'ancienne prison de la Bastille ; puis les alluvions

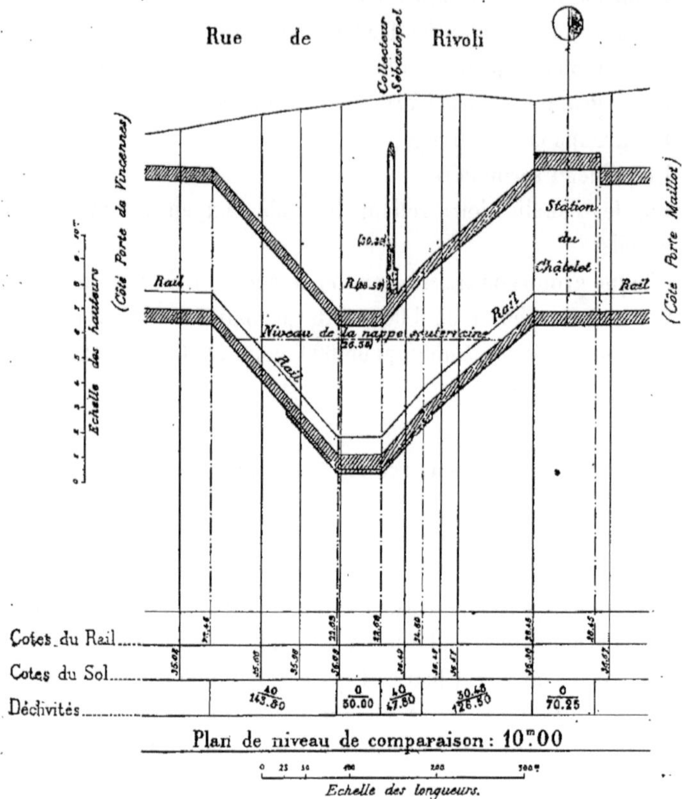

Plan de niveau de comparaison : 10ᵐ00

Fig. 24. — Passage sous le collecteur de Sébastopol. Profil en long.

anciennes de la Seine, mélange de sables et de gravier, reposant sur une formation puissante de marnes appartenant au calcaire grossier.

Aux extrémités (bords de la cuvette), c'est-à-dire place de la Nation et place de l'Étoile, on trouve sous une faible couche de remblais, les sables dits de Beauchamp, sables compacts, très secs, un peu argileux et contenant, par endroits, de petits noyaux de grès dur. A la place de l'Étoile seulement, dans la partie Nord, les sables de Beauchamp sont recouverts d'une mince couche de marnes de Saint-Ouen; leur épaisseur, maxima sur ce point, atteint 8 mètres et ils reposent sur les marnes de calcaire grossier au-dessous desquelles on trouve des bancs de roche.

En rapprochant ces indications du profil en long du souterrain (planche IV) il est aisé de se rendre compte des terrains dans lesquels l'ouvrage a dû être implanté.

Ainsi, à partir de l'origine, à la porte de Vincennes, le souterrain est situé dans les sables ou dans les marnes jusqu'à la rue de Reuilly à partir de laquelle il pénètre dans les alluvions jusqu'à hauteur des naissances de la voûte, cette dernière étant placée dans le remblai. Toutefois, au point bas situé rue de Rivoli, à la traversée du boulevard de Sébastopol sous le collecteur du même nom, le souterrain plonge jusque dans les marnes (cote du rail 22,69); il en est de même place de la Concorde, au passage sous le collecteur d'Asnières où le rail descend jusqu'à la cote 21,73.

A partir de l'avenue de l'Alma, en remontant vers la place de l'Étoile, on quitte les alluvions pour pénétrer dans les sables de Beauchamp où le souterrain se maintient jusqu'à la porte Maillot, extrémité de la ligne principale.

A la place de l'Étoile, le souterrain de l'embranchement « Étoile-Trocadéro », situé au même niveau que celui de la ligne « Vincennes-Maillot » se trouve aussi, par suite, dans les sables de Beauchamp, avec les marnes pour base; ces dernières se relèvent peu à peu le long de l'avenue Kléber pour atteindre, à la place du Trocadéro, la ligne des naissances de la voûte.

Enfin, le souterrain de l'embranchement « Étoile-Dauphine » qui passe, à son origine place de l'Étoile, sous ceux des deux autres lignes, c'est-à-dire à un niveau inférieur, est assis dans le calcaire grossier; la voûte pénètre seule, sur une hauteur variable, dans les sables supérieurs.

Moyennant les précautions d'usage, les travaux du Métropolitain ont pu être poursuivis sans difficultés exceptionnelles dans les terrains naturels ci-dessus. Il n'en a pas été de même dans les remblais de la partie centrale, composés de gravats sans aucune cohésion et divisés à l'infini par des maçonneries anciennes, vestiges du vieux Paris. Ces dernières, rencontrées à chaque pas, sous les rues Saint-Antoine et de Rivoli, ont constitué un obstacle sérieux à l'exécution du travail; nous reviendrons plus loin sur ce point particulier.

L'eau a été rencontrée sur plusieurs points. La nappe souterraine de la vallée de la Seine se trouve à la cote 26 environ. L'examen du profil en long montre que le souterrain plonge fortement dans la nappe aux trois points obligés, c'est-à-dire aux passages sous les collecteurs Ledru-Rollin (rue de Lyon), Sébastopol (rue de Rivoli) et d'Asnières (place de la Concorde); il y pénètre en outre, mais légèrement, au passage sous le collecteur de la rue Crozatier et, sur une certaine longueur du parcours sous l'avenue des Champs-Élysées. Enfin, on a eu à se débarrasser aussi de suintements dus soit à des fuites d'appareils hydrauliques : conduites d'eau, bouches de lavage, etc., soit au défaut d'imperméabilité des revêtements de trottoirs et chaussées au-dessus du souterrain.

2° **Travaux préparatoires.** — *a.* REMANIEMENTS D'ÉGOUTS ET DE CANALISATONS. — La détermination de l'assiette la plus convenable à adopter pour le métropolitain était subordonnée à diverses considérations constituant de réelles sujétions dont il était nécessaire de tenir compte.

La profondeur devait, en effet, être suffisante pour permettre l'exécution du tunnel en galerie dans des conditions satisfaisantes de sécurité. Pour cela, une hauteur libre de 1 mètre environ devait être conservée entre l'extrados de la voûte et la surface du sol. La hauteur maxima des ouvrages (stations voûtées) étant de 6,90 m. hors œuvre, on arrive à une profondeur totale sous radier de 8 mètres ou un peu moins, ce qui correspond à 7 mètres environ entre le niveau des rails et le sol. Or, d'une part, cette profondeur n'imposait au public qu'une descente de 6 mètres pour accéder aux quais des stations, situés à 1,05 m. au-dessus des rails, descente n'offrant rien d'excessif, partagée qu'elle devait être entre l'escalier d'accès à la salle de distribution des billets et celui conduisant au quai. D'autre part, elle était assez faible pour que, dans les voies les plus étroites où pût passer le Métropolitain, on n'eût à redouter aucun mouvement dans les maisons riveraines. Le chiffre de 8 mètres fut donc adopté, sauf modifications imposées sur divers points par les circonstances locales.

Seulement, l'assiette ainsi choisie plaçait le Métropolitain précisément à la hauteur du réseau des égouts de Paris; il en résul-

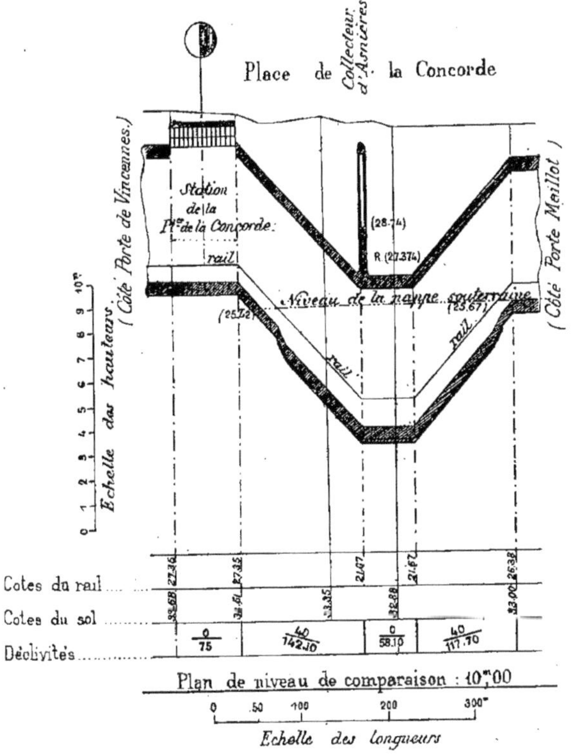

Fig. 25. — Passage sous le collecteur d'Asnières. Profil en long.

tait l'obligation d'apporter des modifications, dont on verra plus loin l'importance, aux égouts rencontrés et aux canalisations d'eau, d'air comprimé, etc., qu'ils renfermaient.

Égouts. — Le tracé de la première fraction métropolitaine rencontre successivement, indépendamment des égouts secondaires et branchements divers, les six collecteurs suivants :

1° Le collecteur des Coteaux, boulevard Diderot, à la traversée de la rue Crozatier; le Métropolitain l'évite en passant simplement en dessous.

2° Le collecteur Rivoli, dont le tracé, dans la rue du même nom, se confond avec celui du Métropolitain. Cet égout est bien connu; on sait qu'avec le tronçon du collecteur d'Asnières allant de la place de la Concorde à la Madeleine, il constituait le parcours de la traditionnelle visite des égouts. Se tenant d'abord du côté pair dans les rues Saint-Antoine et de Rivoli jusqu'à la rue Bourg-Tibourg, il suivait, à partir de cette dernière voie, l'axe de la rue de Rivoli jusqu'à la place de la Concorde.

Sans présenter les dimensions des collecteurs Sébastopol et d'Asnières qu'il rejoignait ou traversait, le collecteur Rivoli n'en jouait pas moins un rôle important dans le système des égouts de Paris; il amenait dans les deux grands émissaires sus-nommés, une partie des eaux des Ier, IVe et XIe arrondissements.

Les dimensions adoptées dans l'avant-projet avaient permis de loger le tunnel du chemin de fer entre le collecteur Rivoli et les façades des maisons; l'adoption de la voie de 1,44 m., imposée par la loi déclarative d'utilité publique, entraînant l'agrandissement de la section, on a dû renoncer à cette disposition et recourir à la démolition du collecteur à partir de la rue Bourg-Tibourg. On verra plus loin, dans l'exposé des travaux des 4e et 5e lots, que cette démolition n'a pas laissé que d'apporter une gêne sérieuse dans la construction du souterrain.

Le collecteur démoli a été remplacé par trois autres placés en dehors du tracé du Métropolitain : le premier, d'une longueur de 600 mètres est établi du côté des numéros pairs, entre la rue Bourg-Tibourg et le boulevard de Sébastopol où il se jette dans le collecteur de ce nom; le deuxième part du collecteur Sébastopol, et quitte la rue de Rivoli pour aller, en suivant les rues des Halles et Saint-Honoré et l'avenue de l'Opéra, se jeter dans le collecteur de la rue des Petits-Champs après un parcours de 1 600 mètres; le troisième, part de la rue des Pyramides et longe la rue de Rivoli, du côté pair, jusqu'à la place de la Concorde où il débouche, après un parcours de 780 mètres, dans le collecteur d'Asnières. La lacune existant ainsi entre les rues des Halles et des Pyramides a été comblée par une nouvelle galerie élémentaire. Enfin l'évacuation des eaux des immeubles impairs de la rue de Rivoli a été amenée du côté des quais de la Seine, par de nouveaux égouts construits à cet effet.

3° et 4° Les collecteurs de Sébastopol (à la traversée du boulevard de ce nom) et d'Asnières (sous la place de la Concorde). Ces grands émissaires n'ont pas été modifiés. Le chemin de fer les évite en les franchissant par en dessous (fig. 24 et 25). Ces deux passages ont été particulièrement délicats : d'une part, le souterrain ainsi abaissé plongeait dans la nappe de la Seine et, d'autre part, la moindre dislocation des maçonneries des collecteurs pouvait entraîner les conséquences les plus graves. Nous reviendrons plus loin sur ces points particuliers.

5° Le collecteur Montaigne, au rond-point des Champs-Elysées. On avait d'abord projeté, pour le passage de cet émissaire, la même solution que pour ceux de Sébastopol et d'Asnières. Mais, après examen, on s'est arrêté à la disposition suivante. Le collecteur n'a été conservé que sous l'avenue Montaigne et continue à évacuer vers le collecteur Marceau les eaux des quartiers compris entre l'avenue des Champs-Élysées et la Seine. Un nouvel égout, d'une longueur de 678 mètres, construit sous l'avenue Gabriel, à partir de la rue du Cirque, amène au collecteur d'Asnières, place de la Concorde, les eaux des immeubles du côté pair de l'avenue des Champs-Élysées.

6° Le collecteur Marceau, place de l'Étoile. La profondeur à laquelle est placé cet égout a permis au chemin de fer de le franchir aisément par-dessus.

Enfin, les modifications apportées à quelques collecteurs ou à des égouts secondaires ont nécessité des travaux de remaniements de galeries dans le détail desquels il serait oiseux d'entrer.

Il suffira de citer la construction d'un collecteur nouveau dans la rue de la Pompe, à Passy. Le tracé du chemin de fer par les avenues Victor-Hugo et Bugeaud (embranchement « Etoile-Dauphine »), a eu pour effet d'isoler toute une partie du XVIe arrondissement dont les eaux s'écoulaient vers les collecteurs Péreire et d'Asnières. On a donc prolongé le collecteur Péreire, en suivant les rues Duret et de la Pompe, jusqu'à l'avenue Bugeaud. A la traversée de cette voie, le nouveau collecteur, établi à grande profondeur (12 mètres), passe sous le tunnel du Métropolitain ; il reçoit les eaux des affluents situés à l'Ouest du chemin de fer et les conduit à l'ancien collecteur Péreire avec une pente de 0,00564 m. par mètre ; cette déclivité, qui serait absolument inadmissible pour un égout ordinaire, est excellente pour un collecteur.

Le total des dépenses occasionnées par les remaniements

Fig. 26. — Ancien collecteur Rivoli. Coupe transversale.

d'égouts rendus nécessaires par la construction de la première fraction métropolitaine, s'élève à 3 833 000 francs. Ce chiffre donne une idée suffisante de l'importance de ces travaux.

Conduites d'eau. — Les modifications apportées aux égouts ont eu leur répercussion immédiate sur les canalisations de la distribution des eaux, service public et service privé. On sait qu'à Paris, les conduites d'eau sont logées dans les égouts, ce qui en facilite la pose et l'entretien (fig. 26) ; il a donc fallu reporter dans les égouts nouveaux les canalisations que renfermaient les anciens et qui comprenaient des conduites de fort diamètre. Nous ne pouvons entrer dans le détail des déplacements ou remplacements ainsi opérés, opérations de fontainerie assez compliquées mais d'application courante à Paris.

Disons toutefois que le voisinage des conduites a nécessité, sur certains points, des mesures de précaution spéciales pour l'établissement des ouvrages du chemin de fer ; il a également fallu se précautionner contre les infiltrations pouvant se produire ultérieurement en cas de fuites sur les conduites ou appareils hydrauliques situés au-dessus ou à côté du souterrain : les conduites menaçantes ont été logées dans des galeries étanches et les appareils, bouches de lavage ou d'arrosage, etc., ont été soigneusement drainés dans les égouts voisins.

Les dépenses relatives aux remaniements de conduites d'eau se sont élevées à 808 000 francs.

Canalisations diverses. — Enfin, les conduites d'air comprimé, les tubes pneumatiques du service postal, les fils télégraphiques et téléphoniques, ordinairement placés en égout comme les conduites d'eau, ont dû, de même que ces dernières, subir de nombreux déplacements ou changements.

Par contre, les conduites de gaz et les canalisations électriques, situées généralement le long des maisons et à faible profondeur, ont pu, sauf sur quelques points, être maintenues en place. Il a suffi d'exercer sur les chantiers ouverts dans leur voisinage une surveillance particulière, surtout en ce qui concerne les conduites de gaz, afin d'éviter tout accident.

b. Galeries d'évacuation des déblais. — L'importance du cube de déblais à extraire rendait bien difficile, sinon impossible, leur enlèvement par tombereaux. Le passage continuel de plusieurs centaines de ces véhicules n'eût pas manqué de soulever des plaintes nombreuses et légitimes. A ce point de vue, la situation était particulièrement délicate pour la partie centrale s'étendant de la Bastille à la place de l'Etoile, correspondant à des voies de luxe à circulation des plus intenses. La proximité de la Seine permit, pour cette même partie, comprenant les 4e, 5e, 6e et 7e lots (fig. 27) d'éviter cet inconvénient à l'aide de galeries spéciales reliant le souterrain aux berges de la Seine et pouvant servir à la fois pour la sortie des déblais et pour l'apport des matériaux, sans emprunter le sol des voies publiques; si l'on songe que le cube des premiers, pour les quatre lots considérés, s'élevait à 270 000 mètres cubes et celui des seconds à 80 000 mètres cubes, on voit quelle gêne et quelles perturbations ont pu ainsi être évitées à la circulation. En outre, comme on le verra plus loin, une disposition analogue, mais sous galerie spéciale, a pu être employée pour le 3e lot en raison de son passage sur le canal Saint-Martin (bassin de l'Arsenal), à la place de la Bastille.

Les galeries ainsi construites sont au nombre de quatre, savoir :

Pour le 4e lot, sous la rue Lobau, longueur 220 mètres; pour le 5e lot, sous la rue du Louvre, longueur 246 mètres; pour le 6e lot, sous la place de la Concorde, longueur 212 mètres; pour le 7e lot, sous l'avenue d'Antin, longueur 436 mètres.

Fig. 27. — Plan de répartition des lots de la première fraction.

Leur établissement a entraîné une dépense de 400 000 francs.

L'ensemble des travaux préliminaires a donc coûté, en totalité 5 041.000 francs ainsi répartis :

Remaniements d'égouts. . . . .   3 833 000 francs.
    —   de conduites d'eau . . .   808 000   —
Construction de galeries spéciales . . .   400 000   —

            Total égal. . . . .   5 041 000 francs.

3° Travaux du chemin de fer. — *Exposé et dispositions géné-rales.* — Le projet d'exécution de la première fraction, telle qu'elle a été définie, a été approuvé par le Conseil municipal de Paris, suivant délibération du 8 juillet 1898.

Les travaux ont été divisés en 11 lots savoir (fig. 27) :

Ligne de la porte de Vincennes à la porte Maillot. .   8 lots.
Embranchement « Etoile-Dauphine » . . . .   2 —
    —   « Etoile-Trocadéro » . . . .   1 —

Le tableau n° 7 en fait connaître l'étendue ainsi que l'impor-tance relative au point de vue des dépenses.

Sur ce tableau a été aussi indiquée la répartition des sections d'ingénieurs, chacun des lots étant confié à un conducteur, chef de subdivision, assisté d'un conducteur, sous-chef de subdivision, et de deux piqueurs. Par exception, pour le premier lot, qui, comme il est dit ci-après a été exécuté directement par la Ville, au chef de subdivision étaient adjoints deux sous-chefs et quatre piqueurs.

Les travaux des lots n°ˢ 2 à 11 ont été exécutés à l'entreprise en vertu soit d'adjudications, soit de marchés de gré à gré. Le premier lot, seul, a été construit directement en régie par la Ville de Paris.

A quelques exceptions près, toute la ligne a été construite en souterrain conformément aux prévisions du cahier des charges joint au projet. Le travail à ciel ouvert n'a été employé que pour l'établissement des tabliers métalliques des stations comportant ce genre de couverture, pour la construction sur cintre en terre de la voûte de quelques stations maçonnées ou pour quelques

TABLEAU N° 7.

LIGNE ou embranchement.	SECTIONS d'ingénieurs.	NUMÉROS des lots.	LIMITES DES LOTS	LONGUEUR mètres.	DÉPENSES [1] francs.
Ligne de la porte de Vincennes à la porte Maillot	Section de l'Est	1	De l'origine (porte de Vincennes) à la station « rue de Reuilly », exclusivement.	1 795,27	2 743 778,78
		2	De la station « rue de Reuilly », inclusivement à la rue Lacuée	1 335,32	3 411 285,93
		3	De la rue Lacuée à la station « Saint-Paul », exclusivement	1 138,03	2 238 000,00
	Section du Centre	4	De la station « Saint-Paul », inclusivement à la station du « Châtelet » exclusivement.	1 159,50	2 235 010,00
		5	De la station du « Châtelet », inclusivement à la station des « Tuileries », exclusivement.	1 326,50	2 238 314,80
		6	De la station des « Tuileries » inclusivement à la station des « Champs-Elysées » exclusivement. . . .	1 246,50	2 395 833,46
		7	De la station des « Champs-Elysées », inclusivement à la station de l' « Avenue de l'Alma », inclusivement	1 166,00	1 835 337,48
		8	De la station de l' « Avenue de l'Alma » exclusivement à la porte Maillot.	1 399,69	2 614 838,00
Embranchement « Etoile-Dauphine »	Section de l'Ouest	9	De l'avenue de Wagram (rue de l'Etoile), à la station place « Victor-Hugo » exclusivement	1 085,90	1 546 283,06
		10	De la station place « Victor-Hugo », inclusivement à la porte Dauphine	745,59	1 468 826,24
Embranchement « Etoile-Trocadéro »		11	De la place de l'Etoile à la place du Trocadéro . . .	1 561,58	2 621 888,42

[1] Ces chiffres ne comprennent que les travaux (rabais déduit) ayant été mis en adjudication ou traités de gré à gré, indépendamment de ceux exécutés par les entrepreneurs d'entretien ou en régie (somme à valoir).

points de sujétion particulière où les circonstances locales imposaient ce mode de procéder.

Au début un seul point d'attaque avait été attribué à chaque lot savoir :

1er lot, place de la Nation, à l'emplacement de la station de ce nom.

2e lot, boulevard Diderot, à l'angle de la rue Legraverend, sur une parcelle des terrains désaffectés de l'ancienne prison de Mazas :

3e lot, place de la Bastille, à la traversée du canal Saint-Martin (bassin de l'Arsenal) ;

4e lot, au point de rencontre de la galerie spéciale d'évacuation de déblais construite sous la rue Lobau ;

5e lot, au point de rencontre de la galerie spéciale de la rue du Louvre ;

6e lot, au point de rencontre de la galerie spéciale de la place de la Concorde ;

7e lot, au point de rencontre de la galerie spéciale de l'avenue d'Antin ;

8e lot, avenue de la Grande-Armée, près de la porte Maillot (extrémité de la ligne « Vincennes-Maillot ») ;

9e lot, place de l'Étoile, près du terre-plein central ;

10e lot, avenue du Bois-de-Boulogne, côté impair, près de la porte Dauphine (extrémité de l'embranchement « Étoile-Dauphine ») ;

11e lot, place de l'Étoile, à l'angle Nord de l'avenue de la Grande-Armée.

Ainsi qu'on le verra plus loin, à ces points d'attaque principaux sont venus s'ajouter un certain nombre (22) d'attaques secondaires ouvertes, au fur et à mesure de l'avancement des travaux, pour hâter ou faciliter l'exécution de ceux-ci. Il n'y a donc eu, en totalité, que 33 attaques pour une longueur de lignes atteignant, en nombre rond, 14 kilomètres de longueur.

Les lots nos 3 à 7, en relation directe avec la Seine par le canal Saint-Martin (3e lot) ou par les galeries spéciales construites à cet effet (4e 5e, 6e, 7e lots), ont pu ainsi bénéficier d'une voie de transport d'autant plus avantageuse qu'aucune crue du fleuve ne s'est produite pendant l'exécution des travaux. Un appontement établi au quai de la Rapée a permis d'appliquer le même mode d'action au deuxième lot. Pour les 1er, 8e, 9e, 10e et 11e lots, trop éloignés de la Seine, il a fallu se résoudre aux transports ordinaires par terre ; on verra que, pour chacun d'eux, a été adoptée une solution spéciale réduisant au minimum possible les inconvénients de cette façon de procéder.

Disons de suite que le cube total des déblais à enlever était de 850 000 mètres cubes et celui des maçonneries de 310 000 mètres cubes. Une ingénieuse comparaison que nous empruntons à M. l'ingénieur Biette, adjoint à l'ingénieur en chef du Métropolitain, fera comprendre l'importance de ces chiffres : les déblais étendus uniformément sur toute la surface de la place de la Concorde, atteindraient une épaisseur de 16 mètres, ensevelissant entièrement l'obélisque de Louqsor ; quant au volume des maçonneries, il correspond à dix fois celui de l'Arc-de-Triomphe de l'Étoile.

En principe, on avait prévu l'emploi du bouclier ; il est inutile de donner ici la description de cet engin bien connu. Le choix du type à adopter était d'ailleurs laissé à chaque entrepreneur, sous réserve de l'approbation de l'Administration.

Il ne devait, d'ailleurs, servir que pour le souterrain courant à deux voies.

Le souterrain à une voie, utilisé seulement pour les raccordements et les boucles des stations terminales, avait trop peu d'importance et son tracé sur chaque point était trop sinueux pour que l'emploi d'un bouclier fût avantageux ; quant aux stations, étant données leurs dimensions en section transversale et leur peu de longueur relative dans chaque lot, un engin de dimensions correspondantes eût entraîné une dépense hors de proportion avec les services à en tirer et eût été, d'ailleurs, d'une construction difficile et surtout d'un maniement extrêmement délicat. On a donc eu recours pour ces ouvrages aux procédés ordinaires, à ciel ouvert ou en souterrain.

L'emploi du bouclier, pour le souterrain courant même, s'est d'ailleurs en fait trouvé restreint ; quelques-uns de ces engins ont, en effet, été livrés tardivement par les constructeurs ; d'autres, par suite d'imperfection de construction, n'ont pu fournir qu'une marche lente et irrégulière incompatible avec les exigences du travail. Les délais d'exécution étaient trop strictement mesurés pour permettre le moindre retard ou atermoiement et une partie du travail destiné au bouclier a dû être poursuivie par les procédés ordinaires de construction par galeries boisées.

En définitive, onze boucliers, répartis comme l'indique le tableau n° 8 ont été mis en œuvre; nous verrons plus loin qu'ils ont fourni des carrières fort variables :

Avec ou sans emploi du bouclier, la méthode suivie pour la presque totalité du souterrain courant a été la suivante réduite à ses phases essentielles : *a*, construction préalable de la voûte; *b*, reprise des piédroits en sous-œuvre et enlèvement du stross; *c*. confection du radier.

TABLEAU N° 8.

NUMÉROS des lots.	NOMBRE de boucliers.	ORIGINE DES BOUCLIERS
1ᵉʳ	2	Construits par la maison Champigneul. . .
8ᵉ	1	
11ᵉ	1	
2ᵉ	1	Construits par la maison Baudet, Donon et Cⁱᵉ, pour l'ossature métallique, et par la maison Moranne jeune, pour la machinerie.
3ᵉ	2	
6ᵉ	1	
7ᵉ	1	
4ᵉ	2	Construits par la maison Moranne jeune.

La méthode employée pour les stations différait notablement de la précédente. Les différentes phases se succédaient dans l'ordre ci-après : *a*, construction, en galerie, des culées pour les stations voûtées, des piédroits pour celles à tablier métallique; *b*, construction de la voûte pour les premières, pose du tablier pour les secondes; *c*, enlèvement souterrain du stross; *d*, établissement du radier.

Les maçonneries ont été exécutées en béton de cailloux, en meulière ou en pierre de Souppes, plus rarement en moellon dur ou en brique; le hourdis a été fait en mortier de ciments à prise lente, Portland ou laitier.

Les stations ont été intérieurement revêtues de carreaux blancs ou même, mais exceptionnellement, de briques émaillées blanches. Le souterrain a reçu un enduit de ciment de Vassy pour la voûte et de ciment de Portland pour les piédroits et le radier.

L'éclairage des chantiers et la force motrice des boucliers ont été assurés par l'énergie électrique employée également dans le premier lot, pour les transports souterrains.

Pour compléter ces indications générales concernant l'ensemble des travaux, il reste à faire connaître les particularités que l'exécution a pu présenter dans chaque lot, ainsi que les principales difficultés rencontrées et les incidents les plus saillants qui s'y sont produits.

PREMIER LOT

Composition du lot. — Le premier lot comprenait la station terminus de la porte de Vincennes, avec ses deux gares d'arrivée et de départ, et leur raccordement en souterrain à une voie, la station de la place de la Nation, et une longueur de 1 483 mètres de souterrain courant à deux voies ; enfin les ouvrages spéciaux raccordant les deux gares terminales d'une part avec le souterrain principal, d'autre part avec la boucle de jonction et un triangle américain destiné à relier la voie principale à la voie accessoire conduisant aux dépôt et ateliers de la Compagnie concessionnaire.

Organisation des chantiers. — Le chantier principal fut établi sur la place de la Nation, à l'emplacement de la station ; il comprenait les bureaux, les magasins, l'usine électrique et un monte-charge placé à l'extrémité Est de la station. Deux boucliers devaient partir de ce point pour se diriger, l'un vers la porte de Vincennes, l'autre vers la station de Reuilly.

Un deuxième chantier fut établi à la porte de Vincennes pour la construction de la station et des ouvrages spéciaux y attenant. Un monte-charge y fut installé sur l'une des contre-allées du Cours de Vincennes pour le montage des déblais.

L'exécution des travaux du premier lot peut donc être répartie en quatre phases ou chantiers distincts.

a. *Construction de la station de la place de la Nation.* — Cette station est établie suivant une courbe de 200 mètres de rayon. Ses culées et la voûte ont été d'abord construites à ciel ouvert; la forme de la voûte a été dressée sur le sol à l'aide de gabarits et de cerces; sur la terre, préalablement arrosée et soigneusement nivelée, fut appliqué un enduit en plâtre de 0,02 m. à 0,03 m. d'épaisseur bien lissé dessinant très exactement l'intrados de la voûte. Ce dernier devant être revêtu en briques creuses

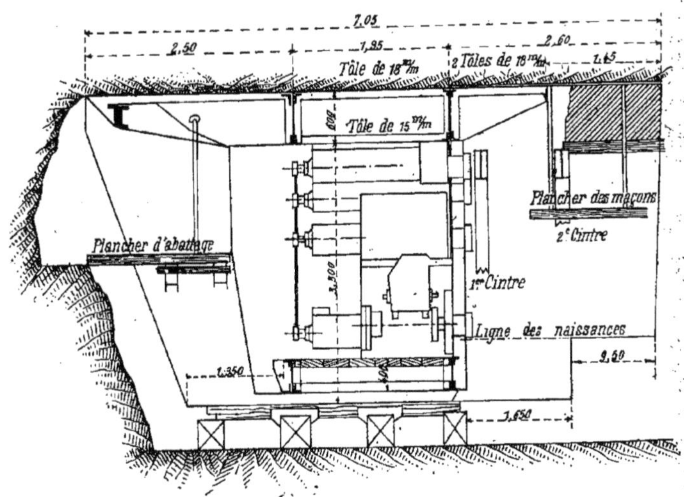

Fig. 23. — Bouclier du premier lot. Coupe longitudinale.

émaillées, on conçoit qu'il eût été impossible d'établir après coup ce revêtement qui devait, de toute nécessité, faire corps avec la maçonnerie proprement dite et, par suite, être exécuté en même temps qu'elle.

Sur le plâtre sec, on posait directement les briques disposées à raison de trois panneresses pour une boutisse, celle-ci formant « harpe » en vue d'assurer la jonction du revêtement et de la maçonnerie; cette dernière s'exécutait vingt-quatre heures après.

Afin d'obtenir la complète adhérence des briques, celles-ci furent munies de fils de fer passant dans les trous et noyés sur 0,10 m. à 0,20 m. dans la maçonnerie.

Les culées et la voûte achevées, on procéda souterrainement à

l'enlèvement du noyau intérieur puis, peu après, à la confection
du radier.

Comme pour toutes les autres stations, les quais ne furent construits qu'en dernier lieu.

b. *Bouclier Reuilly*. — Cet engin, de forme demi-elliptique, a

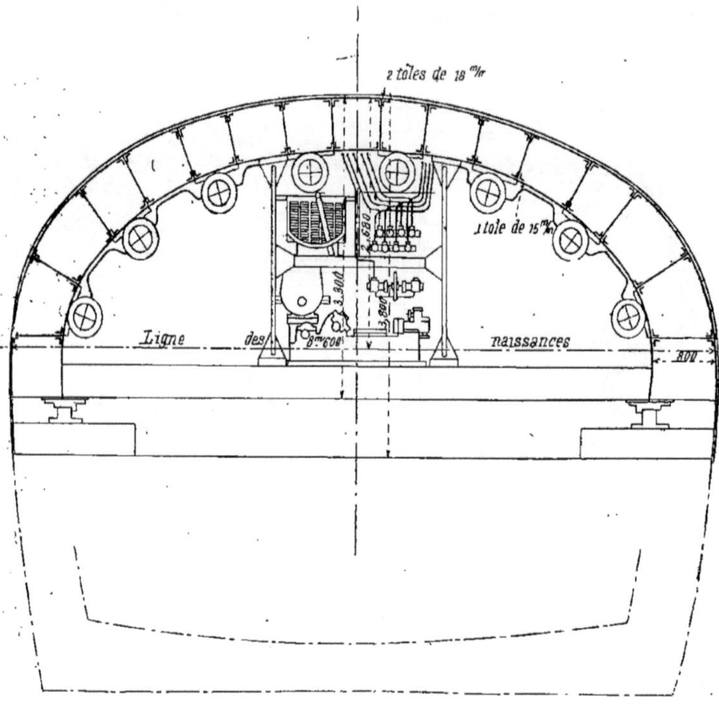

Fig. 29. — Bouclier du premier lot. Coupe transversale.

été construit par la maison Champigneul (2). Les figures 28 et 29
en montrent les dispositions essentielles.

Descendu à l'extrémité Ouest de la station de la place de la
Nation, et mis en marche le 7 mars 1899, il arriva au bout du
lot, à l'entrée de la station de la rue de Reuilly, le 16 octobre
suivant après avoir parcouru 747 mètres.

L'avancement qui, dès les premiers jours, fut de 3 mètres par
vingt-quatre heures (soit 3 courses du bouclier) atteignit rapidement le chiffre de 4 mètres et s'y maintint jusqu'au bout.

Le chantier était divisé comme suit :

1° Front d'attaque comprenant le bouclier (fig. 30) et limité à la partie correspondant à la voûte ;

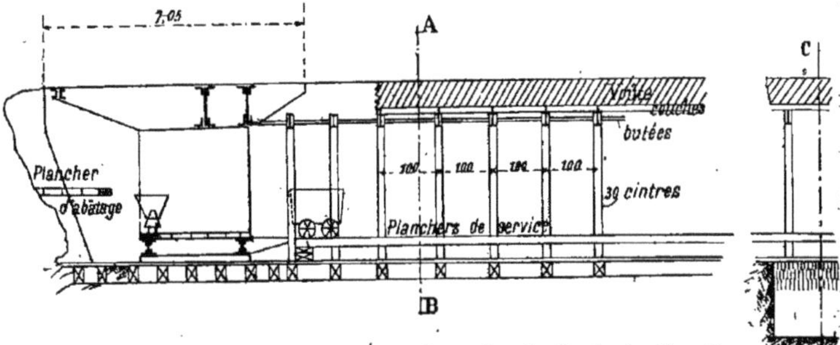

Fig. 30. — Bouclier de Vincennes. Coupe longitudinale du Chantier.

2° Établissement d'une cunette centrale inférieure suivant de près le bouclier et servant au déblai du stross. La figure 31

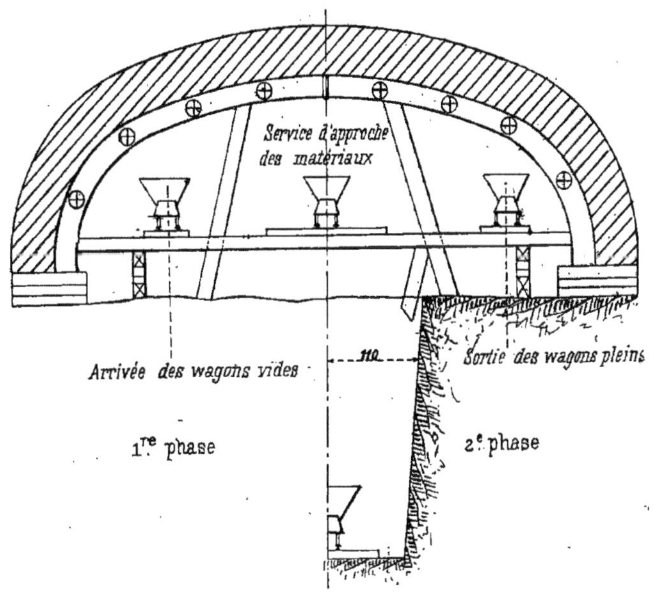

Fig. 31. — Chantier de Reuilly. Coupe transversale.

montre la coupe transversale du chantier avant (1re phase) et après (2e phase) creusement de cette cunette ;

3° Reprise des piédroits en sous-œuvre, en quinconce, par parties de 2 mètres ; les piliers de maçonnerie ainsi établis étaient reliés par un anneau du radier dès qu'ils se trouvaient construits en regard l'un de l'autre ;

4° Enfin, confection des enduits de la voûte et des piédroits. Quant à l'enduit du radier, il a été exécuté en dernier lieu et très rapidement (40 à 50 mètres de longueur par jour), en partant de la station de Reuilly et en revenant vers le point de départ du bouclier.

Le terrain, formé de sables dans la hauteur de la voûte et de marnes dans celle des piédroits, était de la meilleure qualité et les travaux n'ont pas rencontré de difficulté sérieuse. Seulement, en approchant de la station de Reuilly, les sables, dans lesquels le souterrain s'enfonçait progressivement devenaient ce que les carriers de Paris nomment le calcin, formé de grains siliceux réunis par un ciment calcaire et pouvant atteindre une grande dureté. Il en résulta un léger retard dans la construction des piédroits et du radier qui ne furent terminés que vers le milieu de décembre 1899.

c. *Bouclier Vincennes*. — Ce bouclier, du même type que le précédent, fut descendu à l'extrémité Est de la station de la place de la Nation. Il était destiné à la construction de la voûte du souterrain jusqu'à la station de la porte de Vincennes, sur une longueur de 736 mètres. Mais, livré tardivement par le constructeur, il ne put être mis en marche que le 28 mai 1899, et on se trouva, par suite, dans la nécessité de limiter sa longueur d'action à 485 mètres, le surplus devant être construit sur bois, ainsi qu'il va être expliqué.

Dès le début on put obtenir un avancement quotidien de 4 mètres (par vingt-quatre heures) qui se maintint régulièrement sur tout le parcours ; la dernière course eut lieu le 4 octobre 1899.

La disposition du chantier comportait une différence notable avec celle du bouclier Reuilly. La cunette au lieu de suivre le bouclier, le précédait, au contraire de 80 mètres environ sous forme de galerie solidement blindée qui permettait de reconnaître les terrains traversés et de déterminer les alignements ; après le passage du bouclier, cette galerie se trouvait naturellement trans-

formée en cunette (fig. 32). Cette disposition est plus coûteuse
que la première pour le déblai de la cunette, mais elle présente
l'avantage de supprimer le roulage des wagonnets dans le bouclier
en permettant la charge directe des terres au front même de l'attaque. Le bouclier et ses abords se trouvent ainsi dégagés, ce qui
facilite le service des maçons, le personnel ouvrier peut être

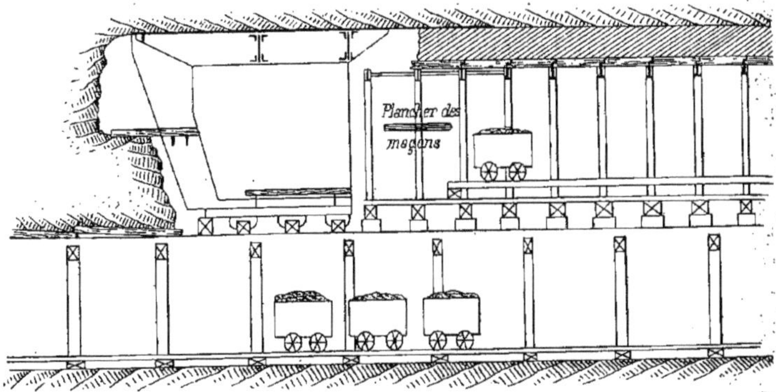

Fig. 32. — Bouclier de Vincennes. Coupe longitudinale du chantier.

réduit de plusieurs unités ; enfin, avantage précieux, la direction
du bouclier, toujours délicate, se trouve singulièrement facilitée.

La marche de ce bouclier n'a donné lieu à aucun incident et ne
s'est heurtée à aucune difficulté particulière.

d. *Chantier Vincennes.* — Ce chantier est entré en activité le
13 janvier 1899. L'exécution des travaux s'est poursuivie régulièrement, non sans quelques difficultés assez sérieuses, dues à la
rencontre d'une couche épaisse (6 à 7 mètres) de remblais peu
consistants. Le souterrain à une voie, formant boucle de jonction
des gares d'arrivée et de départ, exécuté en galerie boisée dans
ces remblais, a notamment exigé beaucoup de soins et d'attention.

Les gares d'arrivée et de départ ont été construites suivant le
procédé décrit pour la station de la place de la Nation, avec revêtement intérieur de même nature qu'à cette dernière.

Enfin, du chantier Vincennes, a été ouverte une attaque dirigée
à la rencontre du bouclier parti trop tard de la place de la Nation.
Une longueur de 247 mètres de souterrain à deux voies a été
ainsi construite par nos méthodes françaises ordinaires de boisage.

et sans incident notable. Les déblais en provenant ont été évacués par le monte-charge établi sur une contre-allée du Cours de Vincennes et dont il a été parlé plus haut.

L'ensemble des travaux dépendant du chantier Vincennes a été terminé dans le courant de février 1900.

Enlèvement des déblais. — Les déblais du premier lot, amenés le long du souterrain par des tracteurs électriques jusqu'aux monte-charges de la place de la Nation ou du Cours de Vincennes, étaient chargés en wagons à la surface du sol et emmenés hors Paris, à la gare aux marchandises d'Ivry (chemin de fer d'Orléans). Une voie ferrée spéciale, établie à cet effet, avait son origine à une estacade de chargement construite sur le chantier de la place de la Nation ; elle traversait cette dernière à l'Est, suivait le Cours de Vincennes jusqu'au chantier terminus, et s'engageait ensuite sur les boulevards Soult et Poniatowski jusqu'au pont National sur lequel elle franchissait la Seine.

Quant aux matériaux, amenés soit des quais de la Seine, soit de la gare aux marchandises de Charonne (chemin de fer de Ceinture), ils étaient introduits dans le souterrain, soit aux deux chantiers principaux, soit par des puits de service pratiqués en divers points du trajet.

INSTALLATIONS ÉLECTRIQUES ET MÉCANIQUES

a. *Chantier de la place de la Nation.* — Les installations électriques et mécaniques de ce chantier comprenaient :

1° Une usine génératrice composée de quatre moteurs à gaz dont un de 55 chevaux, système Otto, deux de 50 chevaux et un de 25 chevaux, système Charon. Ces moteurs dont la puissance totale était de 180 chevaux, actionnaient respectivement trois dynamos Hillairet-Huguet à enroulement compound débitant chacune 160 ampères sous 220 volts. L'énergie électrique disponible pouvait atteindre près de 120 kilowatts-heure aux bornes de l'usine ; elle alimentait les appareils dont l'énumération suit :

2° Les deux boucliers dont il a été parlé (Vincennes et Reuilly), mus chacun par un moteur pouvant donner une puissance de 11 kilowatts à 220 volts ;

3° Deux monte-charges, de 15 mètres de hauteur chacun, à deux bennes équilibrées sur un treuil à deux trains d'engrenage avec freins à bande commandé par une réceptrice de 11 kilowatts. Le fonctionnement de ce moteur était assuré par un rhéostat avec inverseur de courant, installé dans une cabine établie au niveau du sol;

4° Deux locomotives électriques destinées à l'évacuation des déblais du souterrain et à l'amenée à pied d'œuvre des matériaux, au moyen de voies type Decauville, de 0,60 m.

L'une de ces locomotives était de 6 tonnes, à quatre essieux moteurs et actionnée par deux dynamos Hillairet consommant 90 ampères sous 220 volts, soit 20 kilowatts de puissance ; elle pouvait remorquer huit wagons sur une rampe de 0,02 m. par mètre.

La deuxième était de trois tonnes, à deux essieux moteurs ; la dynamo motrice consommait 50 ampères sous 220 volts, soit 11 kilowatts ;

5° Deux ventilateurs Farcot consommant chacun 11 kilowatts. De ces deux appareils, un seul a été utilisé pendant une courte période, l'aération par les puits de service ayant suffit ;

6° Une pompe d'épuisement de 11 kilowatts a été également utilisée pendant quelques jours, un peu d'eau s'étant fait jour à la base du calcin dans la traversée de la rue de Reuilly ;

7° Les appareils d'éclairage du souterrain, comprenant 464 lampes à incandescence, dont 279 de dix bougies et 185 de seize bougies, et 16 lampes à arc pour les stations. L'ensemble absorbait une puissance moyenne de 30 kilowatts-heure.

b. *Chantier de la porte de Vincennes.* — Ce chantier était desservi par une usine accessoire ne comportant qu'une locomobile à vapeur de 25 chevaux et une dynamo de 6,6 kilowatts alimentant deux treuils Bernier de 5 chevaux chacun et l'éclairage comprenant 4 lampes à arc et 100 lampes à incandescence de seize et dix bougies.

Le tout a parfaitement fonctionné pendant toute la durée des travaux.

Durée des travaux. — En résumé, les travaux du premier lot, exécutés entièrement en régie par les ingénieurs de la ville de Paris, ont duré environ seize mois, du 18 octobre 1898 au commencement de février 1900.

DEUXIÈME LOT

Composition du lot. — Le deuxième lot comprenait : la station voûtée de la rue de Reuilly ; une longueur de 1 335 mètres de souterrain courant en deux tronçons séparés par la station de la gare de Lyon, l'un de 865 mètres sous le boulevard Diderot, l'autre de 470 mètres sous la rue de Lyon ; enfin la station hors type de la gare de Lyon. En amont de cette station, le souterrain présente des dispositions spéciales en vue de la séparation des lignes n° 1 (porte de Vincennes-porte Maillot) et n° 2 (circulaire) avant leur pénétration dans la station de la gare de Lyon qui leur est commune ; dans cette partie, le souterrain se divise en deux galeries parallèles à double voie, réunies d'une part par une culotte de raccordement, et pénétrant directement, d'autre part, dans la station ; la figure 33 montre l'ensemble de ces dispositions.

Organisation des chantiers. — Le chantier de l'entrepreneur était situé sur une parcelle du terrain désaffecté de Mazas, à l'angle du boulevard Diderot et de la rue Legraverend ; c'est là qu'étaient fixées les installations mécaniques comprenant, notamment, un monte-charge système Bernier, composé d'une seule plate-forme sur laquelle pouvaient tenir deux wagonnets. Une locomobile à chaudière tubulaire à flamme directe, timbrée à 6 kilogrammes et de la force de 35 chevaux, actionnait une machine Gramme tournant à 860 tours par minute et débitant 150 ampères sous 220 volts ; le courant produit servait à l'éclairage des chantiers, à la marche du monte-charge et à celle du bouclier ; nous verrons ci-après que ce dernier n'a, pour ainsi dire, pas été utilisé.

L'ensemble des ouvrages du deuxième lot est construit dans les sables d'alluvion, faciles à fouiller, de bonne tenue et présentant les meilleures conditions qu'on pût espérer pour les travaux ; sur deux points, qui vont être examinés plus loin, la nappe a été rencontrée : aux passages sous les égouts de la rue Crozatier et de l'avenue Ledru-Rollin.

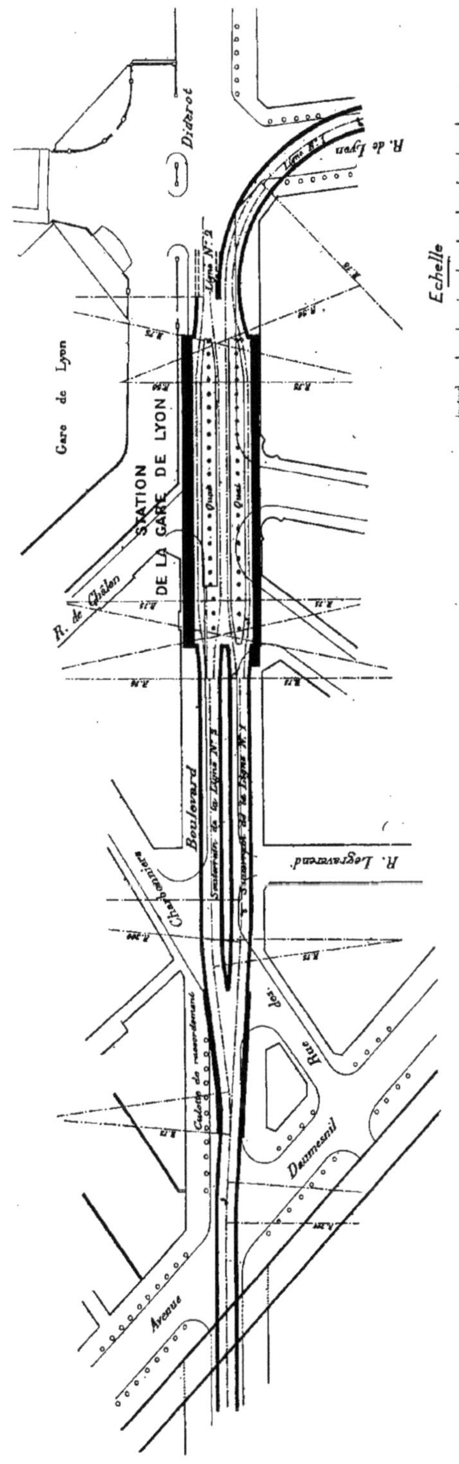

Fig. 33. — Station de la gare de Lyon et abords. Plan d'ensemble.

Nous allons décrire succinctement les procédés employés pour la construction des diverses parties composant le deuxième lot.

a. *Station de la rue de Reuilly*. — On a exécuté d'abord les culées en galerie avec amorces de la voûte sur 1,80 m. de chaque côté. Puis le surplus de la voûte a été construit à ciel ouvert, mais par moitiés longitudinales successives afin de ne pas intercepter la circulation des voitures, assez intense sur le boulevard Diderot et comprenant une ligne de tramways (Montreuil-Châtelet). Le stross fut ensuite enlevé souterrainement.

Le sol étant, sur ce point, argileux et humide, le mur pignon du côté amont a été fondé sur arceaux maçonnés prenant appuis sur quatre piliers en béton reposant eux-mêmes sur pieux battus de 5 mètres de hauteur de fiche.

b. *Culotte de raccordement*. — La culotte, dont il a été parlé plus haut, a été construite à ciel ouvert ; le travail n'a, d'ailleurs, présenté aucune sujétion spéciale.

Cet ouvrage est recouvert d'un tablier métallique formé de poutres doubles de 7,314 m. à 14,506 m. entre appuis, de 0,95 m. à 1,05 m. de hauteur entre semelles et espacées de 5,68 m. d'axe en axe ; elles sont reliées par des entretoises avec voûtelettes en briques.

Le montage a été effectué à l'aide d'un pont roulant prenant appui de part et d'autre de la tranchée.

c. *Station de la gare de Lyon*. — Cette station, qui devait primitivement servir de jonction ou de séparation aux lignes n°s 1 et 2, est d'un type spécial, de 100 mètres de longueur et de 23,90 m. de largeur entre piédroits ; chaque ligne est desservie par un quai central de 6 mètres de largeur de chaque côté duquel passe l'une des voies ; le tout est recouvert d'un vaste tablier métallique (voir fig. 7 et 8). Ce tablier est constitué comme suit :

1° *Extrémité de la station, côté Vincennes*. — Poutres doubles espacées de 4,81 m. d'axe en axe, de 7,90 m. à 9,506 m. de longueur entre appuis et de 0,95 m. de hauteur entre semelles ;

2° *Partie centrale, correspondant aux quais*. — Trois travées transversales indépendantes, celles extrêmes avec poutres simples de 6,20 m. de longueur et 0,95 m. de hauteur. Les poutres de la travée centrale sont formées de deux poutres simples jumelées; trois ont 10,16 m. de portée et treize 11,50 m. ; toutes ont 0,95 m. de hauteur. Les points d'appuis extrêmes sont constitués par les piédroits de la station, ceux du milieu par des colonnes en fonte jumelées.

3° *Partie correspondant à la passerelle et aux escaliers d'accès aux quais.* — Poutres simples renforcées par des cadres à la partie inférieure desquels est accroché le plancher de la passerelle ; le tout reposant sur piliers métalliques formés, en section transversale, d'une âme de 0,30 m. sur laquelle sont assemblées, à l'aide de cornières, des semelles de 0,30 m. ; un escalier fait communiquer la passerelle avec chacun des quais.

4° *Extrémité de la station, côté Bastille.* — Plancher composé de poutres doubles de 17,78 m. à 20,45 m. de portée, 1,50 m. de hauteur entre semelles et espacées de 4 mètres à 5,04 m. d'axe en axe.

Toutes les poutres principales sont reliées par des entretoises avec voûtelettes en briques.

La station a été établie entièrement à ciel ouvert.

Le montage du tablier a été effectué à l'aide d'un pont roulant. La travée de droite (sens Vincennes-Maillot), a d'abord été établie seule, le pont roulant prenant appui sur le sol de la tranchée; pour les deux autres travées, le pont de service s'appuyait à droite sur la travée terminée, à gauche sur le piédroit opposé de la station; la photographie (fig. 34) montre avec la physionomie du chantier, l'ensemble des dispositions qui précèdent.

La station de la gare de Lyon constitue un des principaux ouvrages de la ligne.

d. *Souterrain courant.* — Entre la station de la gare de Lyon et la rue Traversière, soit une longueur de 132 mètres, le souterrain a été construit à ciel ouvert, en raison de la faible hauteur disponible entre l'extrados de l'ouvrage et la chaussée.

Du côté opposé, en amont de la culotte de raccordement des

lignes n°s 1 et 2, il a été fait emploi du bouclier, mais seulement sur une longueur de 40 mètres. L'engin, parvenu à l'avenue Daumesnil, dut, en effet, être arrêté momentanément pour permettre la reprise préalable, en sous-œuvre, des fondations des colonnes supportant le pont du chemin de fer de Vincennes à la traversée

Fig. 34. — Station de la gare de Lyon. Pose du tablier métallique
(Aspect du chantier le 2 mars 1900.)

du boulevard Diderot. En présence de cet arrêt, l'entrepreneur, ne voulant pas attendre, prit le parti d'exécuter sur bois le surplus du souterrain, jusqu'à la station de Reuilly.

Le même procédé fut employé pour la partie du souterrain comprise entre la rue Traversière (extrémité du tronçon construit à ciel ouvert) et la fin du lot, à la rue Lacuée.

Nous ne donnerons ici aucun détail sur le bouclier si peu employé et qui était, d'ailleurs, du même type que ceux du troisième lot dont il sera parlé plus loin.

e. *Points particuliers.* — La nappe des eaux souterraines a été rencontrée aux passages du souterrain sous les égouts de la rue Crozatier (boulevard Diderot) et de l'avenue Ledru-Rollin (rue de Lyon). L'ouvrage plongeait dans la nappe de 1,65 m. sur le premier point (niveau de l'eau : 25,60 m.) et de 3,39 m. sur le second (niveau de l'eau : 25,90 m.).

Les travaux ont été exécutés à sec après abaissement de la nappe obtenu puis soutenu par l'action d'une pompe, dont le débit était

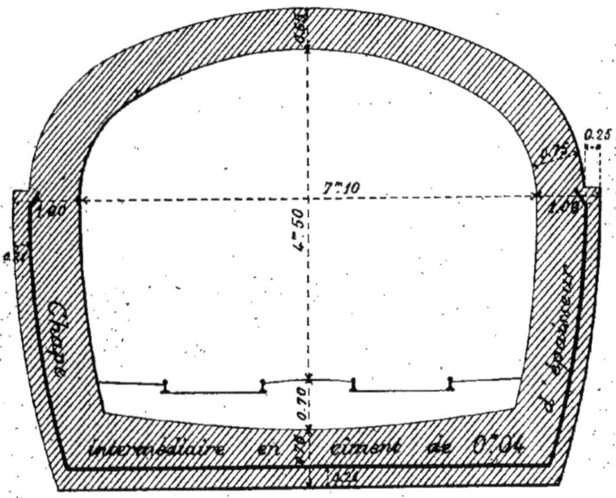

Fig. 35. — Renforcement du souterrain. Coupe transversale.

de 5 litres et demi environ par seconde à la rue Crozatier et de 36 à 41 litres à l'avenue Ledru-Rollin.

Dans les deux cas, l'ouvrage a été renforcé comme le montre la figure 35, avec intercalation d'une chape en ciment pur de 0,04 m.; en outre, on a forcé le dosage du ciment dans le mortier (550 kilogrammes par mètre cube de sable au lieu de 450 kilogrammes) et la proportion du mortier dans le béton.

Enlèvement des déblais. — Indépendamment du chantier principal de la rue Legraverend, l'entrepreneur a ouvert divers puits de service et installé deux autres monte-charges, l'un à la station de Reuilly, l'autre en dernier lieu à l'extrémité côté Bastille de la station de la gare de Lyon; ces monte-charges, de même que le premier, étaient actionnés par la dynamo du chantier principal.

Les déblais, élevés par les monte-charges et déchargés en tombereaux, étaient ensuite conduits au quai de la Rapée et enlevés en bateaux par la Seine.

Durée des travaux. — Les souterrains ont été attaqués le 10 novembre 1898 et terminés vers la fin de novembre 1899. La station de la gare de Lyon a souffert de longs retards imputables aux livraisons irrégulières des fers : c'est ainsi que la pose du tablier n'a pu être commencée que le 4 novemdre 1899 et terminée dans les premiers jours de mai 1900.

Les travaux du deuxième lot ont été exécutés par MM. Dioudonnat Baptiste et Pierre, qui avaient traité de gré à gré au prix du bordereau, sans rabais.

TROISIÈME LOT

Composition du lot. — Le troisième lot ne comprend qu'une station, celle de la place de la Bastille, établie à ciel ouvert sur un pont franchissant le canal Saint-Martin ; le souterrain s'étend de part et d'autre de cette station sur une longueur de 375 mètres du côté de la rue de Lyon et de 681 mètres vers et sous la rue Saint-Antoine.

Organisation des chantiers. — Le canal Saint-Martin, coupant le tracé du troisième lot, était ici la voie tout indiquée pour l'évacuation des déblais et l'apport des matériaux et c'est là qu'a été établi le point de départ des travaux répartis en trois chantiers : 1°, station de la Bastille et ponts franchissant le canal ; 2°, attaque vers la rue de Lyon ; 3°, attaque vers la rue Saint-Antoine. Un quatrième chantier fut ouvert ultérieurement à l'extrémité du lot, à la station Saint-Paul, pour venir au-devant de l'attaque Saint-Antoine.

Sous la rue de Lyon, le terrain rencontré est le même que dans le deuxième lot : ce sont les sables d'alluvion. A partir de la place de la Bastille, ces sables forment encore la base du sol, mais les remblais se trouvent sous une épaisseur considérable, et sont, en même temps, peu homogènes. Sous la rue Saint-Antoine, on a rencontré quantité de vieilles maçonneries enterrées ; il est intéressant de signaler qu'à l'entrée de la rue Saint-Antoine et à l'emplacement même indiqué par les anciens plans de Paris, on a retrouvé les substructions de la Tour de la Liberté, faisant partie de l'ancienne prison de la Bastille ; par contre, on n'a retrouvé aucun vestige de l'ancien mur d'enceinte de Philippe-Auguste, indiqué comme traversant la rue Saint-Antoine près de la rue de Sévigné.

a. *Chantier du canal Saint-Martin.* — Ce chantier comprenait l'établissement : 1° d'un pont sous rails destiné à permettre au

Fig. 36. — Vue d'ensemble des ouvrages sur le canal Saint-Martin.

chemin de fer de franchir le canal ; 2° d'un pont sous chaussée juxtaposé au pont sous rails et destiné à l'élargissement de la place de la Bastille jusqu'au chemin de fer ; 3° de la station de la Bastille (fig. 36).

Le pont sous rails a 20 mètres de portée. Dans la partie centrale correspondant aux voies du chemin de fer, il est formé de trois poutres principales doublés reliées à l'aide de longerons et d'entretoises et recouvert d'une tôle striée de 8 millimètres. Sur chaque côté, de 4 mètres de largeur et correspondant aux trottoirs de la station, il est complété par une poutre de rive simple de 1 mètre de hauteur reliée à l'aide d'entretoises à la poutre double voisine ; une tôle ondulée, rivée sur les entretoises, est recouverte d'une couche de béton de ciment revêtue d'un enduit en bitume formant la plate-forme du quai.

Le pont sous chaussée est établi entre le pont sous rails et l'ancien parapet du bassin de l'Arsenal longeant la place de la Bastille. Il est composé de huit poutres pleines de 2,50 m. de hauteur et de 20 mètres de portée, réunies par des entretoises de 0,50 m. supportant des voûtelettes en briques.

Le poids de la partie métallique du pont sous rails atteint 105 tonnes, celui du pont sous chaussée 270 tonnes, soit pour les deux ouvrages un poids total de 375 tonnes.

Les maçonneries, très importantes, ne présentent aucune particularité.

La lenteur de livraison des fers a retardé jusqu'en mai 1900 l'achèvement des ouvrages du canal.

b. *Chantier de la rue de Lyon.* — Au départ de la station de la Bastille, le chemin de fer passe sous le boulevard de la Bastille et s'engage sous la rue de Lyon en tranchée recouverte d'un tablier métallique sur une longueur de 105 mètres ; puis, en remontant vers le deuxième lot, on retrouve, sur 270 mètres de longueur, le souterrain de type courant à deux voies, construit partie avec emploi du bouclier, partie sur bois.

L'établissement de la tranchée couverte s'est fait sans particularité digne d'être notée. Nous dirons seulement en deux mots que l'ouvrage se compose de deux piédroits maçonnés supportant un plancher métallique, de 7,10 m. à 7,47 m. de portée, formé de poutres droites reliées par des entretoises supportant les voûtelettes de remplissage en briques. Les piédroits furent d'abord exécutés en galerie ; puis le tablier fut mis en place à ciel ouvert, après quoi on procéda souterrainement à l'enlèvement du stross et à la confection du radier.

Le bouclier fut descendu à l'extrémité amont de la tranchée couverte, près du débouché de la rue de Lyon sur la place de la

Bastille. Cet engin, construit par les maisons Baudet, Donon et Cie, pour l'ossature, et Morane jeune, pour la machinerie, avait

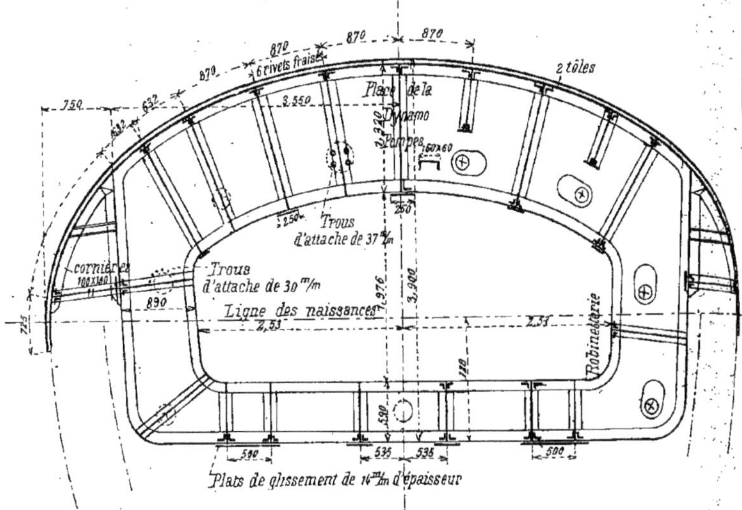

Fig. 37. — Bouclier du 3e lot. (Coupe longitudinale).

une longueur de 6,75 m., se décomposant en un avant-bec de

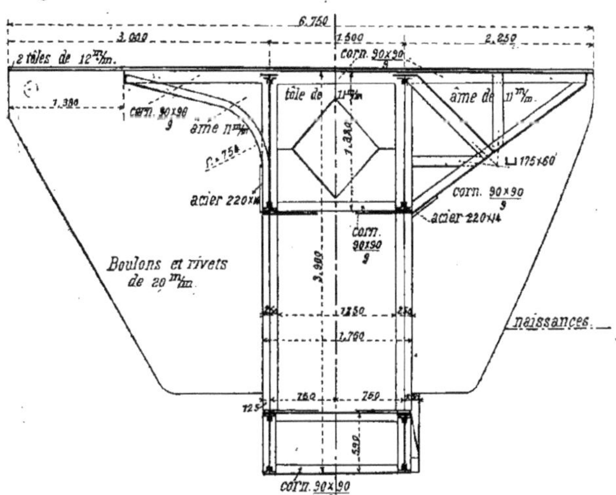

Fig. 38. — Bouclier du 3e lot. (Coupe transversale).

2,25 m., une partie centrale de 1,50 m., et un arrière-bec de 3 mètres (fig. 37 et 38). Il portait sur un plancher formé de madriers en chêne renforcés de barres d'acier, et prenait sa butée sur un système de 20 fermes en chêne espacées de 1,80 m. d'axe en axe. Les dispositions de l'appareil permettaient de faire, en même temps que la voûte, une hauteur de piédroits de 1,40 m.

Mis en marche le 12 avril 1899, ce bouclier s'arrêtait le 28 juin suivant, après un parcours de 169 mètres en soixante-dix-sept jours, soit un avancement quotidien moyen de 2,195 m.

En arrière des fermes de butée, on achevait en sous-œuvre, par partie, la construction des piédroits, après quoi on enlevait le stross et on établissait le radier.

Le surplus du souterrain jusqu'au deuxième lot, fut exécuté par nos méthodes ordinaires sur 101 mètres, du 6 juillet au 18 octobre 1899, soit cent quatre jours ; ce qui correspond à un avancement quotidien de 0,97 m.

c. *Chantier de la rue Saint-Antoine.* — Au départ de la station de la Bastille, vers la rue Saint-Antoine, on retrouve, comme du côté opposé, une partie en tranchée couverte de 70 mètres de longueur, à la suite de laquelle une longueur de 79 mètres a été construite à ciel ouvert ; enfin, le surplus, de type normal, a été exécuté partie au bouclier, partie sur bois.

La tranchée couverte reproduit les dispositions de celle de la rue de Lyon ; à l'origine, cependant, sous le boulevard Bourdon, une très petite longueur (5,45 m.), où la hauteur manquait, a reçu comme couverture un plancher en ciment armé système Hennebique ; elle est, d'ailleurs, entièrement située sous les trottoirs.

A la suite de la tranchée couverte, le souterrain, du rayon de 50 mètres, présente un tracé sinueux qui passe à 0,80 m. de l'aplomb du pan coupé formé par l'immeuble situé à l'angle gauche de la rue Saint-Antoine et de la place de la Bastille. Cette situation nécessitait des précautions toutes particulières. Les piédroits furent donc d'abord construits en galeries par petites parties et descendus jusqu'au niveau du radier ; puis la chaussée fut ouverte en grand et la voûte construite sur le sol comme cintre ; le stross fut ensuite enlevé et ce déblai suivi de la maçonnerie du radier. De la sorte, tout se passa régulièrement sans le moindre incident fâcheux.

La construction du surplus du souterrain, jusqu'au quatrième lot, ne fait que reproduire les phases décrites plus haut pour la partie sous la rue de Lyon.

Une longueur de 333 mètres fut faite au bouclier en cent quatre-vingt-un jours, soit une production quotidienne moyenne de 1,84 m. ; l'engin, descendu au droit de la rue Jacques-Cœur, était du même type que celui de la rue de Lyon. Les deux cents mètres à la suite furent construits par les méthodes ordinaires de boisage, à raison de 1,84 m. par jour.

Durée des travaux. — Pour les parties en tranchée ou en souterrain, les travaux, commencés en novembre 1898, étaient à peu près terminés en octobre 1899 ; on a vu que les ouvrages à la traversée du canal Saint-Martin n'ont pu être achevés qu'en mai 1900.

Les travaux du troisième lot ont été exécutés par M. Dioudonnat Joseph, qui avait traité de gré à gré aux prix du bordereau sans rabais.

QUATRIÈME LOT

Composition du lot. — Le quatrième lot comportait une longueur de souterrain courant de 1 010 mètres et deux stations : la station voûtée de Saint-Paul et celle à tablier métallique de l'Hôtel-de-Ville.

Organisation des chantiers. — Le point d'attaque principal était situé à la rencontre du souterrain avec la galerie spéciale d'évacuation des déblais : cette galerie partait de la rue de Rivoli, en tête de l'emplacement de la station de l'Hôtel-de-Ville, passait sous la rue Lobau qu'elle suivait dans toute sa longueur et venait déboucher sur le bas-quai de l'Hôtel-de-Ville où était construite une estacade pour le déchargement des vagonnets en bateaux. Sur ce bas-quai, l'entrepreneur avait également établi une petite usine comprenant deux machines Weyher actionnant deux dynamos dont le courant était utilisé pour l'éclairage du souterrain et la manœuvre des boucliers, monte-charge, pompes d'épuisement, etc.

La plus grande partie des déblais a été évacuée par la galerie Lobau ; cependant, différents puits de service ont été ouverts sur le parcours du souterrain, notamment à la station Saint-Paul, exécutée à ciel ouvert, au droit du square Saint-Jacques et à l'angle de la rue des Halles.

Le sous-sol était de même nature que sous la rue Saint-Antoine. Mais, à la place Baudoyer, le collecteur Rivoli, situé jusque-là du côté pair de la rue de Rivoli, venait se placer dans l'axe de cette voie, c'est-à-dire sur le tracé même du chemin de fer. Les positions respectives du souterrain et du collecteur étaient telles que les sections de ces deux ouvrages se pénétraient réciproquement sur d'assez grandes longueurs.

a. *Construction du souterrain.* — Le souterrain devait être construit à l'aide de deux boucliers partant chacun d'une extrémité de la station de l'Hôtel-de-Ville et se dirigeant, le premier vers la station Saint-Paul, l'autre vers l'extrémite aval du lot. Ces deux engins identiques (fig. 39 et 40) étaient établis pour fonctionner sur les piédroits établis d'avance et devant servir de chemin de roulement ; la voûte devait ainsi être construite en béton comprimé à l'aide des vérins des boucliers. Mais, après une course insignifiante, les engins durent tous deux être abandonnés et l'on revint, pour la construction du souterrain, à la méthode ordinaire ; la figure 41 montre un chantier de reprise des piédroits en sous-œuvre après construction de la voûte.

Dans la partie comprise entre les stations Saint-Paul et de l'Hôtel-de-Ville, on ne rencontra d'autres difficultés que celles résultant de la présence de vieilles maçonneries dans le sol.

Il en fut de même entre la station de l'Hôtel-de-Ville et la fin du lot, à la station du Châtelet. Dans cette partie toutefois se trouvait le passage sous le collecteur Sébastopol où la situation, sortant des conditions ci-dessus, devenait exceptionnelle.

En effet, entre les rues Saint-Martin et des Halles, le profil en long s'abaisse fortement et forme une cuvette dont le fond est situé à la traversée du boulevard de Sébastopol. En ce point, la ligne devait passer sous le collecteur et ménager aussi la place pour la jonction projetée des gares du Nord et de Paris-Lyon-Méditerranée.

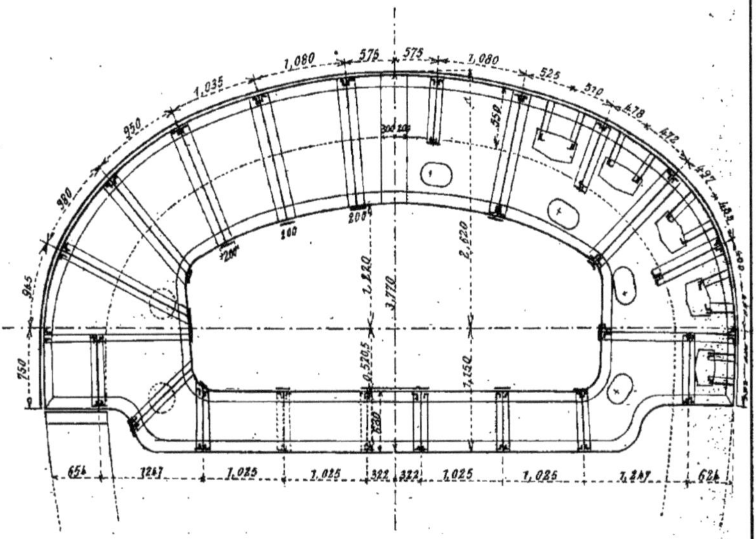

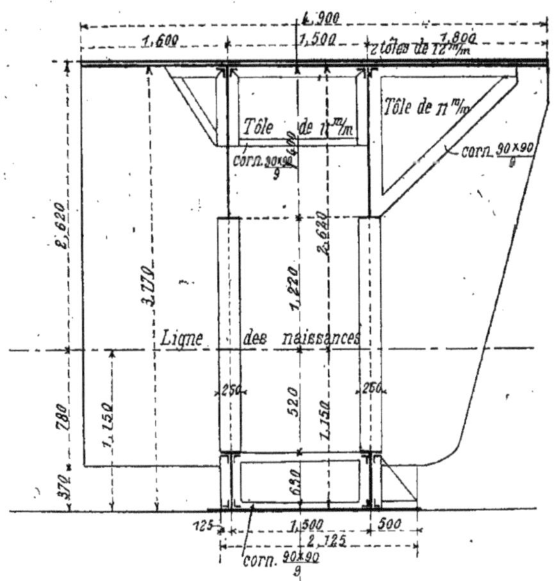

Fig. 39. — Bouclier du 4⁰ lot. (Coupe transversale).

Le fond de la fouille descendait à la cote 20,89, c'est-à-dire à

Fig. 40. — Bouclier du 4⁰ lot. (Coupe longitudinale).

5,36 m. au-dessous du niveau de la nappe des eaux souterraines

qui se trouve là à la cote 26,25 et la situation se compliquait par
le fait du peu de distance (11 mètres) de l'alignement des maisons
de la rue de Rivoli.

Heureusement, en cet endroit les masses du calcaire grossier,
sur lesquelles reposent les sables d'alluvions, arrivent à la hauteur des naissances de la voûte du souterrain, formant ainsi une
base solide. Les sables furent complètement asséchés à l'aide

Fig. 41. — 4ᵉ lot. (Chantier de reprise des piédroits en sous-œuvre).

d'un puits descendant jusqu'au-dessous du radier ; les épuisements
soutenus sans discontinuer maintinrent l'eau en contre-bas des
ouvrages qui purent ainsi être exécutés à sec dans des conditions
satisfaisantes.

De même qu'au passage de l'avenue Ledru-Rollin (2ᵉ lot) le
souterrain fut renforcé et muni d'une chape intercalée dans la
maçonnerie.

b. *Station Saint-Paul*. — Les culées furent d'abord établies
en tranchée blindée ; puis on procéda, à ciel ouvert et par moitiés

longitudinales, à la construction de la voûte sur cintre en terre; le déblai du stross et le radier furent ensuite poursuivis souterrainement.

Cette façon de procéder permit de ne barrer la circulation que partiellement, avantage précieux dans une voie aussi passante.

c. *Station de l'Hôtel-de-Ville*. — Les piédroits, placés sous les trottoirs de la rue de Rivoli, purent être construits en tranchées recouvertes de planchers maintenant la circulation des piétons. Mais, pour la pose du tablier métallique, on dut recourir à l'ouverture de la chaussée sur toute sa largeur à la fois. Il était, en effet, impossible de procéder autrement en raison de la faible hauteur entre le dessus du tablier et la surface du sol : le béton de fondation de la chaussée repose directement sur le tablier de la station.

On dut donc barrer complètement la circulation des voitures ; mais ce barrage ne présentait qu'un faible inconvénient, la circulation pouvant se faire, sans long détour, en contournant l'Hôtel-de-Ville.

Les pièces métalliques furent mises en place à l'aide d'un pont de service circulant sur chemins de roulement établis de part et d'autre de l'ouvrage. Cette station étant du type courant, précédemment décrit, toute description nouvelle est inutile.

Durée des travaux. — Commencés le 2 janvier 1899, les travaux du quatrième lot ont été terminés à la fin de février 1900, soit une durée de treize mois environ. Ils ont été exécutés par M. Adrien Weber, qui avait traité de gré à gré aux prix du bordereau sans rabais.

CINQUIÈME LOT

Composition du lot. — Ce lot comprenait une longueur de 1 095 mètres de souterrain courant à deux voies et trois stations : l'une voûtée, celle du Châtelet, les deux autres à tablier métallique, celles du Louvre et du Palais-Royal, toutes trois conformes aux types courants.

Organisation des chantiers. — L'attaque principale était donnée par la galerie spéciale d'évacuation établie sous la rue du Louvre et aboutissant d'une part, dans la station même du Louvre, d'autre part, sur le bas-quai de la Seine, à une estacade en bois contre laquelle venaient s'accoter les bateaux amenant les matériaux ou enlevant les déblais.

En outre, deux attaques secondaires furent successivement ouvertes : la première, à la rue des Lavandières-Sainte-Opportune, destinée surtout aux travaux de la station du Châtelet ; la seconde, à la place Rivoli, pour l'extrémité aval du lot. Sur ces deux points furent installés des monte-charges système Bernier, actionnés par des moteurs à air comprimé ; chacun d'eux pouvait élever de 50 à 60 mètres cubes de terres par jour.

Par suite d'un retard considérable dans la livraison du bouclier, cet engin n'a pu être utilisé. Les travaux du lot entier ont donc été exécutés à ciel ouvert (stations) ou en galerie boisée.

Dans toute l'étendue du cinquième lot, les tracés du chemin de fer et du collecteur de Rivoli, tous deux situés dans l'axe de la rue de Rivoli, se confondent. Cette circonstance, qui eût été plutôt un obstacle à l'emploi du bouclier, s'est, au contraire, trouvée avantageuse avec la méthode ordinaire.

La section du chemin de fer englobait, en effet, celle du collecteur ; ce dernier formait ainsi une véritable galerie d'avancement préexistante, ouverte d'un bout à l'autre. Grâce à cette disposition, l'entrepreneur put multiplier les points d'attaque et avancer très rapidement. Toutefois, les dimensions du collecteur (fig. 12) ne permirent d'installer qu'une voie de largeur très réduite (0,40 m.) recevant des vagonnets de 0,30 m³ environ. La voie fut d'abord posée sur un plancher provisoire recouvrant la cunette du collecteur, et les vagonnets poussés à bras d'homme ; des chevaux furent employés à la traction dès que, la cunette ayant pu être remblayée, après désaffectation du collecteur, la voie put être établie sur le remblai.

La partie inférieure de l'ouvrage, jusqu'aux naissances de la voûte, se trouve dans les alluvions ; la voûte est établie dans le remblai dont l'épaisseur croît, en remontant à partir de la station du Louvre, pour atteindre jusqu'à 7 et 8 mètres à la station du Châtelet. Ce remblai, composé de gravats ébouleux n'a pas laissé que d'exiger de sérieuses précautions dans l'exécution des travaux.

En outre, on a rencontré de nombreuses maçonneries du vieux Paris dont la présence dans la fouille a été parfois assez gênante sans cependant apporter d'obstacle réel à l'avancement des travaux ; le cube des maçonneries ainsi démolies s'est élevé à près de 12 000 mètres cubes pour le cinquième lot ; elles disparaissaient, d'ailleurs, presque complètement à partir de la place du Palais-Royal, et surtout le long du jardin des Tuileries.

a. *Construction du souterrain courant.* — D'une façon générale, la méthode suivie a consisté à construire d'abord la voûte, puis les piédroits et enfin le radier.

On ouvrit donc, en premier lieu, deux galeries latérales d'avancement parallèles et contiguës au collecteur qui en formait ainsi la paroi intérieure (fig. 2 à 4, pl. XII) ; dans certaines parties, les gravats de remblai étaient tellement dépourvus de cohésion qu'il a fallu blinder jointivement la paroi extérieure de la galerie. Le ciel de ces galeries épousait la forme de l'extrados du souterrain. Les terres étaient introduites dans le collecteur servant, comme il a été dit, de galerie d'évacuation, par des ouvertures latérales pratiquées dans la maçonnerie.

Les abatages furent ensuite pratiqués ; les détails d'exécution diffèrent suivant les positions respectives des voûtes du collecteur et du souterrain.

A la première attaque, à l'extrémité aval de la station du Louvre, la cote d'intrados du souterrain se trouvant à 0,40 m. au-dessus de l'extrados du collecteur, on put prendre appui sur ce dernier pour compléter le ciel du souterrain ; par contre, le clavage de la voûte fut rendu pénible pour les maçons par le défaut de hauteur disponible (0,70 m. à 0,90 m.). La figure 42 ci-après montre la superposition des deux voûtes.

Mais, il n'en fut pas partout de même. Les deux ouvrages présentant des déclivités différentes, les deux voûtes se rapprochèrent peu à peu et il fallut d'abord faire des saignées dans celle du collecteur pour la pose des cintres, puis enfin la démolir partiellement (fig. 5, pl. XII). Entre la rue de la Monnaie et la station du Châtelet, une troisième galerie d'avancement dut être ouverte entre les deux autres (fig. 5, pl. XII).

LE CHEMIN DE FER MÉTROPOLITAIN DE PARIS
CONSTRUCTION DE LA PREMIÈRE FRACTION

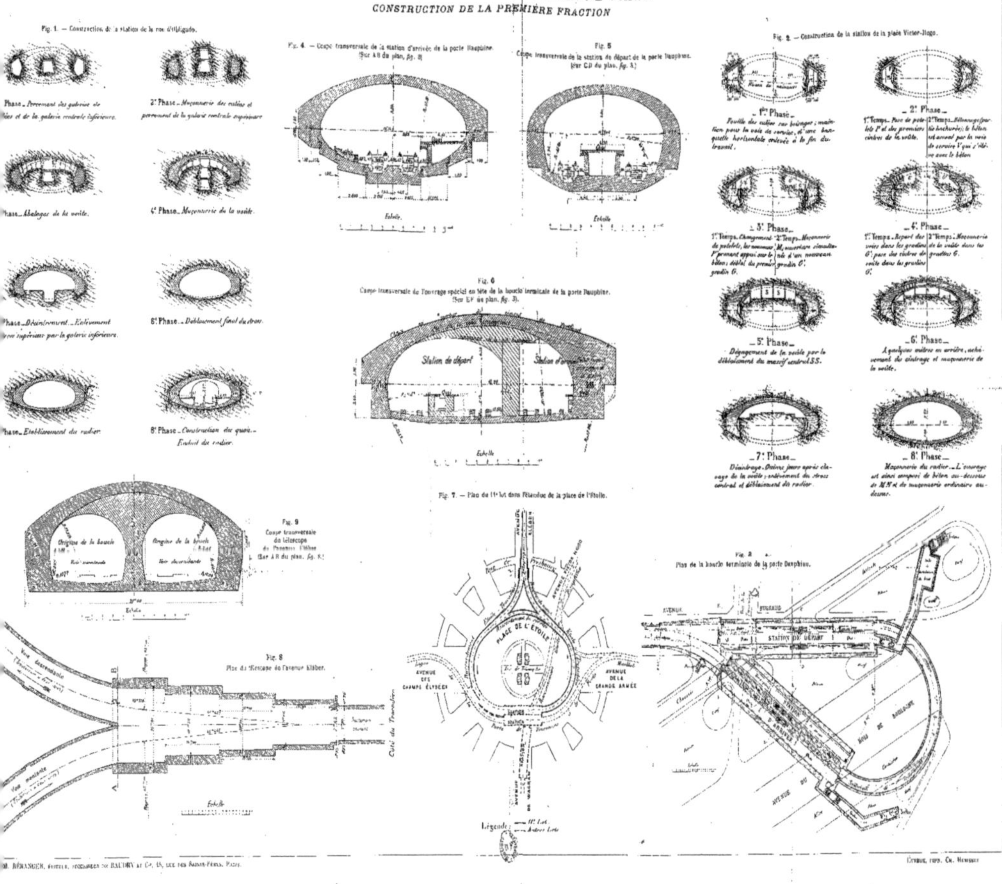

Enfin, entre la rue de Rohan et la fin du lot, les conduites d'eau existant dans le collecteur Rivoli s'y trouvaient encore en charge au moment de la démolition de la voûte ; il fallut les soutenir provisoirement au moyen de cadres en charpente et poursuivre, dans ces conditions délicates, la construction de la voûte du Métropolitain (fig. 6, pl. XII).

Entre les rues du Louvre et du 29-Juillet, la hauteur disponible

Fig. 12. — Construction de la voûte du souterrain au-dessus du collecteur
Rivoli.

entre le dessus de la chaussée et l'extrados n'était que de 1 mètre à peine. L'établissement des étaiements dans ces conditions et sur une largeur de 8,60 m. constituait un travail délicat, la circulation des voitures ayant été maintenue avec la seule obligation de marcher au pas ; cette opération put cependant être poursuivie et achevée sans accidents, résultat assurément méritoire.

La maçonnerie de la voûte s'exécutait, par anneaux de 2,60 m. de longueur, derrière les abatages, à 20 ou 25 mètres de l'avancement des galeries. La figure 43 ci-dessous montre, en plan schématique, la marche générale du chantier.

La voûte terminée, le collecteur fut arasé au niveau des ban-

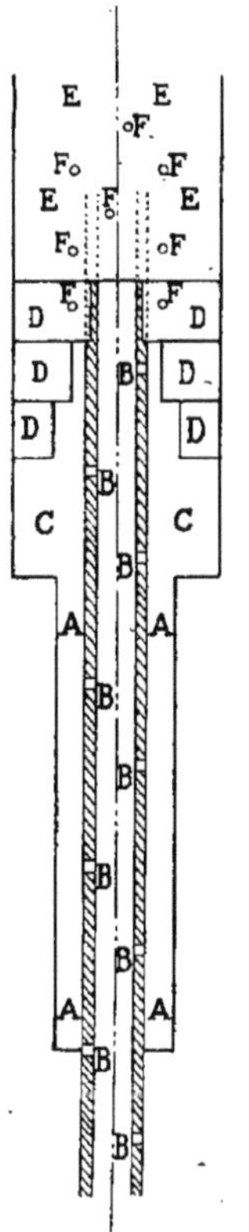

Fig. 43. — Plan schématique d'un chantier du 5ᵉ lot.

A, galeries d'avancement; B, trous percés dans les piédroits du collecteurs pour l'enlèvement des déblais; C, abatages; D, anneaux de maçonneries en cours; E, voûte terminée; F, barbacanes réservées dans la voûte pour les injections.

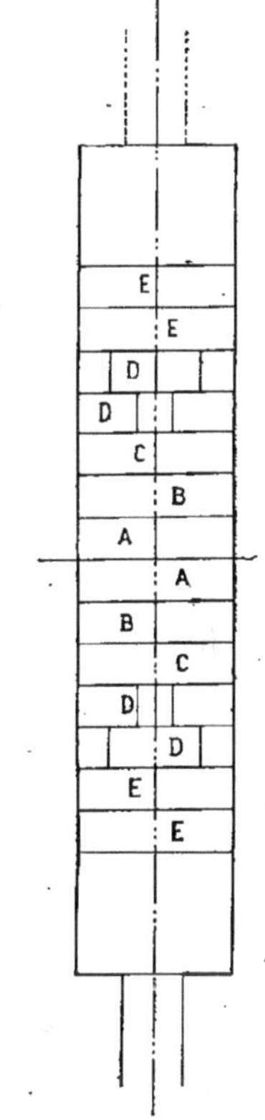

Fig. 44. — Construction de la Station du Châtelet. (Plan schématique du chantier).

A, remblai après la construction de la voûte; B, maçonneries recouvertes de la chape; C, maçonneries terminées; D, anneaux de maçonneries en cours; E, terrassements.

quettes et les piédroits construits en sous-œuvre par parties de 4 mètres suivant les dispositions de la figure 7 (pl. XII); le radier fut ensuite coulé en béton après déblai et enlèvement du stross.

b. *Station du Châtelet.* — Pour l'établissement des culées, on creusa deux galeries latérales reliées au collecteur Rivoli par des galeries transversales pour l'évacuation des terres et l'apport des matériaux. On procéda ensuite aux abatages par travées de 3 à 4 mètres en les poussant jusqu'aux égouts latéraux nouvellement construits ; la maçonnerie suivit et ainsi de suite sur toute la longueur des culées (78 mètres).

Au cours de ce travail, le terrain formé de remblais fut reconnu tellement ébouleux qu'on résolut de construire le surplus de la voûte à ciel ouvert sur cintre en terre en ouvrant la chaussée. La figure 8 (pl. XII) permet de se rendre compte de la marche suivie pour le déblaiement et le schéma figure 44 ci-contre montre, en plan, le détail des différentes phases du travail. La fouille pour la construction de la voûte, ouverte le 18 juin 1899, fut remblayée et livrée à la circulation le 6 juillet; en dix-sept jours, 3 000 mètres cubes de terres furent ainsi déplacés et 1 000 mètres cubes de maçonnerie exécutés. C'est là un exemple de rapidité peu ordinaire.

Quant au stross et au radier, ils furent respectivement déblayé et maçonné, sous la voûte construite, comme pour le souterrain proprement dit.

c. *Stations du Louvre et du Palais-Royal.* — Ces deux stations, à tablier métallique, furent construites suivant la méthode déjà décrite pour celle de l'Hôtel de Ville. Toutefois, pour diminuer autant que possible la durée de l'interruption de la circulation, les poutres principales, au nombre de 13 par station, et pesant en moyenne 13 500 kilogrammes chaque, furent placées pendant la nuit dans des tranchées transversales creusées rapidement et aussitôt remblayées. On ne barra la rue de Rivoli que pendant la pose des entretoises et la construction des voûtelettes en briques qu'elles soutiennent, suivies, au fur et à mesure, du rétablissement de la chaussée.

Durée des travaux. — Commencés fin novembre 1898, les travaux du cinquième lot, menés avec rapidité, furent terminés en dix mois, c'est-à-dire fin septembre 1899.

Ils ont été exécutés par M. Roche Adolphe, qui avait traité de gré à gré aux prix du bordereau sans rabais.

SIXIÈME LOT

Composition du lot. — D'une longueur totale de 1 236 mètres le sixième lot comprenait, outre le souterrain courant, deux stations à tablier métallique : celle des « Tuileries », rue de Rivoli, au droit de la rue du 29-Juillet, et celle de la « place de la Concorde », rue de Rivoli, au débouché sur la place de la Concorde.

Organisation des chantiers. — Au point de vue des travaux, le sixième lot comprenait trois parties correspondant aux voies sous lesquelles il était établi : 1° rue de Rivoli, de la rue du 29-Juillet à la rue Saint-Florentin ; 2° traversée de la place de la Concorde ; 3° avenue des Champs-Élysées, de la place de la Concorde à la station des « Champs-Élysées ».

Une galerie spéciale avait été construite sous la place de la Concorde jusqu'à la Seine, pour l'évacuation des déblais ; cette galerie débouchait dans le souterrain à l'origine de l'avenue des Champs-Élysées, derrière les chevaux de Marly. Cette galerie a été utilisée pour la troisième partie et la moitié de la seconde.

Le surplus a été desservi par un monte-charge électrique installé rue de Rivoli, au droit de la rue Saint-Florentin.

Sous la rue de Rivoli, le sous-sol était composé de remblais homogènes et consistants. Sous l'avenue des Champs-Élysées, les conditions étaient excellentes : la voûte était construite dans des terres franches et les piédroits ainsi que le radier dans des sables argileux. Cependant, la partie inférieure de l'ouvrage (radier) s'est trouvée plongée dans la nappe des eaux souterraines et cette circonstance a imposé quelques mesures d'assèchement et d'épuisement, le sable argileux, de bonne consistance à sec, perdant toute cohésion au contact de l'eau.

a. *Construction du souterrain à l'aide du bouclier.* — Un seul bouclier fut utilisé pour le sixième lot. Cet engin, dont les figures 45 et 46 ci-après donnent l'élévation et la coupe longitudinale, fut construit par les ateliers de MM. Baudet, Donon et Cie, pour l'ossature, et par M. Morane jeune pour la machinerie. D'une longueur totale de 6 mètres divisée en trois parties égales : avant-bec,

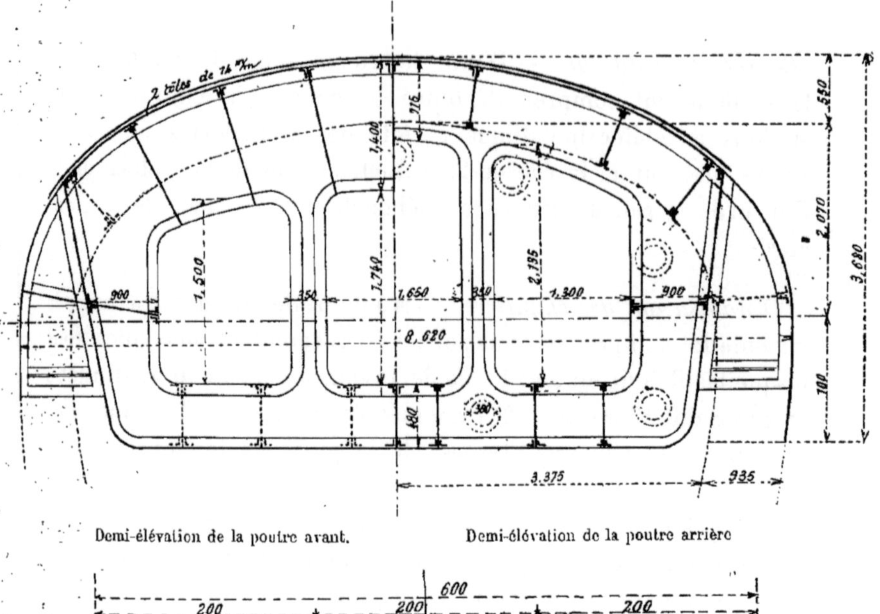

Demi-élévation de la poutre avant. Demi-élévation de la poutre arrière

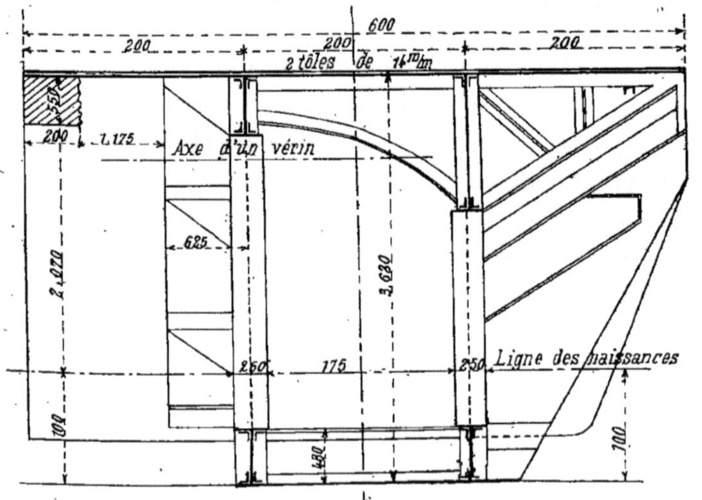

Coupe longitudinale.

Fig. 45-46. — Bouclier du 6e lot.

corps du bouclier, arrière-bec, de 2 mètres de longueur chacune, il était actionné par neuf vérins hydrauliques éprouvés à 400 kilogrammes. Il épousait la forme de la voûte et glissait sur un plan-

.cher de madriers placé à 1 mètre en contre-bas des naissances de la voûte.

Le sol rencontré par le bouclier en retarda considérablement la marche : lentilles de caillasse très résistante, anciennes fortifications Louis XV, masse de caillasse dure, sables aquifères. D'autre part, l'appareil était insuffisamment soutenu et mal contrebuté. Aussi, descendu le 1er février 1899, place de la Concorde, devant le prolongement de la rue Boissy-d'Anglas, il dut s'arrêter le 1er juillet suivant, après une carrière de 88 mètres en 152 jours, soit moins de 0,60 m. par jour.

b. *Construction du souterrain courant par les méthodes ordinaires.* — Le surplus du souterrain fut exécuté sur boisages dans les conditions déjà décrites pour les lots précédents. Nous signalerons seulement la présence, sous la rue de Rivoli, d'une ancienne galerie d'égout, antérieure au collecteur et parallèle à ce dernier qu'elle longeait de près, du côté des maisons. La figure 47 ci-après montre les positions respectives des trois ouvrages : au premier plan, la voûte du souterrain maçonnée ; au deuxième plan, le collecteur Rivoli et la galerie voisine. Comme on le voit, à cette époque (24 juillet 1899), le collecteur était débarrassé de ses conduites et la cunette remblayée.

c. *Passage sous le collecteur d'Asnières.* — Le passage du souterrain sous le collecteur d'Asnières constituait une opération délicate de réelle difficulté. Sur ce point, le fond de la fouille se trouvait à 5,82 m. au-dessous de la nappe souterraine rencontrée à la cote 25,70 ; le niveau du rail était à une profondeur de 11,43 m. au-dessous de la chaussée.

La nature du sol (sables reposant sur les marnes) et la disposition de ses éléments étaient les mêmes qu'au passage sous le collecteur Sébastopol (4e lot) ; les mêmes moyens d'action ont donc été employés : abaissement de la nappe par épuisements et construction des ouvrages à sec. Le volume d'eau débité s'est maintenu au chiffre assez restreint de 6 à 19 litres par seconde.

L'écoulement de l'eau dans le collecteur ne pouvait pas être suspendu même momentanément, et cependant il fallait, par prudence, mettre la cunette à sec pour éviter l'inondation du souter-

rain en cas de rupture du collecteur ; on eut recours au procédé
suivant : deux batardeaux furent établis dans ce dernier, en
amont et en aval de la zone dangereuse où des mouvements pouvaient être à redouter. Puis on établit, d'un batardeau à l'autre,
deux fort tuyaux de tôle d'un diamètre suffisant pour assurer le
débit. Cette disposition eut un plein succès et le passage fut

Fig. 47. — 6ᵉ lot. — Sous la rue de Rivoli. (Au premier plan, la voûte du Métropolitain ; au deuxième plan, à gauche, ancien collecteur Rivoli ; à droite, ancienne
galerie d'égout.)

franchi sans incident. Ajoutons que le souterrain fut renforcé dans
les conditions que montre la figure 9 (pl. XII).

d. *Construction des stations.* — Les deux stations du lot furent
établies dans les mêmes conditions que celle de l'Hôtel de Ville ; on
pourra se reporter aux indications déjà données à ce sujet (4ᵉ lot).

Durée des travaux. — Les travaux, commencés le 7 novembre
1898, et terminés le 13 février 1900, soit une durée de quinze mois
et huit jours, ont été exécutés par MM. Lamarre et Sentou, déclarés

adjudicataires moyennant un rabais de 4,20 fr. p. 100 sur les prix du bordereau.

SEPTIÈME LOT

Composition du lot. — Le septième lot s'étend sous l'avenue des Champs-Élysées, entre les avenues Alexandre-III et de l'Alma, sur une longueur de 1176 mètres ; il comprend trois stations : celle des « Champs-Élysées », à tablier métallique, et celles de la « rue Marbeuf » et de l' « avenue de l'Alma », toutes deux voûtées.

Organisation des chantiers. — Une galerie de-service, pour l'évacuation des déblais, avait été d'abord établie sous l'avenue d'Antin. Partant du rond-point des Champs-Élysées, cette galerie, d'une longueur de 436 mètres, aboutissait, sous le Cours-la-Reine, aux berges de la Seine, près du pont des Invalides, après avoir emprunté, à son extrémité, le tunnel spécial établi pour la construction des Grands Palais de l'Exposition universelle.

En outre, pour activer les travaux, quatre puits de service furent ouverts, savoir : un à chacune des trois stations où les déblais furent montés à l'aide de treuils mus à bras d'homme ou par l'électricité ; un quatrième entre les stations de la rue Marbeuf et de l'avenue de l'Alma, où les wagonnets étaient montés directement par un monte-charge électrique et vidés en tombereaux à l'aide d'une estacade disposée *ad hoc*.

Des onze lots de la première fraction, le septième est celui où l'exécution a rencontré le moins de difficultés. En partant de l'origine, à la station des Champs-Élysées, on a rencontré d'abord le même terrain que dans la fin du sixième lot (terres franches et sable argileux) ; puis, à partir du Rond-Point, d'anciens remblais de bonne tenue ; enfin, à l'extrémité, près de l'avenue de l'Alma, les sables de Beauchamp. Les conditions étaient donc, au point de vue du sous-sol, aussi favorables que possible.

Du débouché de la galerie d'évacuation des déblais, au Rond-Point, deux attaques divergentes ont été ouvertes, l'une se dirigeant vers l'origine du lot, par les méthodes ordinaires, l'autre, remontant l'avenue des Champs-Élysées, à l'aide d'un bouclier ;

jusqu'à la station de la rue Marbeuf; le surplus, entre cette dernière station et celle de l'avenue de l'Alma, a été construit sur bois.

a. Construction du souterrain courant sur boisage. — Ce travail a été exécuté dans les conditions déjà décrites pour les lots

Fig. 48. — 7e lot. — Déblaiement du stross du souterrain courant.

précédents ; la même marche a été suivie : construction préalable de la voûte, puis reprise des piédroits en sous-œuvre, enlèvement du stross, enfin établissement du radier. La figure 48 montre, en cours d'exécution, le déblaiement du stross après achèvement de la voûte.

b. Construction du souterrain courant à l'aide du bouclier. — Le bouclier employé était du même type que celui du sixième lot (voir fig. 45 et 46); présentant les mêmes défauts que ce dernier engin, il n'a pas rendu de bien grands services.

Mis en marche le 20 février 1899, au Rond-Point des Champs-Élysées, il n'est arrivé que le 4 juillet dans la station de la rue

Marbeuf où il fut arrêté ; il avait ainsi parcouru 209 mètres en cent soixante-dix-huit jours, soit un avancement journalier de 1,55 m.

Cette lenteur de marche a été due aussi à l'insuffisance de longueur de queue (2 mètres) qui ne permettait pas le travail simultané de plus de deux maçons.

Fig. 49. — Station des Champs-Elysées. Pose du tablier métallique.

c. *Construction des stations.* — Pour la station à tablier métallique des « Champs-Élysées », les piédroits ont d'abord été construits en galeries ; le tablier a été ensuite établi à ciel ouvert après déblaiement de même d'une partie du stross ; la position de la station, en dehors de la circulation, permettait de recourir ici, sans inconvénient, à cette façon de procéder. La photographie reproduite par la figure 49 montre clairement, sous la partie du tablier déjà en place, la trace des galeries ouvertes pour les piédroits et la partie de déblai déjà exécutée.

Les stations voûtées de la rue Marbeuf et de l'avenue de l'Alma ont été construites entièrement en souterrain. Les piédroits cons-

truits en galeries, on ouvrit une galerie de service à la partie supérieure, pour l'établissement de la voûte après abatages et par
anneaux successifs de 2,50 m. de longueur. Nous reviendrons
plus loin (8ᵉ lot, station de la rue d'Obligado), avec figures à
l'appui, sur les différentes phases du travail ainsi exécuté.

Durée des travaux. — Commencés le 8 octobre 1898, à la station des Champs-Élysées, les travaux furent terminés fin décembre
1899, soit une durée de quinze mois environ. Ils ont été exécutés
par MM. Lamarre et Sentou, déjà entrepreneurs du sixième lot,
qui s'étaient rendus adjudicataires moyennant un rabais de
5,20 fr. p. 100 sur les prix du bordereau.

HUITIÈME LOT

Composition du lot. — Le huitième lot s'étend, sur une longueur de 1 770 mètres, depuis la station de l'avenue de l'Alma
jusqu'à l'extrémité de la ligne, à la porte Maillot, en suivant
l'avenue des Champs-Élysées, la place de l'Étoile qu'il contourne
au Nord, et l'avenue de la Grande-Armée.

Ce lot a présenté de réelles difficultés et comportait un travail
considérable en raison des ouvrages spéciaux importants dont il
fallait poursuivre l'exécution en souterrain. Il comprenait, outre
le souterrain courant proprement dit :

1° La station voûtée de la place de l'Étoile, composée en réalité
de deux stations juxtaposées ;

2° La station voûtée de type courant de la « rue d'Obligado » ;

3° La station terminale de la « porte Maillot », formée de deux
stations (arrivée et départ), réunies par une boucle ;

4° L'ouvrage spécial de raccordement des lignes de « Vincennes-
Maillot » et « Étoile-Trocadéro », établi place de l'Étoile, en avant
de la station ;

5° L'ouvrage spécial de raccordement des lignes « Vincennes-
Maillot » et « Étoile-Dauphine », à l'origine de l'avenue de la
Grande-Armée, près de la place de l'Étoile.

Une des stations de la place de l'Étoile, celle située du côté
intérieur de la courbe que forme le tracé sur ce point, fait partie
de l'embranchement « Étoile-Trocadéro » ; elle a été incorporée au

huitième lot en raison de l'impossibilité d'établir séparément les deux stations dont la réunion étroite forme un seul et même ouvrage.

Le plan (fig. 10, pl. XII) montre la composition du huitième lot dans sa partie centrale où sont situés précisément les deux ouvrages spéciaux de raccordement cités plus haut.

Organisation des chantiers. — Quatre points d'attaque ont été ouverts successivement aux emplacements et dans l'ordre chronologique ci-après :

1° Le premier partait d'un puits ouvert à l'entrée de l'avenue de la Grande-Armée. Ce puits était commun aux huitième et onzième lots, exécutés tous deux par le même entrepreneur; il a servi à la construction des stations et ouvrages spéciaux de la place de l'Étoile, et à celle du souterrain vers la porte Maillot jusqu'au raccordement de service avec l'embranchement « Étoile-Dauphine » (fig. 10, pl. XII).

2° Un deuxième fut installé avenue de la Grande-Armée, en face de la rue d'Obligado, pour le service exclusif de la station de ce nom;

3° Le troisième puits fut ouvert avenue de la Grande-Armée entre les rues Saint-Ferdinand et Poisson, à l'origine du dédoublement du souterrain en tête de la station de la porte Maillot. Il a servi d'un côté aux travaux de toute la raquette terminale, effectués au moyen d'une série de galeries souterraines. De l'autre côté, il a été le point de départ d'un bouclier qui a remonté l'avenue de la Grande-Armée jusqu'au raccordement avec l'embranchement Étoile-Dauphine.

4° Enfin, le quatrième était un puits d'attaque placé sur le côté gauche de l'avenue des Champs-Élysées près de l'avenue Galilée; il a servi pour la partie comprise entre l'avenue de l'Alma, origine du lot, et la place de l'Étoile.

Ces quatre chantiers ont été ouverts aux dates suivantes, dans l'ordre qui précède : 7 décembre 1898, 11 décembre 1898, 13 décembre 1898, 20 juin 1899. Les trois premiers ont ainsi été mis en action presque simultanément; le dernier, plus tardif, n'a été ouvert que par crainte de ne pas finir en temps utile.

Sur chacun de ces points étaient installés des monte-charge, du système Bernier et disposés en balance. La photographie (fig. 50) montre la plate-forme inférieure du monte-charge établi avenue de la Grande-Armée, près de la place de l'Étoile. Les wagonnets amenant les déblais en souterrain étaient ainsi montés à la sur-

Fig. 50. — Plate-forme inférieure d'un monte-charge du 8ᵉ lot.

face du sol d'où ils étaient déchargés directement dans les véhicules d'évacuation.

Les déblais ont été transportés en décharge dans d'anciennes carrières situées *extra-muros*, à Nanterre. Ceux provenant du puits de l'avenue des Champs-Élysées, étaient enlevés par des tombereaux. Pour les trois autres, on a eu recours à une disposition spéciale : une voie de service avait été installée par l'entrepreneur sur la contre-allée de l'avenue de la Grande-Armée, depuis la place de l'Étoile jusqu'à la porte Maillot, et desservait, par des embranchements spéciaux, les trois attaques ouvertes sur cette avenue; elle était raccordée, à la porte Maillot, avec les voies de la ligne de tramway de Paris à Saint-Germain, appartenant à la Compagnie des tramways du département de la Seine. Cette compagnie fournissait les locomotives chargées de remorquer les trains de plates-formes de l'entreprise. Toutefois, comme la Compagnie avait besoin de ses machines le dimanche pour doubler son service de voyageurs, les transports de déblais par cette voie étaient suspendus ce jour-là. Le nombre de wagons étant, d'ailleurs, insuffisant en raison de la longueur du parcours, il fallut souvent recourir à l'emploi de tombereaux.

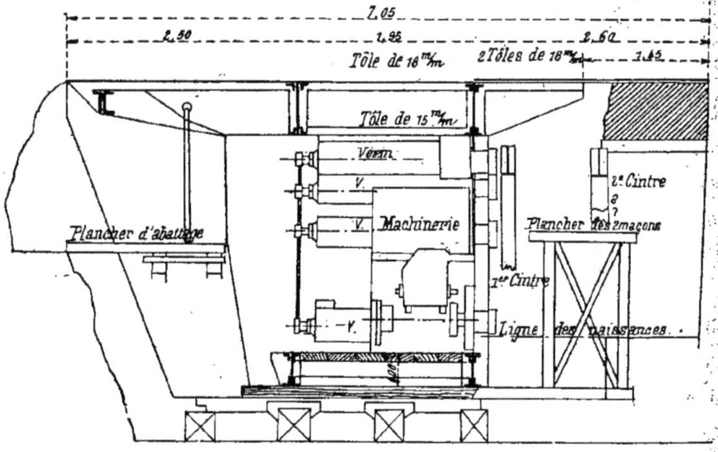

Fig. 51. — Coupe longitudinale du bouclier du 8e lot.

Les matériaux (sable et caillou) étaient amenés sur place par des trains remorqués par des automobiles à moteur de Dion et Bouton.

Dans le huitième lot, on n'a rencontré que le sol vierge, composé des sables de Beauchamp et du calcaire grossier, et parfaitement sec; on n'eut pas besoin de recourir à la mine, le pic et la pioche suffirent. Nulle part on ne trouva d'eau.

a. *Construction du souterrain par le bouclier.* — Un bouclier de modèle identique à ceux du premier lot, précédemment décrits (système Champigneul) a été employé pour la partie du souterrain s'étendant sous l'avenue de la Grande-Armée, depuis la bifurcation en tête de la station terminale, jusqu'au raccordement avec l'embranchement de la porte Dauphine.

Le chantier était disposé comme pour le bouclier du Cours de Vincennes (1er lot) c'est-à-dire qu'une galerie d'avancement, précédant l'engin de 100 mètres environ, recevait directement les déblais jetés du front d'attaque à l'avant-bec, dans la rame des wagonnets. On ne travaillait pas, ici, aux deux étages à la fois sous la visière du bouclier ; les mineurs creusaient des niches devant eux en les prolongeant sur toute la hauteur ; quand l'engin avançait, il faisait lui-même tomber les terres intermédiaires.

Un dispositif spécial mérite également d'être signalé : le plancher des maçons, au lieu d'être suspendu sous la queue du bouclier, était relié invariablement à ce dernier ; supporté par une légère charpente reposant sur deux poutrelles engagées sous les poutres métalliques maîtresses, il se trouvait entraîné à chaque course et on évitait ainsi les pertes de temps et de main-d'œuvre correspondant à la dépose et à la repose d'un plancher volant. La figure 51 ci-dessus montre cette disposition.

La voûte ainsi construite, on reprenait les piédroits en sous-œuvre par parties de 1,50 m. en quinconce, enlevant en même temps la partie de stross correspondante ; enfin, on établissait le radier.

Mis en marche le 18 mars 1899, le bouclier a fait sa dernière course le 3 septembre suivant, après un parcours de 399 mètres, soit une vitesse quotidienne moyenne de 2,40 m. Notons que l'engin a traversé à blanc la station de la rue d'Obligado dont le stross était enlevé lors de son passage ; la traversée de la station (75 mètres de longueur) a été ainsi effectuée en quatorze jours.

b. *Construction du souterrain par les méthodes ordinaires.* — Le surplus du souterrain, en remontant jusqu'à l'avenue de l'Alma, a été construit sur boisages.

Une première galerie d'attaque fut ouverte dans l'axe de l'ouvrage et à peu près au niveau du radier ; puis, quelques mètres en arrière, on perça une deuxième galerie au-dessus de la première et dont le ciel correspondait à l'extrados du souterrain ; ces galeries avaient chacune 2 mètres de hauteur, 2 mètres de largeur au ciel et 2,50 m. à la base. On procéda aux abatages de la galerie supérieure et à la maçonnerie de la voûte. Les déblais étaient évacués par la galerie inférieure tandis que les matériaux étaient amenés à pied-d'œuvre par la galerie supérieure. Les piédroits furent ensuite repris en sous-œuvre par parties de 1,50 m. en quinconce, comme sous l'avenue de la Grande-Armée; enfin le radier fut établi en dernier lieu.

c. Construction de la station de l' « Avenue de l'Alma ». — Cette station voûtée fut exécutée, sans particularités à signaler, par le procédé qui vient d'être décrit pour le souterrain courant.

d. Construction de la station de la « rue d'Obligado ». — Cette station est également voûtée. Le procédé employé pour sa construction diffère de celui de la station de « l'avenue de l'Alma ». Ici, au lieu de commencer par la voûte, on a entrepris d'abord les culées à l'aide de galeries partant du fond du radier futur et montant jusqu'à 0,50 m. au-dessus des naissances de la voûte; ces galeries épousaient exactement la forme des culées et on n'eut ainsi, après déblai, qu'à les bloquer en maçonnerie. Les culées faites, on reprit la marche ci-dessus décrite : galerie centrale inférieure pour l'enlèvement des déblais, galerie centrale supérieure pour l'apport des matériaux, abatages et maçonnerie de la voûte, reprise des piédroits, confection du radier.

La figure 1 (pl. XIII) montre les différentes phases du travail ainsi exécuté à la station de la rue d'Obligado.

e. Construction des stations de la « place de l'Étoile et de la porte Maillot ». — Ces stations ont été construites par le procédé qui vient d'être décrit pour celle de la « rue d'Obligado ». Pour la station de la « place de l'Étoile » qui, comme il a été dit, se compose de deux stations voûtées juxtaposées, la culée centrale commune, comme les deux latérales, a été construite en galerie; ces deux stations diffèrent légèrement en coupe transversale : l'une, située sur la ligne « Vincennes-Maillot », est du type courant, à deux quais latéraux de 4,10 m. de largeur, et une ouverture totale de 14,14 m.; l'autre, desservant l'embranchement « Étoile-Trocadéro », dont elle forme la tête, n'a qu'une largeur en œuvre de 10,85 m. et ne présente qu'un seul quai, les trains ne la traversant que d'un seul sens; la figure 11 (pl. XII) donne la section transversale de l'ouvrage complet et montre, en coupe, les couloirs et fosses ménagés dans la station de l'embranchement du Trocadéro, pour la visite du matériel roulant.

A la porte Maillot, chacune des stations (départ et arrivée) qui forment la raquette terminale, est du type courant voûté, mais ne présente qu'un quai central flanqué d'une voie de chaque côté.

La figure 12 (pl. XII) montre cette disposition pour l'une des stations; elle correspond à la coupe sur FG du plan (fig. 16 pl. XII).

f. *Construction des ouvrages spéciaux de raccordement.* — L'ouvrage spécial en tête de la station de la « place de l'Étoile »

Fig. 52. — Ouvrage de raccordement de la ligne « Vincennes-Maillot », avec l'embranchement Étoile-Trocadéro ». — Vue intérieure.

(voir le plan fig. 10, pl. XII) permet le raccordement de la ligne « Vincennes-Maillot » avec l'embranchement « Étoile-Trocadéro »; il est formé de deux voûtes accolées ayant l'une 12,50 m., l'autre 7,46 m. d'ouverture; cette dernière dimension est celle du souterrain de type courant élargi pour une courbe de moins de 100 mètres de rayon. Dans le sens longitudinal, l'ouvrage se partage en deux moitiés, les positions respectives des voûtes étant interverties de l'une à l'autre moitié; cette interversion détermine une baie de forme ogivale (fig. 13, pl. XII) pouvant donner passage à la voie de raccordement. La photographie que reproduit la figure 52 donne la physionomie générale de l'ouvrage au point d'interversion des voûtes.

Pour la construction de cet ouvrage, on avait construit d'abord les voûtes sur bois, en souterrain, et on se proposait de procéder

Fig. 53. — Ouvrage spécial de bifurcation en tête de la station de la « Porte Maillot ». — Vue intérieure au moment de l'achèvement des maçonneries (octobre 1899).

par reprises en sous-œuvre, tant pour le pilier commun que pour les piédroits extérieurs; un excès de hardiesse en un point de la reprise du pilier amena, le 9 décembre 1899, l'écroulement de la partie adjacente des voûtes, sur 18 mètres de longueur, et, par suite, l'effondrement de la partie du sol correspondante, avec les arbres, candélabres, etc., qu'il portait. Il n'y eût, d'ailleurs, aucun accident sérieux de personne et tout se réduisit aux pertes matérielles entraînées par le déblaiement des matériaux et des terres éboulées. Le pilier et les voûtes furent reconstruits à ciel

ouvert et les traces de l'accident avaient complètement disparu
dès les premiers jours de mars 1900.

Les deux autres ouvrages spéciaux furent établis sans incident.
Le premier (OP du plan, fig. 10, pl. XII) met la ligne principale
en communication avec l'embranchement « Étoile-Dauphine ».
Les figures 14 et 15 (pl. XII) en montrent les dispositions générales en plan et coupe transversale.

Le second est établi en tête de la station de la « porte Maillot »
pour la bifurcation des voies montante et descendante vers les
gares de départ et d'arrivée. Nous en donnons les dispositions
d'ensemble en plan et coupe (fig. 16 à 18, pl. XII); la figure 53 en
donne, en outre, l'aspect intérieur au moment de l'achèvement
des maçonneries (6 octobre 1899).

Durée des travaux. — Commencés dans les premiers jours de
décembre 1898, les travaux ont été terminés en mars 1900; ils ont
été exécutés par MM. Bénière et Coulange, entrepreneurs, qui
s'étaient également rendus adjudicataires des travaux du onzième
lot dont il sera parlé plus loin.

NEUVIÈME LOT

Composition du lot. — Le neuvième lot fait partie de l'embranchement « Étoile-Dauphine »; il s'étend sur une longueur de
1085 m., de l'avenue de Wagram au droit de la rue de l'Étoile,
à la place Victor-Hugo, et ne comprend qu'une station; cet ouvrage,
du type courant voûté, est situé sous l'avenue de Wagram, à
côté et en dessous de la station double desservant la ligne principale et l'embranchement « Étoile-Trocadéro »; les deux stations
sont mises en communication par des couloirs et escaliers évitant,
aux voyageurs changeant de ligne, de remonter à la surface du
sol.

Ainsi qu'il a été expliqué précédemment, l'embranchement
« Étoile-Dauphine » franchit la place de l'Étoile, de l'avenue de
Wagram à l'avenue Victor-Hugo, en passant au-dessous de la
ligne « Vincennes-Maillot » et de l'embranchement « Étoile-Trocadéro ». Le raccordement à une voie établi entre l'embranche-

ment « Étoile-Dauphine » et la ligne principale, de l'avenue Victor Hugo à l'avenue de la Grande-Armée, passe également en dessous du côté Ouest de la boucle terminale de l'embranchement « Étoile-Trocadéro ». Ces différents passages constituaient des points de sujétion assez délicats dont l'exécution a nécessité les précautions les plus minutieuses; nous y reviendrons plus loin.

Enfin, au débouché dans l'embranchement « Étoile-Dauphine » du raccordement avec la ligne « Vincennes-Maillot », a été construit un ouvrage spécial analogue a celui décrit dans le huitième lot pour le débouché du même raccordement dans le souterrain de la ligne « Vincennes-Maillot », sous l'avenue de la Grande-Armée. Les dispositions de ces deux ouvrages étant sensiblement identiques, nous renvoyons à la description du premier et aux dessins qui la complètent.

Organisation des chantiers. — Le chantier principal consistait en un puits d'attaque établi sur le milieu de la place de l'Étoile, à proximité de l'Arc-de-Triomphe; là fut installée une estacade pour le déchargement des wagonnets montés directement du souterrain par un monte-charge électrique auquel l'énergie était fournie par le secteur des Champs-Élysées.

Le chantier était desservi, pour l'enlèvement des déblais, par une voie spéciale provisoire raccordée avec les voies du tramway de Paris à Saint-Germain, dont le terminus *intra-muros* est situé précisément sur la place de l'Étoile.

Les plates-formes de l'entreprise, amenées à l'estacade par la voie spéciale, recevaient les terres des wagonnets et étaient ensuite conduites, hors Paris, aux décharges.

En dehors de l'attaque principale, l'entrepreneur fut autorisé à ouvrir successivement deux petits puits auxiliaires dans l'avenue Victor-Hugo et un troisième avenue de Wagram, près de la place de l'Étoile. En outre, à partir du mois d'octobre 1899, il put, après entente avec l'entrepreneur du dixième lot, se servir, pour l'évacuation de ses déblais, de l'installation faite par ce dernier sur la place Victor-Hugo, installation comprenant un monte-charge et devenue inutile à l'entrepreneur du dixième lot en raison de l'achèvement de ses travaux.

Construction des ouvrages. — Situés à grande profondeur et dans un sol excellent, les ouvrages du neuvième lot furent en totalité exécutés en souterrain par les procédés ordinaires de boisages, sans emploi de boucliers; nous nous bornerons donc à

Fig. 54. — Bifurcation du souterrain courant du 9e lot et du raccordement avec la ligne « Vincennes-Maillot ». Vue prise après construction des voûtes, le 6 octobre 1899.

l'énumération, dans leur ordre chronologique, des différentes phases d'exécution:

1° Terrassement de la voûte et des piédroits sur 0,80 m. au-dessous de la ligne des naissances;

2° Confection des maçonneries correspondantes;

3° Enlèvement du stross central;

4° Construction des piédroits et du radier, par parties en quinconce;

5° Application des enduits. Ajoutons que ces trois dernières phases ne furent entreprises qu'après achèvement à peu près complet des deux premières sur l'étendue entière du lot.

Pour l'exécution des deux premières phases, les terres furent soutenues à la partie supérieure par des plats-bords s'appuyant sur des longrines supportées elles-mêmes par des potelets disposés en éventail suivant un plan normal à la direction de l'ouvrage; les cintres destinés à la confection de maçonneries de la voûte étaient placés dans l'intervalle des éventails distants de 1,50 m. l'un de l'autre.

En raison de la nature du sol, la construction des piédroits n'exigea pas de boisages spéciaux; on se borna à soutenir, par de fortes contre-fiches, la maçonnerie de la voûte pendant l'exécution de chaque partie de piédroits.

L'ouvrage spécial en tête du raccordement avec la ligne « Vincennes-Maillot », a été construit par le même procédé; la figure 54 montre cet ouvrage après construction de la voûte, c'est-à-dire, après les deux premières phases du travail; on voit, à droite, la voûte du souterrain courant à deux voies du neuvième lot; à gauche la voûte du souterrain de raccordement à une voie avec la ligne principale.

Pour le passage du souterrain sous la station double supérieure et sous le souterrain du onzième lot, construits avant l'ouvrage du neuvième lot, les piédroits furent exécutés tout d'abord, au moyen de puits spéciaux, et montés verticalement jusqu'aux maçonneries des ouvrages supérieurs, afin d'éviter tout mouvement ultérieur dans ces dernières.

Le passage du souterrain de raccordement à une voie sous celui de l'embranchement « Étoile-Trocadéro » terminé le premier, exigea de même les plus minutieuses précautions; on procéda en cheminement sous le radier de l'ouvrage supérieur; grâce au soin apporté dans ce travail difficile, sinon dangereux, et aussi à la qualité exceptionnelle du sol rencontré, on arriva au bout sans le moindre accident.

Durée des travaux. — Commencés en février 1899, les travaux ont été terminés en mars 1900; ils ont donc exigé quatorze mois environ. M. Bonnet, entrepreneur, s'était rendu adjudicataire du lot moyennant un rabais de 0,60 fr. p. 100 sur les prix du bordereau.

DIXIÈME LOT

Composition du lot. — Le dixième lot termine l'embranchement
« Étoile-Dauphine ». Il s'étend, sous l'avenue Bugeaud, de la
place Victor-Hugo à la porte Dauphine et comprend : la station
de la « place Victor-Hugo », du type voûté courant, une longueur
de 508 mètres de souterrain à deux voies et la boucle terminale
de la porte Dauphine, comprenant deux stations voûtées (arrivée
et départ) réunies par un souterrain de service à une voie.

Un ouvrage spécial, en forme d'entonnoir, est établi pour la
bifurcation des voies montante et descendante, en tête de la boucle
terminale.

Organisation des chantiers. — Deux attaques furent ouvertes
pour l'exécution des travaux du dixième lot, l'une à la porte Dauphine, l'autre à la place Victor-Hugo.

Le chantier de la porte Dauphine, de beaucoup le plus important, était installé sur la partie de la pelouse de gauche de
l'avenue du Bois-de-Boulogne, comprise entre l'avenue Bugeaud
et la rue Spontini. Il comportait un monte-charge à deux bennes,
une estacade s'étendant sur la presque totalité de la longueur du
chantier, un atelier de forge et de menuiserie, divers baraque-
ments de service, une locomobile et une dynamo pour la production de l'électricité, etc.

Le chantier de la place Victor-Hugo était exclusivement destiné
à l'établissement de la station ; il consistait en une estacade et un
monte-charge semblable à celui de la porte Dauphine et mû également par l'électricité.

Les galeries étaient éclairées par des lampes à incandescence
alimentées par la dynamo de la porte Dauphine ; la traction ani-
male y fut seule employée pour le roulage des déblais ; ces derniers, déposés provisoirement la nuit sur les estacades, étaient
repris le jour, versés directement dans les tomberaux et conduits
aux décharges ; ce dernier moyen de transport était évidemment
le seul que comportassent les deux chantiers.

Construction des ouvrages. — Le souterrain courant, sous

l'avenue Bugeaud, a été exécuté par les procédés ordinaires, avec emploi de boisages, sans particularités à signaler ici. Disons seulement que, ainsi qu'il a déjà été expliqué pour des lots précédents, la voûte fut construite en premier lieu; on procéda ensuite à l'enlèvement du stross et à la construction des piédroits des deux côtés à la fois, par parties de 6 mètres de longueur, disposées en quinconce.

Pour les stations, on a ouvert une série de galeries longitudinales disposées en gradins, en partant des culées comprises, et se rejoignant au sommet de la voûte; les maçonneries se faisaient successivement dans chacune des galeries et la voûte se trouvait ainsi constituée par la juxtaposition de quelques énormes tranches longitudinales. On procédait ensuite, à l'abri de la voûte construite, à l'enlèvement du stross et à l'établissement du radier.

Sur la figure 2 (pl. XIII) sont représentées, avec légendes explicatives à l'appui, les différentes phases du travail exécuté comme il vient d'être dit, pour la station de la place Victor-Hugo.

En raison de ses dimensions exceptionnelles (18,20 m. de portée en œuvre), la voûte de l'ouvrage spécial en tête de la boucle terminale, a été construite sur cintre en terre, après ouverture de la chaussée en trois bandes successives, pour ne pas entraver la circulation. Les culées ont ensuite été reprises en sous-œuvre, comme les piédroits du souterrain, mais par parties en quinconce de 4 mètres seulement de longueur, au lieu de 6 mètres.

La planche XIII donne quelques dessins des ouvrages principaux du dixième lot, savoir :

Fig. 3. — Plan général de la boucle terminale, montrant l'ouvrage spécial de bifurcation et les couloirs et fosses établis dans les stations pour la visite du matériel roulant;

Fig. 4 et 5. — Coupes transversales des stations d'arrivée et de départ de la « porte Dauphine ». On remarquera que la première n'a qu'un seul quai, placé à droite de la voie, le côté gauche de cette dernière étant occupé par un terre-plein réservé au service. La seconde a, au contraire, un quai central bordé d'une voie de chaque côté;

Fig. 6. — Coupe transversale prise sur la partie la plus large de l'ouvrage spécial et montrant la voûte de 18,20 m. de portée intérieure.

Durée des travaux. — Les travaux ont été exécutés par M. Radenac, entrepreneur; commencés au milieu de novembre 1898, ils ont été livrés, après achèvement, le 7 octobre 1899. Les divers ouvrages ont été construits dans les délais ci-après :

1° Souterrain courant, sur 508 mètres de longueur : du 12 février au 25 septembre 1899 ;

2° Station de la place Victor-Hugo : du 11 décembre 1898 au 7 octobre 1899 ;

3° Station de la porte Dauphine : du 17 novembre 1898 au 7 octobre 1899 ;

4° Ouvrage spécial de bifurcation : du 28 janvier au 22 septembre 1899 ;

5° Souterrain à une voie de la boucle Dauphine : du 14 février au 1er octobre 1899.

La durée totale des travaux a donc été de onze mois environ.

ONZIÈME LOT

Composition du lot. — Le onzième lot, qui représentait un travail considérable, constituait à lui seul l'embranchement du Trocadéro avec la boucle de tête qui fait le tour de la place de l'Étoile et ses trois stations, toutes voûtées, de l' « Avenue Kléber », de la « Rue Boissière » et de la « Place du Trocadéro ».

La longueur totale prévue des ouvrages du lot était de 1 902 mètres ainsi répartis :

Boucle de la place de l'Étoile	604 m.
Raccordement à voie unique en tête de la boucle.	64 —
Souterrain et stations sous l'avenue Kléber, y compris la station de la place du Trocadéro. .	1097 —
Souterrain, entre la station du Trocadéro et la fin du lot, à l'entrée de la rue Franklin . . .	137 —
Total.	1902 m.

Toutes les stations sont du type courant voûté ; les deux branches de la boucle de tête sont munies de couloirs et fosses pour la visite du matériel roulant. Nous avons vu précédemment que la station de la « place de l'Étoile » desservant l'embranchement du « Trocadéro » et juxtaposée à celle de la ligne « Vincennes-Maillot », a été incorporée au huitième lot. La figure 7 (pl. XIII) donne le plan de la partie du onzième lot comprise dans l'étendue de la place de l'Étoile ; on y remarquera le raccordement de service entre les deux branches de la boucle, au droit de l'avenue Kléber et l'ouvrage spécial en forme de télescope, établi à l'entrée de la même avenue, en tête de la boucle, pour la bifurcation des voies montante et descendante.

Le sol rencontré dans le onzième lot était excellent, sauf près du Trocadéro où l'on a trouvé des parties minées par d'anciennes carrières dont la présence occasionna, le 6 septembre 1899, un fontis, d'ailleurs peu important, aux environs de la rue de Longchamp. Des puits de consolidation, préalablement exécutés sur le parcours du chemin de fer, en assurent la stabilité pour l'avenir.

Organisation des chantiers. — Une partie du service des travaux s'est faite par le chantier installé à l'origine de l'avenue de la Grande-Armée dont il a été parlé au sujet du huitième lot ; ce chantier était commun aux huitième et onzième lots échus au même entrepreneur.

Un bouclier devait être mis en marche à partir de l'ouvrage spécial, à l'origine de l'avenue Kléber, et se diriger vers le Trocadéro. Cet engin, identique à ceux des premier et huitième lots, était de bonne construction ; mais, son montage et sa direction laissèrent tellement à désirer, qu'au bout d'un très court trajet l'entrepreneur se vit dans l'impossibilité de l'utiliser. Le souterrain dut, par suite, être construit par les procédés ordinaires. A cet effet, deux puits d'attaque furent pratiqués, l'un dans l'avenue Kléber, au carrefour de la rue Hamelin, l'autre au fond de la place du Trocadéro ; ils ont fonctionné concurremment avec celui de l'avenue de la Grande-Armée.

Enfin, indépendamment de deux petits puits ouverts à chaque extrémité de la station de l' « avenue Kléber », pour l'exécution rapide de cet ouvrage, un autre fut pratiqué à l'angle de la place de l'Étoile et de l'avenue Kléber, pour faciliter les mouvements de matériaux entre la boucle de l'Étoile et la station Kléber.

Les déblais ont été enlevés en partie au tombereau ; le surplus, comme ceux de la partie Ouest du huitième lot, ont été conduits en décharge à Nanterre en empruntant les voies du tramway de Paris à Saint-Germain.

L'éclairage des chantiers, dans le souterrain, a été assuré par lampes à incandescence alimentées par le secteur des Champs-Élysées.

a. *Construction du souterrain courant.* — Le procédé employé a déjà été décrit (voir 8° lot) et il suffira d'énumérer brièvement les différentes phases du travail :

1° Percement de deux galeries longitudinales axiales, l'une, inférieure, au niveau du radier (enlèvement des déblais), l'autre, supérieure, suivant l'extrados de la voûte (apport des matériaux) ;

2° Abatages de la galerie supérieure jusqu'aux naissances de la voûte et pose des cintres d'extrados ;

3° Pose du cintre d'intrados prenant appui sur les terres du stross ;

4° Maçonnerie de la voûte ;

5° Enlèvement du stross, sauf dans la partie correspondant aux piédroits et sur une épaisseur un peu supérieure à celle de ces derniers ; pendant cette phase du travail la voûte, alors terminée, repose ainsi sur des banquettes latérales en terre ; nous avons vu qu'un excès de hardiesse apporté par l'entrepreneur dans l'exécution du travail par ce même procédé a entraîné un écroulement partiel de la voûte de l'ouvrage spécial en tête de la station de la « place de l'Etoile » (voir 8° lot) ; aussi ce procédé ne doit-il être employé qu'avec beaucoup de prudence et si la nature du terrain s'y prête ;

6° Reprise des piédroits par parties en quinconce de 1,50 m. de longueur ;

7° Déblai et maçonnerie du radier.

b. *Construction des stations.* — Dans les trois stations, les culées ont été préalablement établies en galerie, au moyen de puits spéciaux. Pour celles de l' « avenue Kléber » et de la « place du Trocadéro », la voûte fut construite par anneaux en souterrain à la station de la « rue Boissière », en raison de la profondeur très réduite de l'ouvrage, la voûte fut maçonnée par moitiés longitudinales successives, sur cintre en terre, après ouverture de la chaussée.

c. *Construction de l'ouvrage spécial.* — Cet ouvrage, auquel sa forme particulière à redans (fig. 8, pl. XIII) a fait donner le nom expressif de « télescope », a été construit entièrement en souterrain ; ce travail peut être considéré comme assez hardi si l'on

Fig. 55. — Vue intérieure du « télescope » de l'avenue Kléber, après déblaiement du radier.

songe que la voûte présente une ouverture maxima de 16,40 m (fig. 9, pl. XIII), que l'ouvrage est implanté à une profondeur relativement faible, enfin que l'avenue Kléber est parcourue par diverses lignes de tramways passant précisément au-dessus et dans l'axe de l'ouvrage et dont la circulation n'a été interrompue à aucun moment.

La voûte a été construite sur boisages suivant les procédés indiqués pour le huitième lot ; les culées furent ensuite reprises en sous-œuvre comme les piédroits du souterrain ; le service du chantier se faisait par la demi-boucle Ouest de la place de l'Etoile et l'installation de l'avenue de la Grande-Armée.

Nous donnons (fig. 55) une photographie de l'ouvrage après déblaiement du radier ; les personnages des premier et deuxième plans font ressortir d'une façon saisissante les dimensiens de la voûte.

Durée des travaux. — Les travaux du onzième lot ont duré du mois de novembre 1898 au mois d'avril 1900, soit dix-sept mois ; ce temps n'a rien d'excessif eu égard à l'importance du travail dont la masse était réellement considérable. Les entrepreneurs étaient MM. Bénière et Coulange, déclarés adjudicataires moyennant un rabais de 1,20 fr. p. 100 sur les prix du bordereau.

CONCLUSION

Les détails qui précèdent suffiront, croyons-nous, à donner une idée assez exacte des sujétions et des difficultés auxquelles s'est heurtée la construction du Chemin de fer Métropolitain de Paris ; ils font voir aussi à l'aide de quelles méthodes, appropriées dans chaque cas aux exigences locales, on a pu arriver à triompher de ces difficultés et mener à bien, en un délai extrêmement restreint, ce travail exceptionnellement important.

On conçoit aisément que la circulation ait eu à souffrir quelque peu, sur certains points, de l'exécution des travaux ; c'était là, d'ailleurs, une des préoccupations constantes des ingénieurs qui se sont efforcés à réduire cette gêne au minimum possible. C'est ainsi qu'au point de vue des transports, l'encombrement a été réduit fortement, grâce au choix judicieux des points d'attaque et aussi à la proximité de la Seine.

Il faut ajouter que, de son côté, la population parisienne a fait preuve de beaucoup de patience et de bonne volonté en faveur de son futur « Métro ». Elle en est bien récompensée aujourd'hui par les services que lui rend chaque jour le nouveau chemin de fer.

VII. — MONTANT DES DÉPENSES

La dépense totale d'établissement de la première fraction métropolitaine s'élève à 37 307 592,62 fr.

Savoir :

Chemin de fer proprement dit. Infrastructure.

1ᵉʳ lot	3 632 460,18
2ᵉ —	3 482 834,06
3ᵉ —	2 365 521,44
4ᵉ —	2 730 945,22
5ᵉ —	2 384 960,22
6ᵉ —	2 543 904,22
7ᵉ —	1 871 334,38
8ᵉ —	2 797 681,59
9ᵉ —	1 750 251,84
10ᵉ —	1 568 732,21
11ᵉ —	3 125 243,64

Ensemble	28 253 869,00
Surveillance et travaux imprévus	3 112 723,62
Total.	31 366 592,62

Travaux préparatoires.

Construction des galeries d'évacuation des déblais.	400 000,00
Déviations d'égouts	3 833 000,00
— de conduites d'eau	808 000,00

Ensemble	5 041 000,00
Personnel de direction et surveillance. . .	900 000 00
Dépense totale.	37 307 592,62

Soit par kilomètre (14,007 91 km. [1]) = 2 663 323 fr.

[1] Longueur dite de butoir à butoir.

CHAPITRE III

I. — EXPOSÉ

On sait que, aux termes de la convention de concession annexée à la loi du 30 mars 1898, qui a déclaré d'utilité publique le Chemin de fer Métropolitain, l'ensemble des lignes projetées est réparti en trois réseaux, dont le premier est composé comme suit :

Ligne n° 1, de la porte de Vincennes à la porte Dauphine et à la porte Maillot ; ligne n° 2, circulaire par les anciens boulevards extérieurs ; ligne n° 3, du boulevard de Courcelles à Ménilmontant.

D'après la convention précitée, la Ville de Paris est tenue de livrer le premier réseau ci-dessus au concessionnaire dans un délai de huit ans à dater du 30 mars 1898, c'est-à-dire le 30 mars 1906 au plus tard.

L'ordre dans lequel doivent être exécutées les lignes de chaque réseau est déterminé par la même Convention et ne peut être modifié que d'accord entre la Ville et le concessionnaire. C'est ainsi qu'a été exécutée tout d'abord la ligne n° 1, à laquelle a été ajouté, d'accord commun, le tronçon de la ligne n° 2 compris entre la place de l'Étoile et le Trocadéro. Le tour de la ligne circulaire était donc arrivé ; mais l'étude de la partie Nord de cette ligne (rive droite) ne présentant pas de difficultés exceptionnelles et pouvant aboutir plus rapidement que la partie Sud, fit l'objet d'un projet spécial aujourd'hui réalisé.

C'est à cette partie de la circulaire qu'est consacrée l'étude qui suit.

TRACÉ EN PLAN

La ligne dite circulaire Nord, forme le prolongement du tronçon « Porte Dauphine-Étoile », livré à l'exploitation en 1900 et qui, partant de la Porte Dauphine et arrivant par l'avenue Victor-Hugo à la place de l'Étoile, traverse celle-ci obliquement à grande profondeur en passant sous la ligne de la porte de Vincennes à la porte Maillot pour s'engager avenue de Wagram ; elle s'étend ainsi de la porte Dauphine à la place de la Nation, formant un vaste arc de cercle de 12.413,93 mètres de développement, dont la ligne n° 1 forme la corde.

La partie qui vient d'être terminée a son origine sous l'avenue de Wagram, au droit de la rue de l'Étoile ; elle suit la ligne des anciens boulevards extérieurs : avenue de Wagram, boulevards de Courcelles, des Batignolles, de Clichy, de Rochechouart, de la Chapelle, de la Villette, de Belleville, de Ménilmontant et de Charonne. Elle quitte le boulevard de Charonne à l'avenue de Taillebourg, s'engage sous celle-ci pour aboutir à la place de la Nation et finit, en se développant autour de cette place, puis par l'avenue du Trône et le boulevard de Charonne, en une boucle fermée au sommet de laquelle elle prend contact, dans une station commune, avec la ligne existante (porte de Vincennes-porte Maillot).

Cette partie de la circulaire traverse ou touche vingt-trois quartiers : les Ternes, le Roule, la Plaine-Monceau, l'Europe, les Batignolles, Saint-Georges, les Grandes-Carrières, Clignancourt, Rochechouart, Saint-Vincent-de-Paul, la Goutte-d'Or, la Chapelle, la Villette, l'hôpital Saint-Louis, le Combat, la Folie-Méricourt, Belleville, Saint-Ambroise, le Père-Lachaise, la Roquette, Sainte-Marguerite, Charonne et Picpus, représentant une population totale de 1.078.534 habitants.

Un raccordement de service établi entre les avenues de Taillebourg et du Trône, au Nord-Est de la place, réunit les deux branches de la boucle ; un autre, au Sud-Ouest, relie la ligne nouvelle à la ligne construite.

La boucle et les raccordements de service renferment quelques courbes de rayon inférieur à 75 mètres, chiffre minimum fixé par

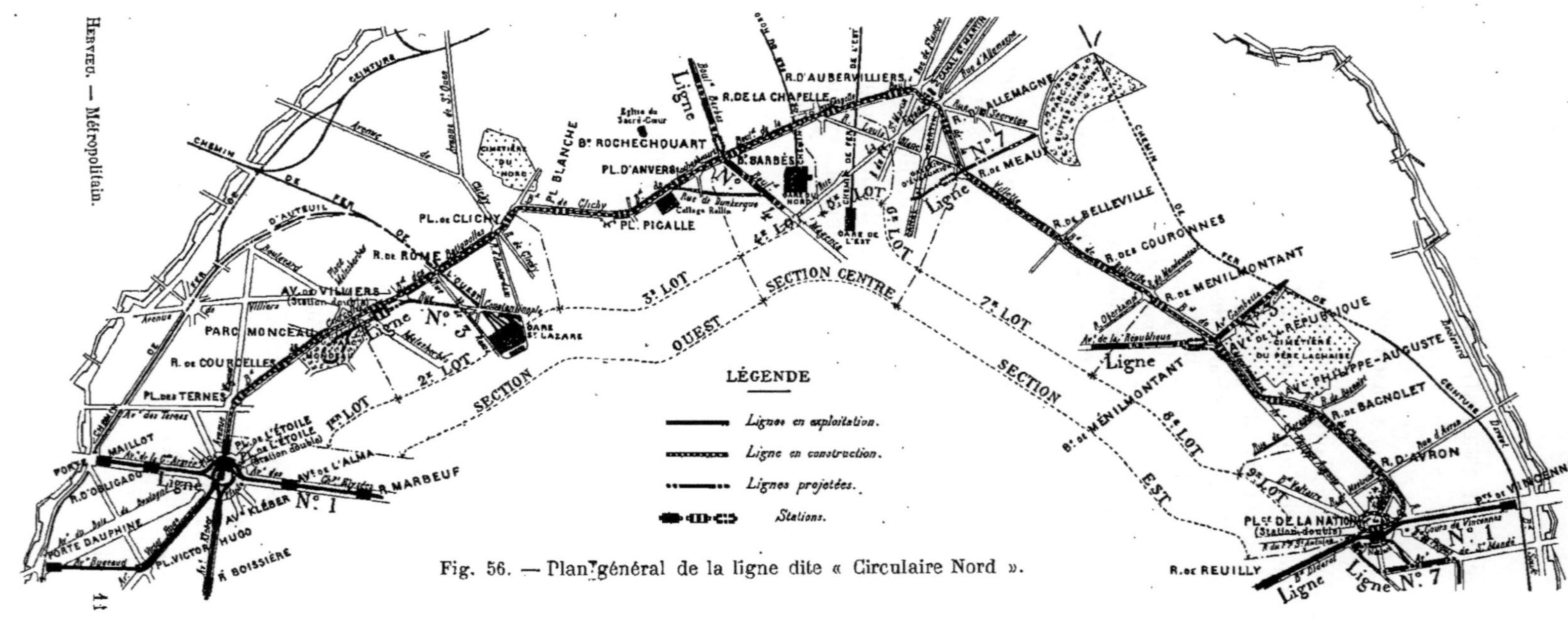

Fig. 56. — Plan général de la ligne dite « Circulaire Nord ».

le cahier des charges. Les conditions où s'y fait la circulation des trains enlèvent tout inconvénient à ces augmentations de la courbure normale et rien ne s'opposait à ce que, pour ces points exceptionnels, on recourût à la faculté stipulée, en vue de ce cas, par ledit cahier des charges.

Outre ses deux contacts précités avec la ligne existante, à la place de l'Étoile et à la place de la Nation, la circulaire Nord se trouvera, sur deux points, en relations avec la future ligne n° 3;

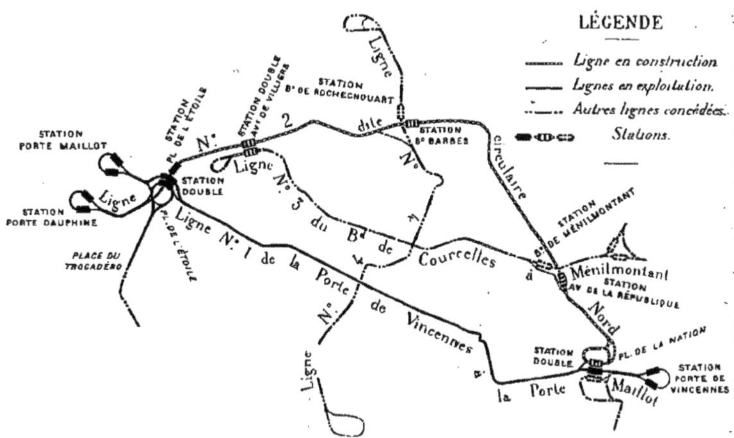

Fig. 57. — Schéma d'exploitation de la ligne dite « Circulaire Nord ».

cette dernière aura, en effet, son origine boulevard de Courcelles, près du débouché du boulevard Malesherbes; sur ce point est dès maintenant établie une station double, dite « Avenue de Villiers », du type de celle de la place de l'Étoile, qui permettra l'échange facile des voyageurs. Les deux lignes se couperont encore au carrefour du boulevard de Ménilmontant et de l'avenue de la République, la circulaire passant sous la ligne 3. Un raccordement de service reliera les deux lignes.

Enfin, la circulaire Nord et la ligne n° 4 se croiseront, après construction de cette dernière, à la rencontre des boulevards de la Chapelle et Rochechouart; mais ici, les deux lignes seront à des niveaux différents, la première se trouvant en viaduc comme nous le verrons plus loin, la deuxième suivant en souterrain les boulevards de Magenta et Barbès.

La figure 56 ci-dessus donne le plan général de la ligne ; nous donnons également un tracé schématique (fig. 57) mettant en évidence les relations de la circulaire Nord avec les lignes actuelles ou futures ; ce schéma montre en outre que l'exploitation se fera en navette, la manœuvre des trains aux extrémités étant assurée par les boucles terminales de la porte Dauphine et de la place de la Nation.

II. — Profil en long

Les dispositions du profil en long résultent, pour la circulaire Nord, non pas tant des conditions topographiques du sol que des circonstances locales.

On sait que le souterrain est préférable au viaduc au point de vue de la dépense, beaucoup moins élevée pour le premier que pour le second, et la facilité d'entretien des ouvrages ; de plus, il laisse libre la surface des voies empruntées par le tracé ; on conçoit que dans ces conditions il ait été admis, pour le réseau métropolitain, comme type normal dont il n'y a lieu de s'écarter qu'en cas de réelle nécessité.

Pour la circulaire Nord, le relief du sol se prêtait bien par lui-même à l'établissement d'une ligne entièrement souterrraine ; mais la rencontre des chemins de fer du Nord et de l'Est et du canal Saint-Martin ont rendu absolument nécessaire l'emploi du viaduc sur une certaine longueur. Le passage sous ces ouvrages aurait entraîné la construction de la ligne à grande profondeur, avec un profil très accidenté présentant la déclivité maxima de 40 millimètres par mètre sur une grande longueur. D'autre part, l'accès aux stations serait devenu beaucoup plus difficile, en raison même de la profondeur de la ligne ; c'est ainsi que la station « rue d'Allemagne » se serait trouvée située à près de 19 mètres au-dessous de la surface du sol. Ajoutons qu'au point de vue de l'exécution des travaux, le passage sous les lignes du Nord et de l'Est aurait présenté de très grosses difficultés ; enfin, le passage sous le canal, à grande profondeur et en partie dans la nappe souterraine, aurait constitué une entreprise téméraire grosse de périls. L'hésitation n'était donc pas permise.

D'ailleurs, si le viaduc coûte cher, il offre du moins aux voyageurs l'agrément du transport à l'air libre; d'un autre côté, la

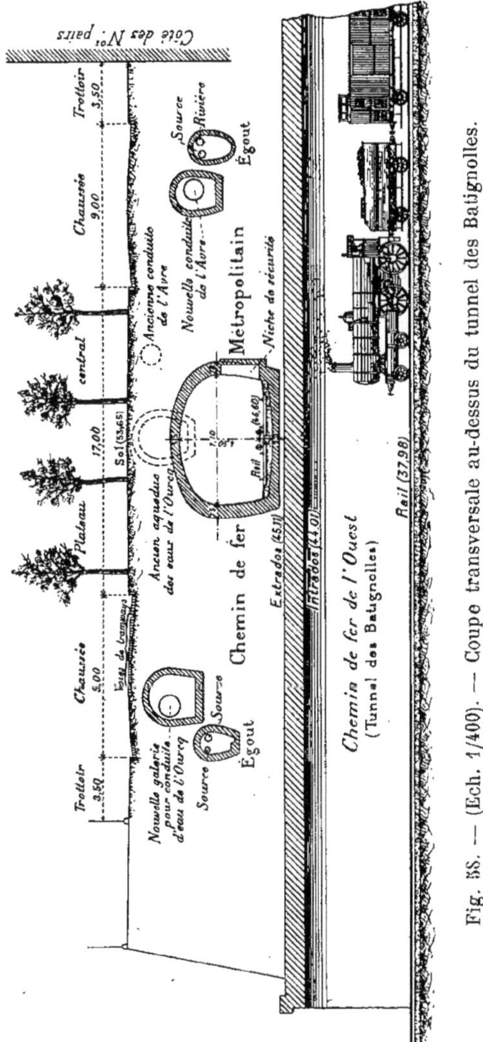

Fig. 58. — (Éch. 1/400). — Coupe transversale au-dessus du tunnel des Batignolles.

largeur des boulevards extérieurs empruntés par la circulaire permettait l'établissement de l'ouvrage sans que la circulation publique dût en souffrir.

La longueur du viaduc a, néanmoins, été réduite au strict nécessaire; elle est seulement de 2.071,76 mètres et ne s'étend que du boulevard Rochechouart, au droit de la rue Belhomme, au boulevard de la Villette, entre les rues Secrétan et de Meaux, soit moins du cinquième de la longueur totale de la ligne.

Le surplus de la ligne est en souterrain et présente un profil peu accidenté évitant les quelques vallonnements du sol (pl. XIV). Les déclivités sont faibles et, en dehors des deux points obligés de passage du souterrain au viaduc, n'atteignent 0,029 que sur moins de 200 mètres à partir de l'origine de la ligne à la rue de l'Etoile.

Les stations sont naturellement établies uniformément en palier; et on remarquera que lorsque l'une d'elles doit être suivie d'une rampe, son palier est prolongé de ce côté d'une soixantaine de mètres afin de faciliter le démarrage et la mise en marche rapide des trains.

Au boulevard des Batignolles, la ligne franchit le chemin de fer de l'Ouest (tunnel des Batignolles); mais ici, la profondeur de ce dernier a permis de faire passer la galerie métropolitaine en souterrain entre lui et la surface du sol. La figure 58 ci-dessus donne une coupe de ce passage, prise suivant l'axe longitudinal du tunnel de l'Ouest.

III. — TYPES COURANTS DES OUVRAGES

1° *Souterrain courant.* — Les types d'ouvrages adoptés pour le tunnel proprement dit sont les mêmes que ceux déjà employés sur la ligne en exploitation; ils ont été décrits précédemment et il est superflu d'y revenir.

Disons toutefois que la hauteur du souterrain à voie unique a été augmentée de 0,10 m; elle est ainsi de 5,745 m. au lieu de 5,645 m., mesurée hors-œuvre sur l'axe vertical. L'épaisseur des maçonneries reste d'ailleurs la même : 0,50 m. pour la voûte (plein cintre de 2,15 m. de rayon), 0,60 m. pour les piédroits.

2° *Tranchées couvertes.* — Sur les points où, par suite des circonstances locales, la hauteur entre le niveau obligé du rail et celui du sol fait défaut et ne permet pas l'emploi du souterrain voûté, on a recours à un plancher métallique supporté par deux piédroits ; c'est l'ouvrage désigné sous le nom de tranchée couverte.

Ce type se rencontre nécessairement aux passages du souterrain au viaduc et s'étend entre le point où la tranchée ouverte devient assez profonde pour être couverte d'un plancher métallique et celui où la profondeur du rail par rapport au sol permet l'emploi du souterrain voûté ; le premier correspond à 4,80 m.; le second à 6,15 m.

Sur la ligne circulaire Nord, la tranchée couverte est encore employée sur 202 mètres de longueur, boulevard de Belleville, entre la rue de ce nom et la rue des Couronnes, au passage d'une dépression sensible du sol ; on a ainsi pu éviter une brisure du profil qui, depuis la rue de Meaux jusqu'à l'extrémité Est, à la place de la Nation, est d'une régularité remarquable et ne présente que des déclivités extrêmement douces.

Les dispositions des tranchées couvertes varient selon que l'ouvrage se trouve sous chaussée ou sous contre-allée.

Dans le premier cas (fig. 1. pl. XV), la couverture se compose de poutres principales posées perpendiculairement à l'axe longitudinal, d'une portée de 7,20 m. et espacées de 3 mètres d'axe en axe. Elles sont composées d'une âme de 700×12, munie haut et bas de deux cornières de $120 \times 120 \times 12$ et d'un nombre variable de semelles de 300×9 (fig. 2 et 3, pl. XV) ; leur longueur totale, de bout en bout, est de 7,528 m. Elles reposent, par l'intermédiaire de sabots en fonte avec plaques de plomb interposées, sur des appuis formés de sommiers en pierre de Souppes de 1,20 m. de longueur, 0,60 m. de largeur et 0,30 m. de hauteur (fig. 4 et 5, pl. XV).

Les poutres principales sont reliées deux à deux par des entretoises espacées de 1,18 m. d'axe en axe, assemblées à la partie supérieure des poutres (fig. 2 et 3, pl. XV) et composées d'une âme de 500×10, de quatre cornières de $80 \times 80 \times 9$ placées deux à deux haut et bas, et de semelles de 200×8.

Des voûtins en briques de Bourgogne, de 0,22 m. d'épaisseur et de 0,25 m. de flèche, reposent sur les ailes horizontales des cornières inférieures des entretoises ; ils sont recouverts d'une couche de béton, avec chape en ciment de Portland de 0,02 m. d'épaisseur, enveloppant toute l'ossature métallique.

Le tout est supporté par deux piédroits en maçonnerie, à parement intérieur vertical, d'une épaisseur minima de 1,50 m. à la partie inférieure et de 1 m. à la partie supérieure, et descendant à 1,20 m. au-dessous du niveau des rails.

Le radier, horizontal à la partie inférieure, présente à sa surface intérieure, revêtue d'une chape en ciment, une courbe concave de 20,57 m. de rayon dont le sommet se trouve sur l'axe vertical de l'ouvrage; son épaisseur minima, sur cet axe, est de 0,50 m.

La largeur en œuvre de la tranchée est de 6,70 m. ; la hauteur minima entre le rail et le dessous des poutres (têtes des rivets) est de 3,555 m. ce qui place le rail à 4,80 m. au-dessous de la surface du sol.

Le revêtement de la chaussée est formé d'un pavage en bois reposant sur couche de béton séparée, par une chape en bitume ou en ciment, du béton recouvrant directement le tablier.

La tranchée sous contre-allée diffère seulement de la précédente par quelques dispositions de détails étudiées en vue de l'unique surcharge de 400 kilogrammes par mètre carré à laquelle elle est exposée.

C'est ainsi que les poutres principales dont l'épaisseur d'âme est réduite à 10 millimètres, sont distantes de 5 mètres. Les entretoises, toujours espacées de 1,18 m. sont composées d'une âme de 400×8 et de quatre cornières de $80 \times 80 \times 9$; elles sont réunies par des voûtelettes en briques de 0,11 m. seulement d'épaisseur.

Les figures 6 et 7, 8 et 9 (pl. XV) montrent respectivement les détails d'une attache d'entretoise et un about de poutre principale avec son appui.

Comme pour la tranchée couverte sous chaussée, la largeur totale en œuvre est de 6,70 m. ; mais la hauteur libre minima entre le rail et le dessous des poutres est portée de 3,555 m. à 3,805 m.

Sur le béton recouvrant le tablier est établi le revêtement ordinaire des trottoirs (bitume de 0,015 m. sur fondation en béton).

La nature des métaux employés sera indiquée plus loin pour tous les ouvrages métalliques.

3° *Tranchées ouvertes.* — Ce type d'ouvrage n'est employé qu'aux passages du souterrain au viaduc ; il s'étend alors entre l'origine de la tranchée couverte et le point où, le rail affleurant le sol, commence l'ouvrage maçonné en élévation précédant le viaduc proprement dit.

La figure 10 (pl. XV) en montre suffisamment les dispositions, d'ailleurs extrêmement simples, et dispense d'explications super-flues. Il va de soi que la hauteur des murs latéraux de soutène-ment décroît graduellement depuis la tranchée couverte, où elle atteint son maximum, jusqu'à l'ouvrage en élévation où elle devient nulle, la grille de clôture servant alors seule de protection.

4° *Viaduc courant.* — Dans ses grandes lignes, le viaduc se compose d'une suite de travées de portée variable, composées de deux poutres de rive supportant le tablier à leur partie inférieure.

L'ouvrage devait concilier deux conditions en apparence oppo-sées : faible hauteur et large dégagement. Sur le premier point, il fallait en effet assurer le libre passage des voitures les plus élevées, notamment des échelles des sapeurs-pompiers ; d'un autre côté, on devait réduire au minimum possible l'ascension indispensable pour accéder aux stations. On s'est arrêté définitivement aux dis-positions suivantes : la hauteur minima au-dessus des voies char-retières a été fixée à 6,36 m. du dessous du rail, soit 5,20 m. du dessous des poutres ; c'est 0,50 m. de plus que la hauteur maxima des voitures de tramways à impériales couvertes (type de la ligne Saint-Augustin-Cours de Vincennes). Quant aux échelles de sapeurs-pompiers, elles ne dépassent pas 4 m. au-dessus du sol, à leur point culminant.

L'étude du dégagement à rechercher a conduit à l'adoption de supports formés de colonnes en fonte partout où ce système a paru compatible avec la stabilité des ouvrages. Sur les points où il a fallu, pour cette dernière raison, adopter des piliers en maçon-nerie, leurs dimensions en plan ont été réduites autant que pos-sible de façon que la circulation des piétons n'en éprouve aucune gêne et puisse être maintenue sans interruption sous le viaduc.

Après nouvelles études, on a reconnu la possibilité de réduire encore, pour les lignes ultérieures en viaduc, la section horizontale des piliers en pierre ; ce nouveau type est appliqué, notamment, sur la partie aérienne de la ligne circulaire de la rive gauche.

L'implantation du viaduc est faite de manière à respecter rigoureusement toutes les voies de communication existantes. A ce point de vue, l'ouverture des travées est commandée en certains points par les conditions locales ; là où cette sujétion n'existe pas, c'était une ouverture voisine de 22 mètres qui satisfaisait le plus complètement aux données combinées de la construction. C'est ainsi que sur les 57 travées que comporte le viaduc, il y en a 27 présentant 22,50 m. de portée, 12 de 27,06 m. et 6 de 19,50 m. Des portées supérieures ont dû être adoptées aux traversées du boulevard Barbès (36,56 m.), et des rues de la Chapelle et d'Aubervilliers (44,73 m.), ainsi qu'entre le chemin de fer du Nord et la rue de la Chapelle (40,755 m.). Le tracé sinueux dans la partie qui longe la Rotonde de la Villette a exigé une travée droite de 23,88 m. et deux travées obliques ayant respectivement 21,034 m. et 17,325 m. du côté droit, 26,40 m. et 21,034 m. du côté gauche.

Enfin, le passage sur le chemin de fer de l'Est a nécessité une travée de 75,25 m. d'ouverture ; celui au-dessus du chemin de fer du Nord a exigé deux travées de même portée, l'une franchissant la tranchée actuelle du chemin de fer, l'autre établie en prévision de l'élargissement projeté de cette tranchée.

Dans toute l'étendue du viaduc, les poutres de rives sont à treillis en N ; leur semelle inférieure est rectiligne et leur semelle supérieure en courbe parabolique ; ce dernier profil est à la fois plus gracieux et un peu plus économique. En raison de la mauvaise nature du sol de fondation dans la région, toutes les travées sont indépendantes.

Les poutres sont simples ou composées de deux poutres jumelées, suivant la portée ; leurs dimensions générales varient naturellement aussi avec cette dernière. Ne pouvant entrer ici dans l'examen détaillé de chacune d'elles, nous nous bornerons à faire connaître ci-après les données essentielles des trois grandes travées de 75,25 m., de beaucoup les plus importantes.

La voie sur le viaduc est ballastée comme dans le souterrain ; c'est le meilleur moyen d'éviter le bruit et les trépidations. Le type normal de l'ouvrage a été établi dans cet ordre d'idées. Cependant, pour les travées de 75,25 m., on a dû faire une exception et poser les voies sur traverses sans ballast ; l'emploi de ce dernier sur de si grands ouvrages aurait conduit à une trop forte augmentation de poids et à une exagération inacceptable de dépense. Nous reviendrons, d'ailleurs, plus loin sur les dispositions des voies roulante et électrique.

Les dispositions du tablier varient suivant que la voie est posée avec ou sans ballast.

Dans le premier cas, le tablier est constitué par des entretoises transversales venant s'assembler sur les poutres de rive au droit des montants verticaux de ces poutres et qui sont réunies les unes aux autres par des voûtelettes en briques hourdées au ciment de Portland ou de laitier, surmontées d'un remplissage en béton au mortier de ciment de Portland ou de laitier. Sur chacune des têtes de ces voûtelettes s'appuie une petite murette, en maçonnerie de briques, parallèle à l'axe du chemin de fer. Le remplissage en béton et la paroi intérieure des murettes longitudinales sont recouverts par une chape en mortier de ciment de Portland de 0,02 m. d'épaisseur, et c'est dans la cunette étanche ainsi formée que sera déposé le ballast ; l'écoulement des eaux pluviales sera assuré par des descentes ménagées à l'intérieur des piles d'appui. Enfin, à chaque poutre de rive est accolé un petit trottoir de 0,70 m. de largeur constitué par une tôle striée qui s'appuie d'un côté sur la murette longitudinale voisine, de l'autre sur une cornière rivée à la poutre.

Les grandes travées avec voie sans ballast seront, comme il a été dit, étudiées ci-après avec quelque détail.

Les viaducs reposent, par l'intermédiaire d'appareils à rotule, l'un fixe, l'autre mobile, soit sur des colonnes métalliques, soit sur des piles en maçonnerie.

Les colonnes, en fonte ornée, d'une épaisseur moyenne de 0,07 m., ont un diamètre de 0,66 m. à la partie supérieure avec fruit de 1/60 ; leurs embases, de 1,80 m. de diamètre, sont fichées sur des dés en pierre de taille de Souppes en forme d'octogone inscrit dans un carré de 2, 40 m. de côté et 0,80 m. d'épaisseur et dont la face supérieure est placée à 0,75 m. environ au-dessous de la surface du sol.

Les piliers, en pierre d'Euville, sont formés d'assises de 0.40 m. de hauteur, formant bossages ; ils reposent sur un soubassement en pierre de Souppes et sont couronnés par un chapiteau mouluré en pierre de Corgoloin ; les parements latéraux présentent un fruit de 0,025 m.

Nous donnons les dessins de deux appareils d'appui sur une pile (fig. 11, pl. XV) et d'une tête de colonne, vue de face (fig. 12) et vue de côté (fig. 13).

5° *Viaducs de* 75,25 m. — Chaque travée est formée de deux poutres maîtresses de rive, réunies entre elles, à la partie inférieure par le tablier, et à la partie supérieure par le contreventement.

La figure 59 donne le diagramme d'une poutre de rive.

Les poutres ont 75,25 m. de portée entre axes des appareils d'appui et 76,27 m. de longueur totale ; elles sont espacées de 7,98 m. entre axes, laissant entre elles une largeur libre de 6,74 m. pour les voies et les zones latérales de protection.

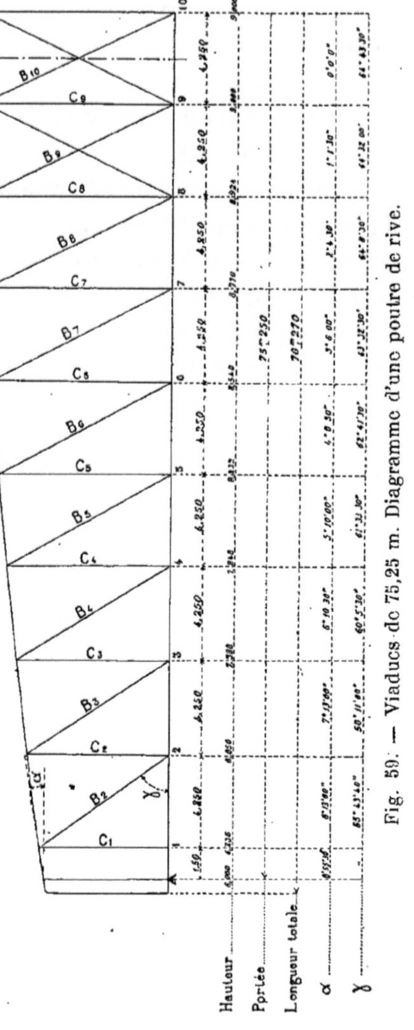

Fig. 59. — Viaducs de 75,25 m. Diagramme d'une poutre de rive.

La membrure inférieure est rectiligne ; la membrure supérieure affecte une courbe parabolique à axe vertical ; elles sont réunies par des montants verticaux espacés de 4,250 m. et reliés par des barres diagonales à raison d'une barre par panneau, à l'exception des trois panneaux centraux présentant chacun deux diagonales se coupant en croix.

La hauteur de la poutre hors cornières varie de 6 mètres au point d'appui, à 9 mètres sur l'axe transversal.

Les figures 1 à 6 (pl. XVI) donnent, en élévation, plan et coupes, les dispositions générales d'une poutre.

Chaque membrure est formée de deux poutres jumelles distantes de 0,480 m. d'axe en axe (fig. 7, pl. XVI) et composées chacune d'une âme de 950 $\times$ 12 et deux cornières de 120 $\times$ 120 $\times$ 12; elles sont munies, sur l'axe de la poutre, de cinq semelles de 450$\times$10 ayant respectivement 76,25 m., 64,45 m., 55,95 m., 47,45 m. et 38,95 m. de longueur. La figure 8 (pl. XVI) montre, en plan, les dispositions de détails de l'une des parties pleines sur appui.

Les montants verticaux sont de quatre types selon leur position sur la poutre; la figure 9 (pl. XVI) en donne les différentes sections; chacun d'eux est composé de deux poutrelles formées de deux plats et de quatre cornières; entre les deux cornières extérieures est rivé un troisième plat de 200 $\times$ 9. Les deux poutrelles de chaque montant sont réunies par des barres de treillis de 80 $\times$ 9 rivées entre elles à leur point de croisement et dont les extrémités sont rivées entre les ailes libres des cornières intérieures (fig. 11, pl. XVI).

Les diagonales, comme les montants, varient de section (fig. 10, pl. XVI), chacune d'elles est une poutre composée en 1 munie d'une seule semelle de chaque côté.

Les entretoises, distantes de 4,25 m. ont 7,50 m. de portée; elles viennent s'assembler, à chaque extrémité, avec les poutres maîtresses au droit des montants; la figure 11 (pl. XVI) montre le détail de l'assemblage ainsi que la position du garde-corps placé nécessairement à l'intérieur des poutres de rive.

L'entretoise est une poutre composée en I, formée d'une âme en tôle de 700 $\times$ 9, quatre cornières de 100 $\times$ 100 $\times$ 10 et, à chaque extrémité, de deux semelles dont l'une de 250 $\times$ 10 et l'autre de 250 $\times$ 9 (fig. 12, pl. XVI).

Les longerons, espacés de 1,50 m. ont 4,25 m. de portée; ils se composent d'une âme en tôle de 250 $\times$ 10 et de quatre cornières de 80 $\times$ 80 $\times$ 10 (fig. 13, pl. XVI).

Le contreventement inférieur des poutres de rive est constitué par les membrures inférieures de ces dernières, les entretoises, les longerons et le platelage en tôle striée qui, s'appuyant sur les entretoises et les longerons, recouvre l'ensemble du tablier (fig. 5, pl. XVI).

Le contreventement supérieur est constitué par les membrures supérieures des poutres et un treillis en croix de Saint-André (fig. 4, pl. XVI) compris entre des entretoises (fig. 14, pl. XVI) jouant le rôle de montants et placées au droit des montants verticaux des poutres de rive; nous donnons (fig. 15, pl. XVI) le détail de l'assemblage d'une entretoise de contreventement avec une poutre.

Comme le viaduc courant décrit précédemment, les travées de 75,25 m. reposent sur les piles par l'intermédiaire d'appareils fixes et mobiles (fig. 1 et 3, pl. XVI); les figures 16 à 19 (pl. XVI) donnent le détail d'un appareil d'appui mobile.

Toutes les parties métalliques sont en acier doux laminé avec rivets en acier, à l'exception des balanciers, rotules et rouleaux de dilatation qui sont en acier moulé; les colonnes d'appui sont en fonte.

IV. — Stations

Les stations de la ligne circulaire du Nord sont au nombre de 22, savoir : place des Ternes, rue de Courcelles, Parc-Monceau, avenue de Villiers, rue de Rome, place de Clichy, place Blanche, place Pigalle, place d'Anvers, boulevard Barbès, rue de la Chapelle, rue d'Aubervilliers, rue d'Allemagne, rue de Meaux[1], rue de Belleville, rue des Couronnes, rue de Ménilmontant, avenue de la République[1], avenue de Philippe-Auguste, rue de Bagnolet, rue d'Avron, place de la Nation.

Deux d'entre elles seulement sont couvertes d'un tablier métallique : celles de la rue de Rome et de la place de la Nation; toutes les autres stations souterraines sont voûtées.

La station de l'avenue de Villiers comporte quatre voies, séparées

[1] Les stations rue de Meaux et avenue de la République ont été depuis lors dénommées « Le Combat » et « Père-Lachaise ».

deux à deux par un quai central de 8,20 m. de largeur, elle a reçu cette disposition spéciale en vue de faciliter les échanges entre la ligne en construction et la future ligne du boulevard de Courcelles à Ménilmontant. La station de la place de la Nation est simplement accolée à celle existante de la ligne de la Porte de Vincennes à la porte Maillot ; les échanges s'y feront de quai à quai, comme cela a lieu à la place de l'Étoile, entre la ligne « Vincennes-Maillot » et l'embranchement « Étoile-Trocadéro ».

Le tableau n° 9 donne la liste des stations, tant pour la partie en exploitation « Étoile-Dauphine » que pour la partie en construction, avec l'indication des distances qui les séparent. Il ressort de ces chiffres que l'espacement moyen des stations est de 487 mètres pour la fraction nouvelle et de 511 mètres si l'on considère l'ensemble de la ligne circulaire nord de la porte Dauphine à la place de la Nation. Rappelons que l'intervalle moyen entre les stations de la ligne « Vincennes-Maillot » est de 625 mètres environ.

1° Stations voûtées. — Les stations voûtées sont du même type que celles de la ligne « Porte de Vincennes-Porte Maillot » décrites précédemment. Toutefois, la montée de la voûte a été augmentée de 0,20 m., de telle sorte que la hauteur totale en œuvre, sur l'axe, est portée de 5,70 m. à 5,90 m. La largeur demeure fixée à 14,14 m. en œuvre au niveau des naissances.

2° Station à plancher métallique. — La station à plancher métallique de la rue de Rome est située sous la contre-allée centrale du boulevard des Batignolles. Le plancher soumis seulement aux surcharges dues à la circulation des piétons, diffère légèrement de celui des stations sous chaussées de type normal.

Ainsi, les poutres maîtresses ne sont pas jumelées, mais simples ; elles se composent d'une âme en tôle de 1 200 × 14, et de quatre cornières de 120 × 120 × 15 ; le nombre des semelles, de 450 × 10, est de 5 sur l'axe, haut et bas (fig. 1, pl. XVII). Elles sont espacées de 5,32 m. et reliées par des entretoises distantes de 1,93 m. et de 0,60 m. de hauteur. Les voûtelettes en briques reliant les entretoises ont 0,45 m. de flèche et 0,11 m. d'épaisseur. Les

TABLEAU N° 9.

STATIONS	NATURE de la ligne.	DISTANCES entre stations.	OBSERVATIONS
I. Tronçon en exploitation depuis 1900. *(Porte Dauphine-Etoile.)*			
		mètres.	
De l'origine à la porte Dauphine		92,00	
Porte Dauphine		613,90	Station voûtée.
Place Victor-Hugo	Souterrain	960,90	—
Place de l'Etoile			—
De la place de l'Etoile à la fin		162,10	
		1 828,90	
II. Ligne nouvelle. *(Etoile-Place de la Nation.)*			
		mètres.	
De l'origine à la Place des Ternes		295,04	
Place des Ternes		415,56	Station voûtée.
Rue de Courcelles		322,14	—
Parc Monceau		471,60	—
Avenue de Villiers	Souterrain	548,96	—
Rue de Rome		506,17	Station à plancher métallique.
Place de Clichy		422,94	Station voûtée.
Place Blanche		401,16	—
Place Pigalle		460,02	—
Place d'Anvers		430,20	—
Boulevard Barbès		724,67	Station en viaduc.
Rue de la Chapelle	Viaduc	396,87	—
Rue d'Aubervilliers		514,87	—
Rue d'Allemagne		518,18	—
Rue de Meaux		603,34	Station voûtée.
Rue de Belleville		456,79	—
Rue des Couronnes		466,13	—
Rue de Ménilmontant		538,12	—
Avenue de la République		550,15	—
Aven. Philippe-Auguste	Souterrain	377,73	—
Rue de Bagnolet		491,00	—
Rue d'Avron		607,73	—
Place de la Nation			Station à plancher métallique.
De la place de la Nation à la fin		66,41	
		10 585,78	

Espacement moyen des stations :

1° Pour la ligne nouvelle $\dfrac{10\,224,33 \text{ m.}}{21} = 486,87$ soit 487 m.

2° Pour la ligne entière $\dfrac{12\,256,27 \text{ m.}}{24} = 510,67$ soit 511 m.

figures 2 et 3 (pl. XVII) donnent, en plan et en coupe, le détail de cette station dont les autres éléments sont identiques au type sous chaussée.

3° Stations en viaduc. — La station en viaduc comporte quatre files de poutres parallèles à l'axe du chemin de fer. Chaque file de poutres a une longueur de 75 mètres divisée en cinq travées indépendantes. Les poutres centrales supportent à la fois le tablier des voies et les quais latéraux qui ont une largeur de 4,10 m. Les poutres extérieures forment le second appui des quais.

Les poutres intérieures sont à âme pleine, elles sont espacées de 5,65 m. d'axe en axe. Le tablier est composé, comme celui des viaducs à voie ballastée, d'entretoises métalliques reliées les unes aux autres par des voûtelettes en briques hourdées au ciment de Portland ou de laitier, surmontées d'un remplissage en béton au mortier de ciment de Portland ou de laitier. Une chape générale en mortier de ciment de Portland de 0,02 m. d'épaisseur est établie à la surface de ce remplissage. Cette chape est retournée verticalement le long de l'âme des poutres et, en avant de cette partie verticale de la chape, on a construit une petite murette de protection en maçonnerie de briques.

Les poutres extérieures sont constituées par une poutre inférieure à treillis en N à semelle supérieure rectiligne et à semelle inférieure parabolique, surmontée elle-même d'une petite poutre à treillis à semelles rectilignes, montants verticaux et croix de Saint-André.

Les quais sont supportés par des voûtelettes en briques hourdées au ciment de Portland ou de laitier qui s'appuyent sur des entretoises transversales reliant les poutres à âme pleine de la file intérieure avec les poutres à treillis de la file extérieure. Ces voûtelettes soutiennent un massif de béton au mortier de ciment de Portland ou de laitier sur lequel est établie une couche de bitume de 0,015 m. d'épaisseur.

Les deux files de poutres intérieures sont réunies à leur partie inférieure par un contreventement horizontal. Chaque poutre de la file extérieure est réunie à la poutre correspondante de la file intérieure voisine par des contreventements horizontaux et verticaux.

Les poutres des deux files intérieures reposent, par l'intermédiaire d'appareils à rouleaux, sur des colonnes métalliques fondées sur des massifs de maçonnerie. Les poutres des deux files extérieures reposent, par l'intermédiaire d'appareils semblables, sur des piliers de maçonnerie.

Les figures 4 à 20 (pl. XVII), représentant les détails de ce type de stations, complètent suffisamment les indications qui précèdent.

4° Couverture des stations en viaduc. — Il importait de mettre à l'abri des intempéries les voyageurs séjournant, pour attendre le train, sur les quais des stations en viaduc; ou a vu que ces dernières sont au nombre de quatre sur la ligne circulaire Nord ; « Boulevard Barbès », « Rue de la Chapelle », rue d'Aubervilliers » et « rue d'Allemagne ».

On s'est attaché à combiner les toitures des quais de façon à éviter de prendre appui sur ces derniers près des bordures afin de ne pas créer d'obstacle à la libre circulation du public.

Les figures 21 à 23 (pl. XVII) montrent l'ensemble des dispositions adoptées.

La partie inclinée de la toiture, formant marquise, est supportée par des fermettes qui viennent s'encastrer sur les entretoises des quais, près de la poutre de rive extérieure. L'encastrement est obtenu au moyen d'un gousset en acier coulé qui, à la hauteur du revêtement en bitume du quai, fait saillie d'environ 0,20 m. Sur la fermette (fig. 23, pl. XVII), cette saillie disparaît d'ailleurs complètement à 0,50 m. au-dessus du quai, de sorte que l'obstacle qui en résulte pour la circulation est inappréciable ; il ne saurait, en tout état de cause, être comparé à celui qui serait produit par une file de colonnes supportant la partie supérieure de la marquise, et établies près des bordures du quai.

Les parties verticales, ou montants des fermettes, sont reliées par une cloison continue percée de larges baies vitrées (fig. 21, pl. XVII). Cette cloison se redresse d'équerre à l'extrémité de chaque quai et, du côté de l'accès, une baie y est ménagée pour le passage des voyageurs.

L'ensemble de la construction est divisé, sur la longueur de la station, en cinq travées correspondant aux travées de l'infrastructure ; dans chaque travée, outre les deux fermettes extrêmes, il y a trois fermettes intermédiaires, de telle façon qu'à une travée correspondent quatre baies vitrées, soit vingt pour l'un des côtés de la station ; la dilatation du métal est assurée par un dispositif spécial placé entre les deux fermettes d'extrémité de deux travées contiguës.

L'extrémité de la marquise qui surplombe la voie ferrée est bordée par un lambrequin vitré disposé verticalement et qui est destiné à garantir les voyageurs de la pluie au moment de la montée ou de la descente dans les voitures.

Du côté de la voie publique, à l'extérieur de la station, les fermettes des marquises forment pilastre. La cloison verticale qui les réunit est surmontée d'une corniche masquant le chéneau (fig. 23, pl. XVII) ; les baies vitrées reposent sur un soubassement en brique revêtu de terre grésée du côté extérieur.

La hauteur de la cloison verticale, mesurée de la partie supérieure de l'infrastructure à la partie supérieure de la corniche, est de 4,25 m. En projection horizontale, la marquise s'étend jusqu'à 4,729 m. de l'aplomb de la poutre de rive extérieure du quai, recouvrant ainsi la voie sur 0,629 m. La hauteur du lambrequin vitré est de 1,20 m. et son arête inférieure est placée à 3,987 m. du rail ; il reste donc, entre cette arête et le gabarit du matériel roulant, un espace libre de 0,587 m. (la hauteur maxima du matériel roulant au-dessus du rail est de 3,40 m.).

Toute la construction est en tôle et fers profilés : la seule partie constituant décoration à proprement parler consiste dans le soubassement céramique des cloisons vitrées.

5° Revêtements des stations souterraines. — Les revêtements intérieurs des stations souterraines de la ligne circulaire Nord, sont identiques à ceux employés pour la première fraction et au sujet desquels nous donnerons également ici quelques indications.

Pour plus de simplicité et de clarté, il sera traité en même temps de l'ensemble des revêtements des deux lignes.

Ces revêtements sont de quatre espèces :

1° Briques émaillées ; produit de la maison Muller, à Ivry-sur-Seine (Seine) ;

2° Carreaux unis en grès-cérame voisin de la porcelaine ; produit de la maison Jacob, à Pouilly-sur-Saône (Côte-d'Or) ;

3° Carreaux biseautés en grès-cérame ; produit de la maison Boulenger, à Choisy-le-Roi (Seine) ;

4° Carreaux unis en opaline ; produit de Saint-Gobain, fourni par la maison Picard, à Paris ; Faïencerie de Gien (Loiret).

La brique émaillée n'a été employée que pour les stations comprises dans le premier lot, exécuté en régie par la Ville, de la ligne de la porte de Vincennes à la porte Maillot ; son prix est assez élevé (34 fr. par mètre superficiel) et sa mise en œuvre assez délicate ; par contre, elle est d'un très bel aspect qu'on peut faire varier dans une certaine mesure d'après la coloration donnée aux joints ; pour ces derniers, le bleu ciel convient particulièrement bien ; les produits nᵒˢ 2, 3 et 4 ont été employés sur les autres lots exécutés à l'entreprise.

Pour la ligne circulaire Nord (partie souterraine), les revêtements n° 3 ont seuls été employés ; le prix du mètre superficiel de parement de l'un et l'autre type, a été de 15 francs, compris fourniture et pose des carreaux, dégradage des joints, lavage, rejointoiement, tirage des joints au fer et, en général, toutes fournitures et main-d'œuvre ; une plus-value de 5 francs par mètre superficiel venait s'ajouter pour les parties en voûte, pour sujétions de toute nature, compris cintres spéciaux en cas de besoin, etc. Ces prix étaient, d'ailleurs, frappés du rabais d'adjudication consenti par l'entrepreneur de chaque lot.

Tous ces revêtements sont d'un joli aspect ; toutefois, nos préférences personnelles iraient aux carreaux nᵒˢ 3 et 4 du tableau dont le biseau, en brisant les rayons lumineux refléchis, donne à l'ensemble du parement une apparence d'étoffe moirée extrêmement agréable.

Il faut ajouter que les produits ci-dessus, soumis à des essais préalables d'immersion et d'absorption puis, après mise en œuvre, à des expériences de résistance à l'arrachement, ont donné tous de bons résultats.

Le tableau n° 10 indique leur répartition entre les diverses stations des lignes nᵒˢ 1 et 2.

Enfin, la pierre de verre Garchey, produit aujourd'hui bien

TABLEAU Nº 10.

Nº 1	Nº 2	Nº 3	Nº 4	Nº 5
		CARREAUX DE GRÈS CÉRAME		
BRIQUES ÉMAILLÉES	unis 0,200 × 0,125	biseautés (Maison Boulenger). 0,074 × 0,147	biseautés (Gien) 0,074 × 0,147	CARREAUX UNIS en opaline.
		LIGNES EN EXPLOITATION DEPUIS 1900.		
Porte de Vincennes.	Louvre.	Rue de Reuilly.	»	Saint-Paul.
Place de la Nation.	Palais-Royal.	Gare de Lyon.	»	Hôtel-de-Ville.
»	Place Victor-Hugo.	Châtelet.	»	Tuileries.
»	Porte-Dauphine.	Place de l'Etoile.	»	Place de la Concorde.
»	»	Rue d'Obligado.	»	Champs-Elysées.
»	»	Porte Maillot.	»	Avenue de l'Alma.
»	»	Avenue Kléber.	»	Rue Marbeuf.
»	»	Rue Boissière.	»	»
»	»	Place du Trocadéro.	»	»
		LIGNE CIRCULAIRE NORD (de la Place de l'Etoile à la place de la Nation).		
»	»	Place Blanche.	Place des Ternes.	»
»	»	Place Pigalle.	Rue de Courcelles.	»
»	»	Place d'Anvers.	Parc Monceau.	»
»	»	Rue de Ménilmontant.	Avenue de Villiers.	»
»	»	Avenue de la République*.	Rue de Rome.	»
»	»	Avenue Philippe-Auguste.	Place de Clichy.	»
»	»	Rue de Bagnolet.	Rue de Meaux¹.	»
»	»	Rue d'Avron.	Rue de Belleville.	»
»	»	Place de la Nation.	Rue des Couronnes.	»

¹ Aujourd'hui dénommée « Le Combat ».   * Aujourd'hui dénommée « Père-Lachaise ».

connu, a été employée pour les revêtements des accès aux stations de la première ligne; on l'a adoptée également, pour former les plinthes des stations et de leurs accès, sur la ligne circulaire Nord.

6° **Accès aux stations.** — Les dispositions générales des accès aux stations souterraines sont analogues à celles employées pour la première ligne en exploitation : un escalier prenant son point de départ sur la voie publique mène à une salle où sont installés les guichets de change et de distribution des billets; cette salle communique avec un couloir ou palier des extrémités duquel partent deux escaliers conduisant chacun à l'un des quais de la station. La pénétration des escaliers dans la station proprement dite, se fait à l'une des extrémités des quais.

Dans les stations en viaduc, la salle de distribution des billets, l'escalier qui y donne accès et le couloir sont logés sous la travée qui précède la station; les escaliers qui débouchent sur les quais sont placés de part et d'autre de cette travée. La largeur de l'escalier partant de la voie publique est variable eu égard à la nature et à la position des appuis de la travée sous laquelle il est placé; cette largeur est de 5 mètres aux stations boulevard Barbès, rue de la Chapelle et rue d'Aubervilliers, et de 4 mètres seulement à la station rue d'Allemagne. Les salles de distribution des billets ont uniformément 6 mètres de longueur dans le sens de l'axe de la ligne et 9,50 m. dans le sens transversal; les couloirs ont 2,85 m. de largeur et les escaliers d'accès aux quais 2,75 m. Les marches des escaliers ont 0,16 m. de hauteur et 0,32 m. de largeur. La figure 24 (pl. XVII) donne le plan d'ensemble de l'accès à la station rue de la Chapelle.

On a adopté des dispositions spéciales pour les accès aux stations de l'avenue de Villiers et de l'avenue de la République, qui sont des stations d'échange avec la ligne n° 3 du boulevard de Courcelles à Ménilmontant.

7° **Station « Avenue de Villiers ».** — La station de l'avenue de Villiers est double, du type de la station supérieure de la place de l'Étoile; la station Nord dessert la ligne n° 2, la station Sud dessert la ligne n° 3.

L'escalier d'accès a 4 mètres de largeur ; il conduit à la salle de distribution des billets qui est placée sous la chaussée du boulevard de Courcelles au-dessus du souterrain de la ligne n° 2 et qui s'étend jusqu'au piédroit intérieur du souterrain de la ligne n° 3. Cette salle mesure 14 mètres de longueur suivant l'axe du tracé, sur 18,89 m. de largeur dans le sens transversal. Son plancher n'entame pas la voûte du souterrain ; elle est recouverte par un tablier métallique.

La hauteur libre sous les poutres principales de la couverture métallique est de 2,90 m. L'escalier d'accès débouche sur le flanc Nord de la salle à peu près dans le tiers médian ; sur le flanc Ouest prennent naissance trois escaliers de 2,75 m. de largeur qui conduisent aux deux quais de la ligne n° 2 et au quai Nord de la ligne n° 3 ; sur le flanc Sud s'ouvre un couloir de 3 mètres de largeur qui passe au-dessus du souterrain de la ligne n° 3 et de l'extrémité duquel part un quatrième escalier de 2,75 m. de largeur conduisant au quai Sud de cette dernière ligne. Le couloir est constitué par une galerie voûtée entièrement en maçonnerie.

8° Station du « Père-Lachaise » (anciennement « Avenue de la République »). — La station du Père-Lachaise est unique, elle est établie à grande profondeur. Elle doit être mise en relation, plus tard, avec la station voisine de la ligne n° 3 prévue sous l'avenue de la République.

L'escalier d'accès a 3,50 m. de largeur ; il conduit à la salle de distribution des billets placée au-dessus du souterrain courant et qui mesure 14 mètres suivant l'axe de la ligne, sur 8 mètres dans le sens transversal. Cette salle se trouvant établie presque entièrement sous la chaussée du boulevard de Ménilmontant est recouverte par un plancher métallique. La hauteur libre sous les poutres principales de ce plancher est de 2,20 m.

Sur le flanc Ouest de la salle s'ouvre un escalier de quelques marches, de 5 mètres de largeur qui mène à un couloir transversal de 3,50 m. de largeur. Ce couloir est constitué par une galerie voûtée, entièrement en maçonnerie. En face de l'escalier dont il vient d'être question s'ouvre l'amorce de la galerie qui mettra ultérieurement en communication les stations des lignes n°s 2 et 3.

De chacune des extrémités du couloir descend un escalier orienté parallèlement à l'axe du tracé et qui aboutit à un second couloir transversal placé immédiatement au-dessus du souterrain. Ce second couloir a 3 mètres de largeur; son plancher qui entame la voûte du souterrain est en béton armé, le reste de la construction est en maçonnerie. C'est de ce couloir que partent les deux escaliers de 2,75 m. de largeur aboutissant aux quais de la station.

Ces quais se trouvant à plus de 13 mètres de profondeur au-dessous du sol, on a prévu que la station pourrait être desservie par un ascenseur. Cet ascenseur serait établi dans un puits en maçonnerie carré, de 4 mètres de côté, placé sur le flanc sud de la salle de distribution des billets; il permettrait de descendre jusqu'au second couloir dont il vient d'être question ci-dessus. Du même côté de la salle de distribution, et à la suite du puits, on a prévu l'établissement d'une petite salle voûtée de 6,70 m. de longueur, 4 mètres de largeur et 2,60 m. de hauteur sous clé, dans laquelle serait installée la machinerie de l'ascenseur.

V. — Voies

1° **Voie de roulement.** — Le rail de roulement est du même type que celui qui est en service sur la première ligne en exploitation; c'est un rail Vignole, en acier dur, du poids de 52 kilogrammes au mètre courant et dont les dimensions principales sont : hauteur 0,150 m, largeur du champignon 0,065 m., largeur du patin 0,150 m., épaisseur de l'âme 0,016 m. (fig. 1, pl. XVIII). La longueur du rail long est de 18 mètres et le rapport $\frac{I}{V}$ du moment d'inertie à la distance maxima du centre de gravité au bord supérieur est de 273 644.

La grande longueur des rails présente l'avantage de diminuer le nombre des joints et procure, par suite, une amélioration des conditions de roulement en même temps qu'une économie. Toutefois, pour les courbes de rayon égal ou inférieur à 150 mètres, la longueur du rail est ramenée à 9 mètres afin de faciliter le cintrage et la pose.

Le rail de 18 mètres est porté par 20 traverses; la distance normale entre deux traverses consécutives courantes est de

0,92 m; près de chaque joint, il y a deux intervalles de 0,91 m. et un de 0,54 (fig. 2 et 3, pl. XVIII).

Le rail de 9 mètres est porté par 12 traverses espacées de 0,79 m. du côté extérieur de la courbe; au droit des joints, cet intervalle réduit à 0,54 m. est contigu à deux de 0,80 m. (fig. 4, pl. XVIII).

Les joints sont en porte-à-faux, ce qui donne plus d'élasticité à la voie et facilite la pose; la rigidité de la voie est d'ailleurs assurée par l'emploi d'éclisses cornières de 0,80 m. de longueur, dont l'aile horizontale a 0,105 m. l'aile verticale 0,096 m. et l'épaisseur moyenne 0,020 m. Elles sont fixées au rail par six boulons de 0,025 m. et à chacune des traverses contre-joints par quatre tire-fonds.

Les traverses ont 0,20 m. de largeur sur 0,14 m. de hauteur; leur longueur est de 2,20 m. pour les traverses ordinaires et de 2,50 m. pour celles supportant le rail prise de courant; elles sont en hêtre créosoté pour les parties de voies en plein air et en chêne plein cœur pour les parties en souterrain.

Dans les portions de voies munies de fosses de visite, les rails sont posés sur longrines en chêne plein cœur de 0,30 m. de largeur sur 0,14 m. de hauteur.

En voie courante, les rails reposent sur les traverses par l'intermédiaire de semelles en peuplier créosoté de 0,005 m. d'épaisseur.

Le ballast est en pierre cassée; il a une épaisseur minima de 0,20 m. sous traverses et, à sa partie supérieure, vient au niveau de ces dernières.

2° **Voie électrique.** — La prise de courant se fait par un troisième rail placé dans l'entrevoie, et le retour par les rails de roulement qui à cet effet, sont munis d'un dispositif spécial assurant la continuité au point de vue électrique.

Le rail prise de courant est du même type que celui de la voie décrit ci-dessus, mais il est en acier doux, ce qui en facilite l'usinage. Il est supporté, tous les 4 mètres environ, par des isolateurs formés de deux parties en fonte réunies entre elles par une matière isolante (fig. 5 et 6, pl. XVIII); ces isolateurs reposent sur les traverses de la voie dont la longueur en ces points est, comme il a été dit, de 2,50 m. et y sont fixés par trois tire-fonds.

L'éclissage mécanique est obtenu au moyen d'une éclisse simple de 0,920 m. de longueur et de deux cales de même profil de 0,20 m. de longueur ; l'éclisse est réunie au rail par quatre boulons, deux pour chaque cale. La liaison électrique est assurée par quatre éclisses en cuivre de 200 millimètres carrés de section chacune et formées de fils tressés, de façon à les rendre aussi souples que possible et à leur permettre de se prêter aux mouvements de la voie sans risque d'être brisées ; les têtes de ces éclisses, ou cosses de connexion, sont placées dans des trous forés dans les âmes des rails ; le contact est assuré par des broches en acier enfoncées à force dans les cosses.

L'éclissage électrique du rail de roulement, destiné à assurer la continuité de ce rail pour le retour du courant, est obtenu par quatre éclisses souples en fils de cuivre de 140 millimètres de section chacune. Ces éclisses sont fixées dans le patin du rail, deux d'un côté, deux de l'autre ; le contact est assuré, comme pour le rail prise de courant, par une broche en acier enfoncée à force dans la cosse de l'éclisse.

La figure 7 (pl. XVIII) donne une coupe transversale du souterrain courant avec les positions respectives des voies roulante et électrique.

VI. — DISTRIBUTION ÉLECTRIQUE

Puissance à prévoir. — La puissance nécessaire pour assurer l'exploitation de la ligne n° 2 du Chemin de fer Métropolitain, partie Nord, peut atteindre au maximum 4 650 kilowatts en courant triphasé, pour une fréquentation de vingt-quatre trains de 100 tonnes par heure, à raison de 359 kilowatts par kilomètre pour la traction, et de 15 kilowatts pour l'éclairage, d'après les expériences directes faites sur l'exploitation de la ligne n° 1 ; la longueur de la ligne est comptée pour 12,3 km. entre la porte Dauphine et la place de la Nation. On compte de plus 50 kilowatts pour l'éclairage d'une galerie de garage établie sous le cours de Vincennes.

Production et transformation. — Cette puissance est produite jusqu'à nouvel ordre par trois sources, savoir :

Usine de la Compagnie à Bercy.	1 583 kw.
Usine des Moulineaux (Société anonyme Westinghouse).	1 000 —
Usine d'Asnières (Société du Triphasé)	2 067 —
Total comme ci-dessus.	4 650 kw.

La puissance produite en courant triphasé à 5 000 volts est transformée en courant continu à 600 volts aux sous-stations existantes ou projetées désignées ci-dessous.

USINES PRODUCTRICES	SOUS-STATIONS	QUANTITÉS TRANSFORMÉES
Bercy.	Père-Lachaise.	1 583
Asnières	Barbès.	1 608
	Étoile.	458
Moulineaux.	Étoile.	1 000

Les zones d'action de chacune d'elles sont respectivement :

Sous-station Étoile	Vers la porte Dauphine.	1 600 m.
	Vers Barbès	2 300 —
Sous-station Barbès.	Vers l'Étoile	2 300 —
	Vers le Père-Lachaise. .	2 000 —
Sous-station Père-Lachaise. .	Vers Barbès	2 000 —
	Vers la Nation	2 100 —

Distribution en courant triphasé. — La distribution de l'énergie en courant triphasé aux sous-stations de transformation est assurée par les câbles suivants :

Entre Bercy et la sous-station du Père-Lachaise, trois câbles de 3×90 mm² chacun ;

Entre les Moulineaux et l'Étoile, l'énergie est livrée à la compagnie en deux points, savoir : au quai d'Orsay, à l'extrémité du pont de l'Alma, et au quai de Grenelle, à l'extrémité du pont de la Ceinture ; à partir du premier point, deux câbles de 3×85 mm² préexistants aboutissent à la sous-station de l'Étoile ; à partir du second deux câbles de 3×90 mm² ont été posés jusqu'à la même sous-station.

Entre Asnières et l'Étoile, deux câbles de 3×90 millimètres carrés sont posés de l'usine du Triphasé à la rue des Dames, d'où deux câbles préexistants de 3×120 millimètres carrés partent pour aboutir à la sous-station de l'Étoile.

Entre Asnières et la sous-station Barbès, trois câbles de 3×90 millimètres carrés sont placés sous la voie publique entre l'usine du Triphasé et la place de Clichy, et empruntent le souterrain depuis la station de cette place jusqu'à la sous-station.

Cet ensemble de câbles assure, avec une marge suffisante, l'adduction aux sous-stations des puissances indiquées ci-dessus, sans que la densité du courant dépasse 1 ampère par millimètre carré, avec cos $\varphi = 0,95$.

Distribution en courant continu pour la traction. — Le courant continu pour la traction est amené en premier lieu, entre les sous-stations Barbès et Père-Lachaise et la voie, au moyen de feeders en cuivre.

D'après les longueurs des zones d'action de part et d'autre de chaque sous-station, on trouve que les sous-stations peuvent avoir à alimenter au même instant, savoir :

Étoile, 9 trains. . . . . 1 800 ampères.
Barbès, 10 trains. . . . , ... 2 000 —
Père-Lachaise, 9 trains. . . . . 1 800 —

La formule de Lord Kelvin donne pour la densité la plus économique du courant au prix actuel du cuivre, le chiffre de 0,72 ampère par millimètre carré. On a donc donné aux feeders positifs et négatifs reliant les sous-stations aux rails les sections suivantes :

Étoile. 2 500 mm²
Barbès . . . . 3 000 —
Père-Lachaise. . . . . 2 500 —

La distribution de l'énergie en courant continu pour la traction se fait sur la voie par deux rails en acier doux, un pour chaque voie. La section de chaque rail est de 6 500 millimètres carrés; la section de l'ensemble des éclisses électriques pour chaque joint de rail est de 4×200 millimètres carrés $= 800$ millimètres carrés.

D'après les longueurs des zones d'action des sous-stations et l'écartement moyen des trains, le nombre maximum des trains pouvant se trouver dans une même zone d'action, sur les deux voies, atteint six, ce qui donne un débit maximum de 1 200 ampères pour l'ensemble des deux rails, la consommation moyenne d'un train de 100 tonnes ayant été trouvée de 200 ampères.

On a ainsi $\frac{1\,200}{13\,000} = 0,092$ comme densité maximum dans l'acier doux, et $\frac{1\,200}{1\,600} = 0,75$ comme densité maximum dans le cuivre des éclissages.

Si l'on applique la formule de Lord Kelvin à la recherche de la densité de courant la plus économique dans l'acier doux, ayant la résistivité prévue pour les rails de courant, on trouve que cette densité serait de 0,062. On voit donc que, sur une partie de leur longueur, les rails prévus sont un peu trop chargés. On a recherché s'il serait avantageux de décharger au moyen de feeders en cuivre les régions trop chargées ; on a trouvé que les frais annuels d'intérêt et d'amortissement de ces feeders seraient supérieurs au prix de revient de la perte annuelle d'énergie due à l'excédent d'ampérage. On n'a donc pas employé de feeders positifs.

La densité du courant dans les rails de roulement atteint, dans les régions les plus chargées, savoir :

$$\frac{1\,200}{4 \times 6500} = 0,046 \text{ pour les rails ;}$$

$$\frac{1\,200}{6 \times 175} = 0,51 \text{ pour les éclissages.}$$

La densité dans les rails de retour est donc inférieure à la densité la plus économique et il est certain que des feeders négatifs n'étaient pas nécessaires.

On a déterminé directement la perte maximum de voltage sur la ligne n° 1, aux environs du point d'équilibre entre les deux points d'alimentation Bercy et Etoile.

En se servant de cette donnée d'expérience, et en tenant compte de l'intensité maxima et des distances extrêmes aux points d'alimentation de la ligne n° 2, on trouve que la perte de voltage pourra y atteindre 28 volts.

En partageant cette perte proportionnellement aux résistances respectives des rails de courant et des rails de retour, on trouve une perte totale de 17 volts sur les premiers et de 11 volts sur les derniers ; comme le point considéré est à 2 300 mètres des sources d'alimentation, on trouve une perte kilométrique de voltage de 7 volts pour le positif, et de 4 volts pour le négatif.

Le long des voies sur fosses dans la boucle de la Nation et la galerie de remisage de Vincennes, la distribution de l'énergie pour traction sera faite par trolleys.

Distribution pour l'éclairage. — Le circuit d'éclairage sur la ligne n° 2 est indépendant du circuit de traction et il est branché sur des batteries d'accumulateurs ainsi que cela a lieu d'une manière satisfaisante sur la ligne n° 1. On a utilisé pour cela la batterie existante de la sous-station de l'Étoile et l'on a installé une nouvelle batterie à la sous-station du Père-Lachaise. Cette batterie a une capacité de 500 ampères-heures, permettant d'assurer l'éclairage de la galerie de Vincennes pendant l'arrêt de l'usine de Bercy.

La répartition des lampes est conforme aux dispositions adoptées pour la ligne n° 1.

La distribution pour l'énergie se fait en courant continu sous un voltage de 600 volts au tableau, au moyen de quatre feeders, deux positifs et deux négatifs.

La canalisation a été calculée de manière que le voltage ne soit, en aucun point des feeders positifs, inférieur à 550 volts ; de telle sorte que les lampes, qui sont groupées par cinq en série, fonctionnent individuellement sous 110 volts.

Les sections des feeders ont été déterminées en conséquence, savoir :

Entre l'Étoile et le Père-Lachaise 90 millimètres carrés.

Entre le Père-Lachaise et l'extrémité de la galerie de Vincennes 80 millimètres carrés.

La densité du courant atteint 0,66 ampère en moyenne par millimètre carré dans la première partie, et 0,89 ampère par millimètre carré dans la deuxième.

La figure 60 ci-après et les figures 8 et 9 (pl. XVIII) représentent :

1° Le schéma d'ensemble de la distribution électrique sur la ligne ;

2° Le groupement des lampes sur le circuit d'éclairage ;

3° Une coupe de caniveaux de protection des câbles dans la partie de la ligne en viaduc.

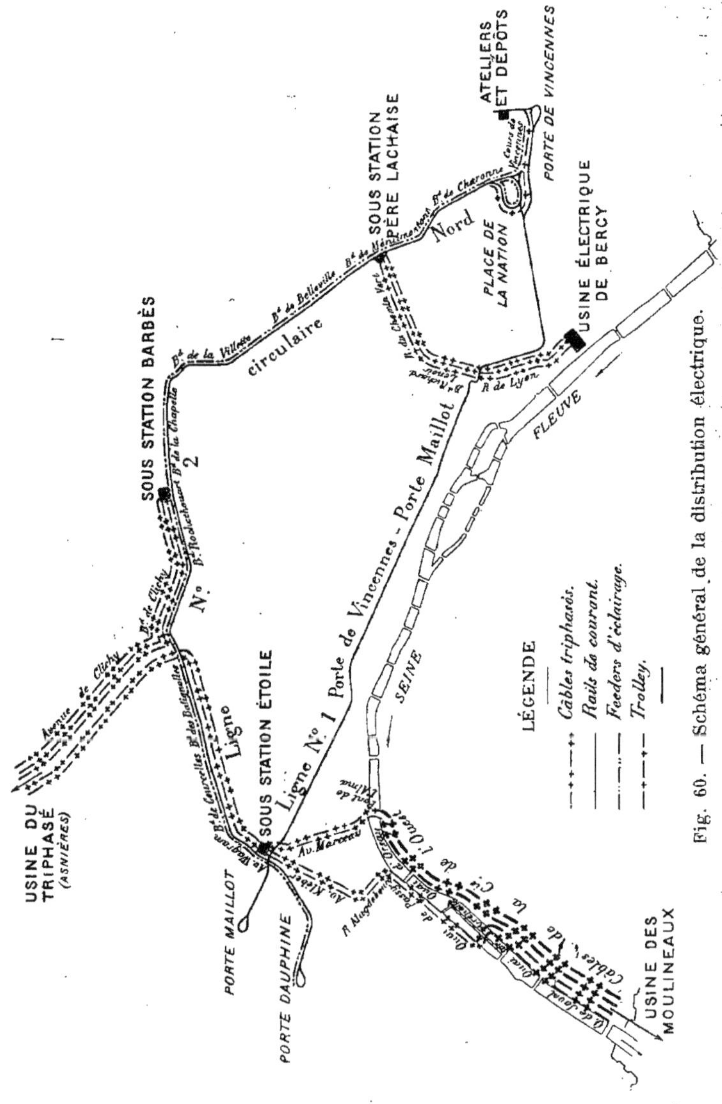

Fig. 60. — Schéma général de la distribution électrique.

VII. — LES SIGNAUX DE SÉCURITÉ

Le système de signaux adopté pour la ligne métropolitaine n° 2 est le même, en principe, que celui qui a été employé sur la ligne n° 1, c'est-à-dire le block-system automatique « Hall » à transmission électrique, d'après lequel un train est toujours couvert par deux signaux rouges à l'arrière.

La distribution comprend, pour chaque station et pour chaque voie, un signal d'entrée placé à 25 m. environ en avant du pignon amont et un signal de sortie placé dans le plan du pignon aval, soit quatre signaux par station. La distance entre les stations de la nouvelle ligne, qui atteint au maximum 547 mètres de pignon à pignon, n'a exigé nulle part l'installation de signaux intermédiaires.

La figure 61 ci-après représente schématiquement l'emplacement des signaux sur l'ensemble de la ligne.

En application, les dispositions nouvelles diffèrent de celles qui avaient été admises pour la première ligne ; le système primitivement adopté présentait en effet plusieurs inconvénients.

1° Le régime normal comportait les signaux en blanc, ce qui exigeait que la canalisation électrique fût normalement en activité, d'où une dépense inutile de courant ;

2° Un train franchissant un signal au rouge ne produisait plus aucun déblocage derrière lui à partir de ce signal ; tous les trains qui le suivaient devaient alors s'arrêter, alors même qu'il continuait sa route.

3° Pour remédier à ce dernier inconvénient, on avait dû admettre le déblocage à la main après constatation du manquement ; mais ce déblocage, agissant sur le mécanisme même des signaux, pouvait causer et causait en réalité des détraquements sur le système s'il était fait par un agent quelconque.

Les modifications intervenues obvient à ces inconvénients de la manière suivante :

1° Un signal est normalement au rouge, et ne peut se mettre au blanc que sous deux actions successives :

a) Celle du train qui l'a déjà franchi, et qui le débloque à la distance adoptée du deuxième signal en avant ;

b) Celle du train qui va le franchir, et qui agit par la pédale immédiatement en arrière ;

2° Un train qui franchit un signal au rouge n'influe pas sur le fonctionnement des déblocages en arrière ; mais il agit sur un

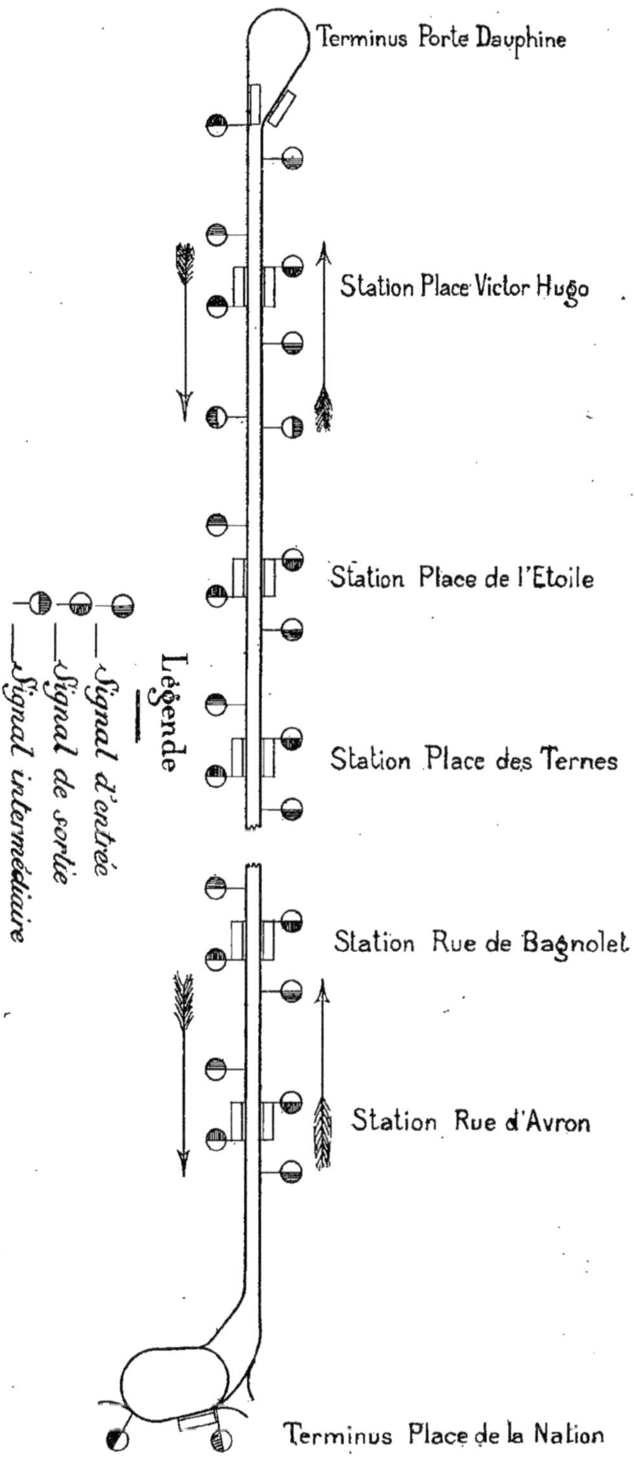

Fig. 61. — Signaux de sécurité, système Hall. Schéma d'emplacement des appareils.

appareil contrôleur consistant dans une sonnerie qui se fait entendre à la station où il arrive après le signal franchi à tort ;

3° La manœuvre d'arrêt de cette sonnerie, faite par le chef de gare après constatation de la faute, n'exerce aucune action sur le fonctionnement des signaux.

Pour compléter ces indications générales, nous donnons ci-après une description du fonctionnement du système du circuit à voie normalement fermée, avec contrôleurs.

Le poste de la gare de départ comprend un signal indicateur et une pédale à un seul contact normalement fermé.

Chaque poste intermédiaire comprend un signal, un relais à quatre contacts, dont trois fermés et un ouvert normalement, une pédale à un contact double dont un est normalement fermé et l'autre normalement ouvert, deux batteries de piles, l'une actionnant le relais local et une des bobines du relais contrôleur et l'autre le signal anté-précédent et la deuxième bobine du contrôleur.

Le poste du signal d'entrée de la gare terminus comprend un signal, un relais à trois contacts normalement fermés et deux contacts normalement ouverts et une pédale à un contact normalement fermé et un contact normalement ouvert. Sur le quai de la gare terminus se trouve un relais à trois contacts normalement fermés, une clef et une sonnerie.

Dans ces conditions, le fonctionnement du système est le suivant :

Un train passant sur une pédale fait remonter le piston de celle-ci qui ouvre le contact normalement fermé et ferme le contact normalement ouvert. En ouvrant le contact normalement fermé, il fait tomber l'armature du relais du poste aval ; en fermant le contact normalement ouvert, il relève l'armature du relais du poste local.

En faisant tomber l'armature du relais du poste aval, il met à voie libre le signal de ce poste et maintient à l'arrêt le signal du poste amont et du poste local, en relevant l'armature du relais du poste local. Il met à l'arrêt le signal local et débloque le signal du poste anté-précédent.

Le circuit d'un signal passe par un contact de trois relais successifs :

1° Le contact normalement ouvert du relais local ;

2° Un contact normalement fermé du relais du premier poste aval ;

3° Un contact normalement fermé du relais du deuxième poste aval.

De sorte qu'un signal ne peut se mettre à voie libre pour un train que lorsque le train précédent est passé sur la seconde pédale en aval de ce signal. Donc un train est toujours couvert par deux signaux.

La mise à voie libre se fait, si la section couverte par ce signal est libre, au moment où le train passe au poste amont de ce signal.

En outre, il est clair que si un train passe un signal au rouge, il a toujours la même action sur la pédale et par suite sur les relais du poste local et aval. Il en résulte donc que l'on n'a aucune preuve de ce passage du signal à l'arrêt.

Aussi, le block étant rigoureusement absolu, les wattmen pourraient être tentés de franchir des signaux au rouge, si cette infraction au règlement n'était contrôlée d'une façon rapide, certaine et en outre continue jusqu'au moment de la manœuvre d'un commutateur qui ne peut être effectuée qu'après le bris d'un plomb. Ce sont les contrôleurs dont nous avons parlé plus haut qui remplissent ce but. Sur le quai de chaque gare se trouvent deux ou trois contrôleurs suivant que la gare est précédée d'un signal d'entrée seul ou d'un signal d'entrée plus un signal intermédiaire. En amont du quai sont placés les appareils contrôlant le passage du signal de sortie de la gare amont et du signal intermédiaire amont ; en aval du quai le contrôleur du signal d'entrée de la gare locale.

Ce contrôleur se compose d'un relais à deux contacts normalement fermés et deux contacts normalement ouverts, et qui a ses deux bobines indépendantes. Lorsque ce relais a son armature tombée, il actionne une sonnerie et celle-ci ne peut être arrêtée qu'en relevant l'armature du relais. Pour effectuer cette opération, l'agent doit agir sur un commutateur après avoir rompu le plomb de la boîte qui le contient.

Un train passant à un signal coupe le circuit du relais du poste aval et d'une des deux bobines du relais du contrôleur correspondant au signal local. L'autre bobine du relais du contrôleur reste aimantée si le signal était au blanc au passage du train. Donc, dans ce cas, l'armature du relais reste relevée et la sonnerie ne tinte pas. Si, au contraire le signal avait été au rouge au moment du passage du train, les deux bobines du relais du contrôleur auraient été désaimantées simultanément au passage de ce train sur le signal rouge et la sonnerie du contrôleur aurait été actionnée. De plus, la sonnerie aurait continué à tinter tant qu'un agent n'aurait pas actionné le commutateur du contrôleur.

VIII. — Ouvrages et points spéciaux

La ligne circulaire Nord présente, sur son parcours, quelques ouvrages spéciaux dont les dispositions particulières vont être exposées succinctement.

Station « Avenue de Villiers ». — Ainsi qu'il a été dit plus haut, la ligne n° 3, du boulevard de Courcelles à Ménilmontant, a son origine en contact avec la ligne circulaire Nord à la station de l'avenue de Villiers. Cette dernière a, en conséquence, été aménagée de suite en prévision de l'échange futur des voyageurs entre les deux lignes ; elle se compose de deux stations voûtées simplement juxtaposées et communiquant entre elles par des baies ménagées dans la culée commune ; ces dispositions sont, dans leur ensemble, analogues à celles de la station double de la place de l'Étoile desservant la ligne n° 1 et l'embranchement « Étoile-Trocadéro ».

La station est précédée d'un souterrain à quatre voies, commun aux deux lignes, auquel elle est raccordée par deux souterrains à deux voies, du type courant, desservant chacun l'une des deux lignes en contact.

Le souterrain à quatre voies est représenté en coupe transversale par la figure 11 (pl. XVIII) et la station proprement dite par la figure 12 (pl. XVIII). L'ensemble est représenté en plan par la figure 10 (pl. XVIII), tel qu'il était définitivement prévu. Mais ces ouvrages ont subi, en exécution, des modifications importantes dont il est intéressant de faire connaître les motifs et les conséquences.

Dans sa séance du 31 décembre 1901, le Conseil municipal décidait en effet la mise à l'étude « d'un embranchement de la « ligne n° 3 partant de la station de l'avenue de Villiers « pour arriver à la porte d'Asnières, en traversant le quartier de la Plaine-Monceau, « par l'itinéraire du boulevard « Malesherbes ».

Il convient tout d'abord de remarquer que la déclaration d'utilité publique du réseau métropolitain tel qu'il a été défini précédemment était sans effet à l'égard de l'embranchement demandé qui, d'ailleurs, n'était autre chose que le prolongement de la ligne n° 3 au delà du boulevard de Courcelles vers les fortifications. L'exécution de ce dernier était donc subordonnée à l'accomplissement préalable des formalités administratives de rigueur ; cette instruction devait forcément comporter des délais assez longs auxquels on ne pouvait astreindre la construction de la ligne n° 3 proprement dite. Il importait encore plus de n'apporter aucun retard dans l'exécution des ouvrages communs aux deux lignes (station « Avenue de Villiers » et abords), afin de ne pas compromettre la rapide mise en exploitation de la ligne circulaire dont la construction était déjà très avancée sur ce point.

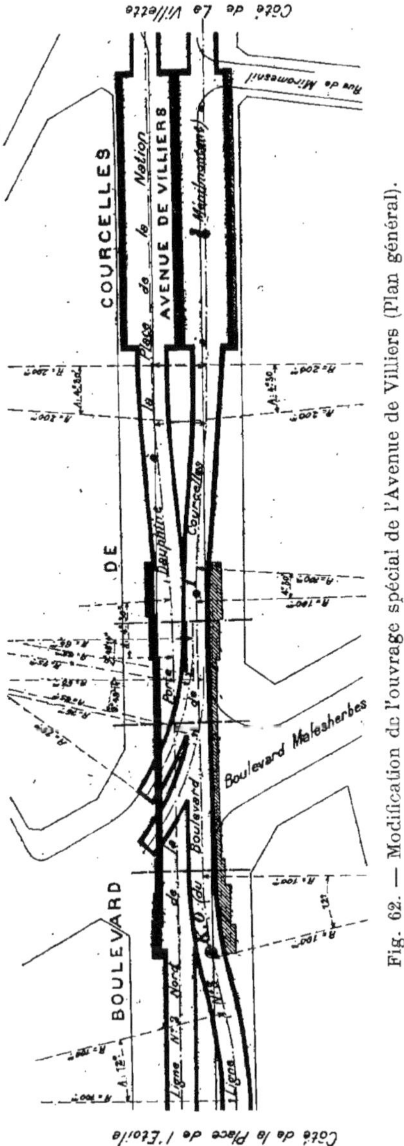

Fig. 62. — Modification de l'ouvrage spécial de l'Avenue de Villiers (Plan général).

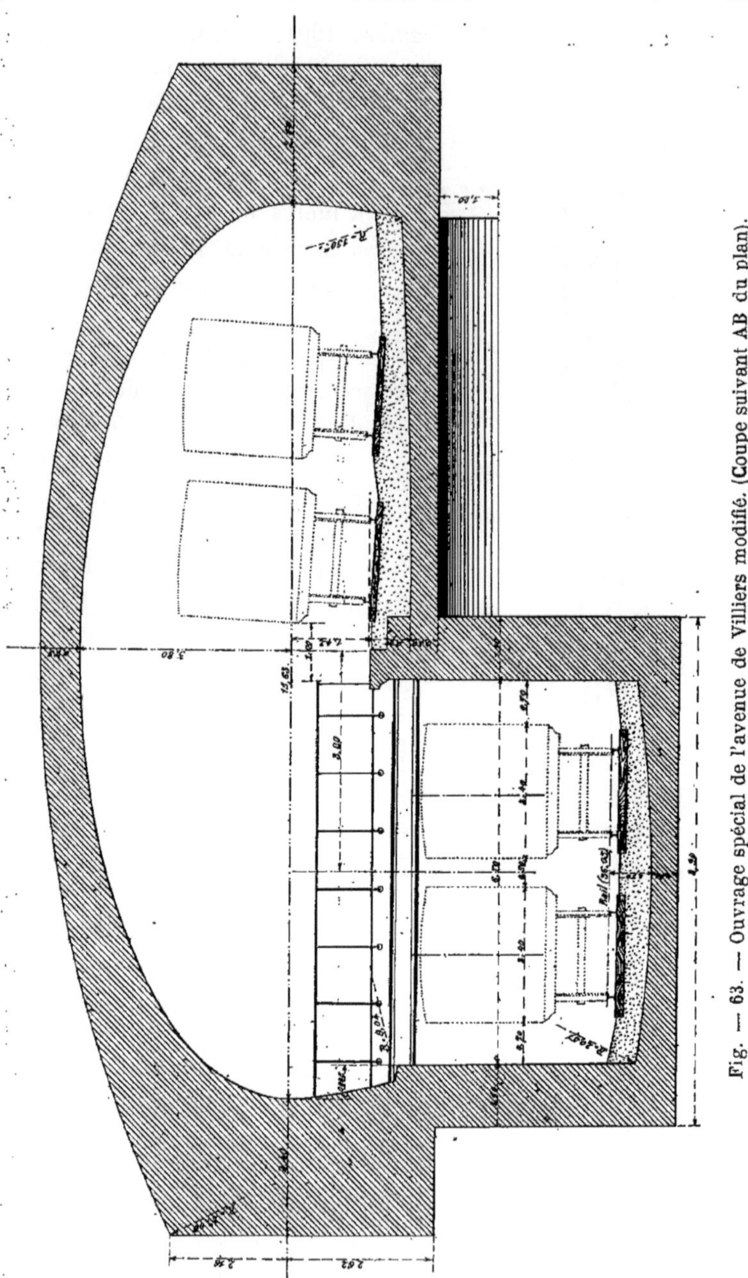

Fig. — 63. — Ouvrage spécial de l'avenue de Villiers modifié. (Coupe suivant AB du plan).

L'étude devait donc être poursuivie en vue d'une solution satisfaisant aux trois conditions ci-après : réserver la possibilité d'un

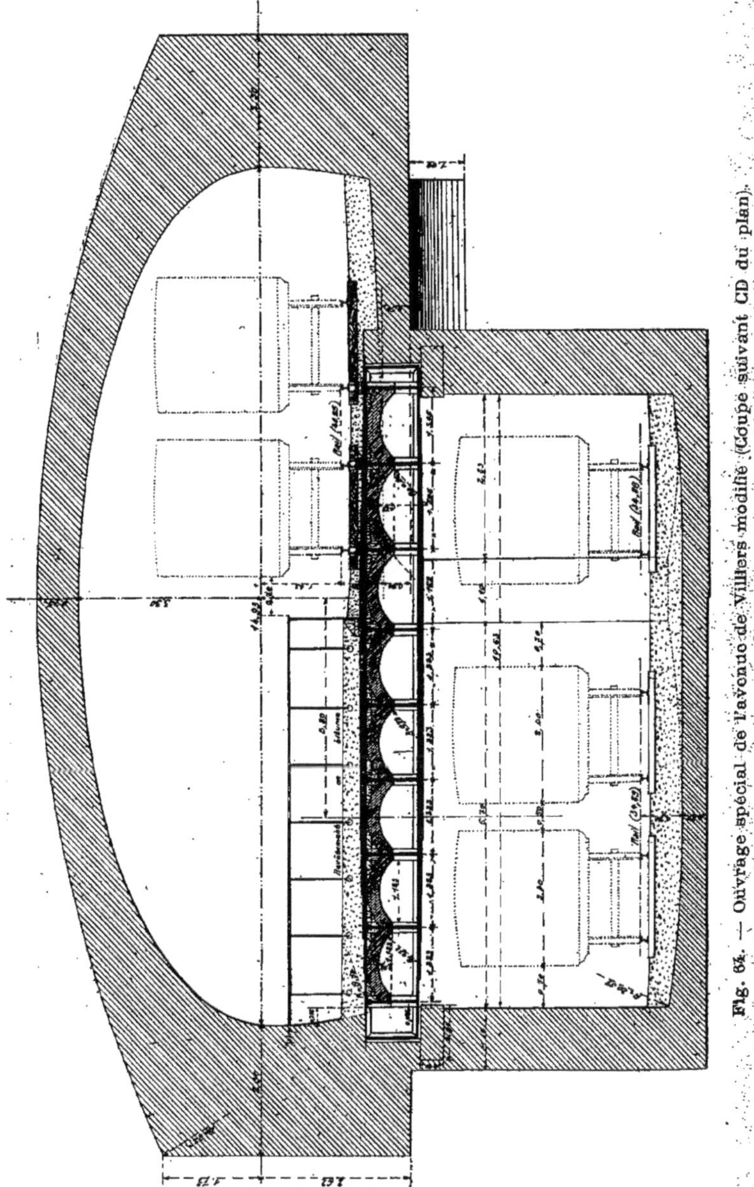

Fig. 64. — Ouvrage spécial de l'avenue de Villiers modifié (Coupe suivant CD du plan).

prolongement de la ligne n° 3 au delà du boulevard de Courcelles;
maintenir indépendante de ce prolongement l'exploitation de la

ligne n° 3 dont la construction allait être entreprise; garantir

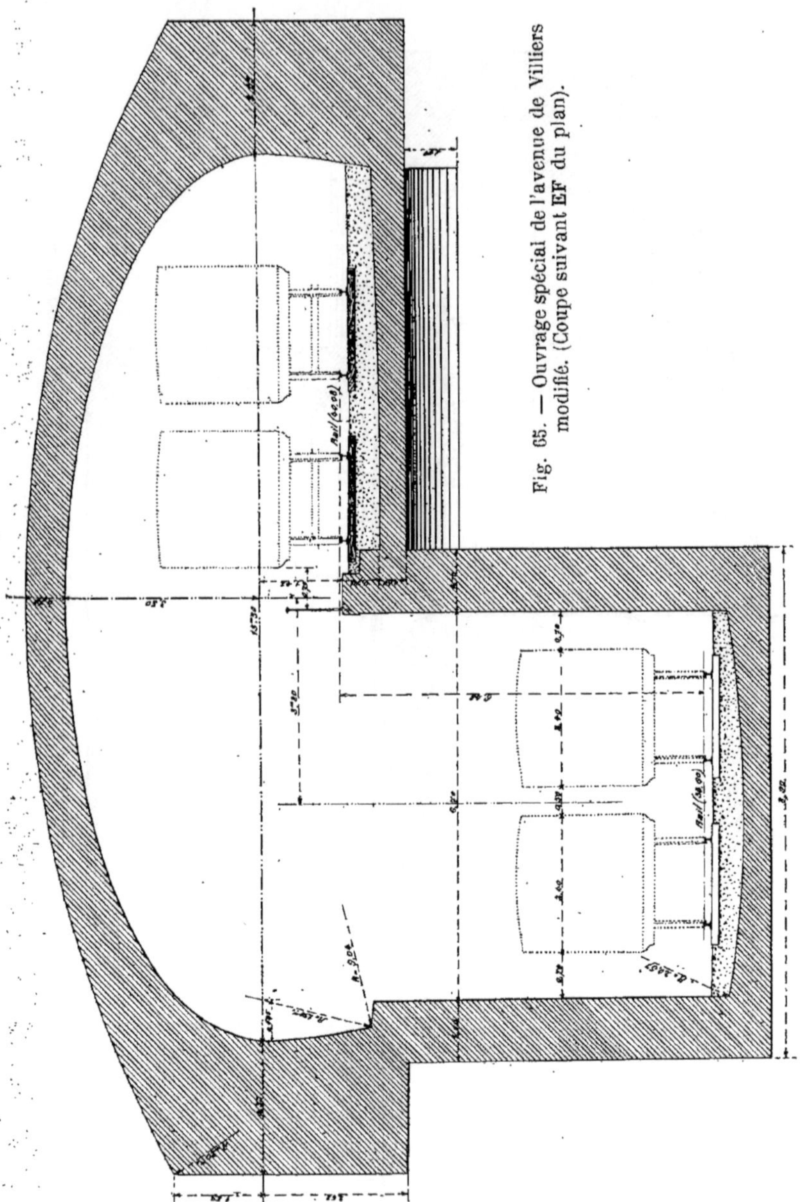

Fig. 65. — Ouvrage spécial de l'avenue de Villiers modifié. (Coupe suivant EF du plan).

l'achèvement de la ligne circulaire contre tout retard et son exploi-

tation contre toute menace de troubles causés par des remaniements ultérieurs.

Les dispositions soumises au Conseil municipal et finalement
adoptées répondent aux exigences énoncées plus haut. Voici l'économie de la modification aujourd'hui réalisée :

Au droit du boulevard Malesherbes, la ligne n° 3 située du côté
sud du boulevard de Courcelles passe sous la ligne circulaire
située du côté Nord; pour cela, il a fallu abaisser la première de
4,50 m. à la traversée de la deuxième, sous la grande voûte à
quatre voies qui était déjà construite en amont de la station de
l' « Avenue de Villiers ». La ligne ainsi abaissée se relève aussi
rapidement que possible dans le souterrain qui fait suite à l'Est
(on sait que la déclivité maxima admise est de 0,04); mais la distance était insuffisante pour lui permettre de retrouver son ancien
niveau avant la station dont le radier a dû, pour cette raison,
être lui-même abaissé. La communication entre les deux stations
accolées a d'ailleurs été maintenue aisément par quelques marches
établies dans les baies de la culée commune.

De l'autre côté, après la bifurcation du passage sous la ligne
circulaire, la ligne n° 3 s'est enfoncée de manière à permettre la
construction de voûtes sous la culée Sud de l'ouvrage déjà construit. L'enfoncement a atteint jusqu'à 6 mètres à l'origine de la
boucle du parc Monceau.

Les diverses culées ont, à cet effet, été reprises en sous-œuvre.
Sous la grande voûte à quatre voies, un mur de soutènement a
été établi, suivant l'axe longitudinal, pour maintenir la plateforme
de la ligne circulaire. Enfin, un plancher métallique recouvre la
partie centrale de l'étage inférieur affecté à la ligne n° 3.

L'exécution de ces modifications apportées à un ouvrage de
telles dimensions, dont la construction première avait présenté
déjà de réelles difficultés, constituait un travail particulièrement
délicat, exigeant des précautions minutieuses et une attention de
tous les instants. Le passage de l'embranchement sous la culée
Nord de la grande voûte nécessitait, en particulier, les soins les
plus attentifs; pour le faciliter, l'embranchement fut, sur ce point,
divisé en deux branches à voie unique qui, dès leur origine,
s'écartent l'une de l'autre. Profitant de cet écartement, on a établi

entre les deux branches un mur
qui sert d'appui intermédiaire aux
poutres du tablier supérieur dont
il a été parlé ci-dessus.

Les deux voies passent ensuite
sous le piédroit de la grande
voûte; mais à ce moment elles
sont assez profondes pour qu'on
ait pu comprendre chacune d'elles
dans un souterrain voûté avec
extrados voisin de la partie inférieure dudit piédroit; les deux
souterrains sont alors séparés
par un intervalle de 6 mètres.

Les figures 62, 63, 64 et 65 complètent utilement les explications
qui précèdent et que rend nécessairement un peu confuse la complication des ouvrages ainsi modifiés ou établis. Elles permettent, en outre, de se faire une
idée des proportions peu ordinaires de la grande galerie qui a pu
être construite entièrement en
souterrain sans même interrom-
pre le passage des voitures sur
la chaussée du boulevard de Courcelles au-dessous de laquelle elle
est située.

*Croisement des lignes n*ᵒˢ *2 et
3 au boulevard de Ménilmontant.*
— Les deux lignes ci-dessus se
rencontrent à nouveau boulevard
de Ménilmontant, à la traversée
de l'avenue de la République;
mais, ici, le croisement a lieu à

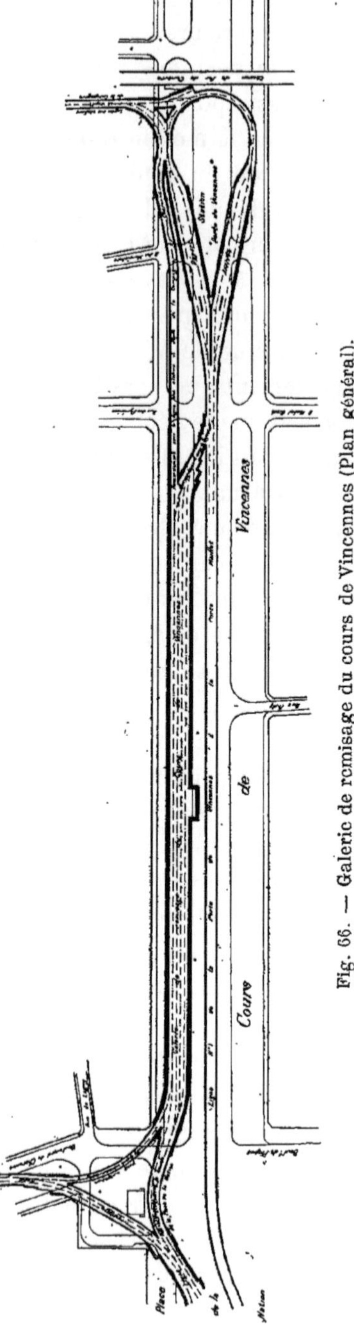

Fig. 66. — Galerie de remisage du cours de Vincennes (Plan général).

des niveaux différents, la ligne n° 2, exécutée la première, passant au-dessous de l'emplacement prévu pour la ligne n° 3.

Les deux lignes seront mises en relations par un raccordement de service en souterrain à voie unique établi dans l'angle obtus côté de Paris formé par les deux tracés.

Deux stations, une sur chaque ligne, seront construites à proximité l'une de l'autre de façon à ce que l'échange des voyageurs puisse avoir lieu souterrainement sans remonter à la surface du sol. La figure 13 (pl. XVIII) montre l'ensemble de ces dispositions.

Garages et galerie de remisage. — Afin de ne pas entraver longtemps la circulation générale de la ligne en cas d'accident ou d'avarie à un train, on a établi sur le parcours deux garages où les trains, ayant subi des avaries, pourraient être conduits et remisés rapidement.

Le premier est situé immédiatement après la station de la place Blanche; le second précède la station de la rue de Belleville. Ces deux emplacements divisent la ligne en trois tronçons ayant respectivement 4,8 km, 4 km et 3,5 km environ, ce qui correspond à une bonne répartition.

Chaque garage se compose simplement d'un souterrain à voie unique, juxtaposé à la galerie principale avec laquelle il est mis en communication à chaque extrémité par un système d'aiguillages *ad hoc* qui ne présente d'ailleurs aucune particularité.

Nous donnons le plan général du garage de la place Blanche (fig. 14, pl. XVIII) et le plan de détail du raccordement de l'une des extrémités qui sont d'ailleurs toutes deux symétriques (fig. 15, pl. XVIII).

En outre, afin de pouvoir assurer l'exploitation intensive dans les conditions déjà expliquées (ch. I, § V, c), la Compagnie concessionnaire a été amenée à demander l'établissement, en tête des lignes n°s 1 et 2, sous le Cours de Vincennes, d'une vaste galerie destinée à recevoir à la fois des voies de remisage et des voies de service. Il faut remarquer que rien ne s'oppose à ce que, pendant les heures d'arrêt de circulation, les voies de service soient utilisées pour recevoir un certain nombre de trains. La distinction entre ces deux sortes de voies, qui a été faite précédemment, n'a ici d'autre intérêt que de permettre de déterminer à qui, de la Ville ou de la Compagnie, doit incomber la dépense d'établissement de telles ou telles voies; c'est là, d'ailleurs, une question de droit qui sort du cadre que nous nous sommes imposé et sur laquelle il n'y a pas lieu d'insister.

La figure 66 donne le plan général de la galerie exécutée qui présente quatre voies sur toute sa longueur. Elle est mise en communication directe, par des voies de raccordement spéciales, disposées *ad hoc* : 1° à l'extrémité Est, avec la ligne « porte de Vincennes-porte Maillot » d'une part, et avec la ligne des ateliers et dépôt de Charonne, d'autre part; 2° à l'extrémité Ouest, avec la boucle de la place de la Nation, terminus de la ligne circulaire Nord, et avec la branche de cette boucle située sous le boulevard de Charonne. En outre, une petite galerie à une voie, établie sous la place de la Nation, au droit du boulevard Diderot, relie encore la boucle et, par suite, la galerie de remisage, avec la ligne « porte de Vincennes-porte Maillot » (voir fig. 1, pl. XIX).

Ouvrages de passage du souterrain au viaduc. — Les deux points où la ligne passe successivement du souterrain au viaduc, boulevard Rochechouart, et du viaduc au souterrain, boulevard de la Villette, ont naturellement exigé des dispositions spéciales.

Le premier point comprend successivement, à partir du souterrain normal, trois parties distinctes : une tranchée couverte, une tranchée ouverte, un ouvrage en élévation rejoignant le point de départ du viaduc. Des ouvrages identiques, mais placés en ordre inverse, forment le second passage.

Nous ne dirons rien des parties en tranchées, couverte et ouverte, qui ont été décrites plus haut. Quant aux deux ouvrages en élévation, ils se composent simplement chacun de deux murs de soutènement parallèles surmontés d'une grille de clôture, entre lesquels est établi le remblai sur lequel repose la voie. Dans leur partie la plus élevée, près de la jonction avec le viaduc, on a ménagé des ouvertures voûtées de façon à limiter autant que possible l'interception de la circulation transversale des piétons. Dans le même but, on a cherché : 1° à réduire au minimum possible la longueur de l' « encombrement » produit par chaque ouvrage de passage; 2° des emplacements où ces ouvrages ne devaient couper aucune voie transversale.

Cette double condition s'est trouvée heureusement réalisée aux points définis ci-dessus, où en combinant les déclivités que présente le sol des boulevards avec l'emploi, pour le profil de la ligne, de la déclivité maxima de 0,04, on a pu réduire respectivement à 127,90 m. et 186,47 m. la longueur des deux ouvrages de passage du boulevard Rochechouart et du boulevard de la Villette.

Boucle terminale de la place de la Nation. — La boucle de la place de la Nation ne constitue pas, à proprement parler, un ouvrage spécial, mais plutôt un ensemble d'ouvrages dont le tracé, assez complexe, a exigé une étude laborieuse et attentive.

Le plan général que nous en donnons (fig. 1, pl. XIX) peut dispenser de longues explications.

Comme on le voit sur ce plan, la ligne se dédouble, au sortir de la station de la rue d'Avron, en deux branches, chacune à double voie. La première s'infléchit par l'avenue de Taillebourg pour venir déboucher sur la place de la Nation qu'elle contourne à l'Ouest pour venir se juxtaposer tangentiellement à la ligne de la porte de Vincennes à la porte Maillot, à la hauteur de la station « Place de la Nation » de cette dernière ligne.

La station correspondante de la ligne circulaire est accolée à la première avec laquelle elle est mise en communication, quai à quai, par un dispositif analogue à ce qui a été dit plus haut pour la station de l'avenue de Villiers.

La deuxième branche de la boucle, toujours en partant de la station de la rue d'Avron, suit le boulevard de Charonne jusqu'à l'avenue du Trône par laquelle elle gagne la place de la Nation pour venir rejoindre la station terminale.

Les deux branches de la boucle sont réunies, à l'Est de la place, par un raccordement de service à double voie. Un autre raccordement, à voie unique, établi au Sud-Ouest de la place, met la ligne circulaire en communication avec la ligne n° 1 à l'entrée du boulevard Diderot.

Le plan permet de se rendre compte aisément des dispositions ainsi adoptées.

Souterrain à deux voies élargi. — Pour le passage dans les courbes de rayon compris entre 50 mètres et 99 mètres, on a adopté, pour le souterrain à double voie, un type spécial élargi, identique dans sa forme générale au type normal dont il ne diffère que par les dimensions (fig. 2, pl. XIX).

Cet ouvrage a intérieurement 6,97 m. de largeur au niveau des rails et 7,42 m. au niveau des naissances situé 1,73 m. plus haut.

L'intrados de la voûte est formé dans la partie médiane d'un arc d'ellipse de 2,07 m. de montée et de 7,10 m. d'ouverture, et sur les bords de deux arcs de cercle de 2,34 m. de rayon tangents à la fois à l'arc d'ellipse dont il vient d'être question et aux deux arcs de cercle formant le parement intérieur des piédroits. La voûte est extradossée suivant un arc de cercle de 6,69 m. de rayon raccordé sur les côtés avec le parement extérieur des piédroits suivant deux autres arcs de cercle de 3,91 m. de rayon. L'épaisseur de la voûte est ainsi de 0,60 m. à la clef, et de 0,75 m. aux naissances.

Les piédroits ont 2,85 m. de hauteur; leur épaisseur est de 0,75 m.; ils sont limités intérieurement par des arcs de cercle de 12,115 m. de rayon dont le centre se trouve sur le grand axe de l'ellipse formant la partie médiane de l'intrados de la voûte.

Le radier, en forme de voûte renversée, a son point le plus bas à 0,70 m. au-dessous des rails, ce qui porte la hauteur maxima sur l'axe de l'ouvrage dans œuvre à 5,20 m. Son épaisseur minima est de 0,50 m. sur l'axe de l'ouvrage; il repose sur le sol par une surface plane de 7,91 m. de largeur. Le rayon de l'arc de cercle formant parement intérieur est de 20,57 m.

Il est ménagé, dans les piédroits, des niches disposées en quinconce sur les deux côtés et espacées de 25,00 m. d'axe en axe. Les dimensions de ces niches sont les mêmes que dans le type courant en souterrain à deux voies.

Les maçonneries sont revêtues intérieurement d'un enduit continu d'une épaisseur de 0,02 m. comprise dans les épaisseurs fixées ci-dessus.

Épuisement des eaux. — La convention de concession annexée à la loi du 30 mars 1898, déclarative d'utilité publique du Chemin de fer métropolitain, met à la charge de la Compagnie concessionnaire de l'exploitation, la dépense des installations nécessaires pour assurer l'épuisement des eaux en dehors de la période de construction, par la Ville, de l'infrastructure.

Les dispositions ci-après ont été, sur la proposition de la Compagnie du Chemin de fer métropolitain, adoptées par l'Administration en ce qui concerne la ligne circulaire Nord, sauf le terminus de la place de la Nation.

Au point de vue de l'écoulement des eaux, la ligne peut être considérée comme répartie en trois régions distinctes :

1° Région souterraine, où les eaux recueillies aux points bas doivent être relevées pour être envoyées dans les égouts situés, en général, à un niveau supérieur à celui du tunnel métropolitain ;

2° Région intermédiaire (passage du souterrain au viaduc), où les eaux, sans emprunter la voie publique, peuvent être écoulées directement, par la gravité, dans les égouts alors situés à un niveau inférieur;

3° Région aérienne, où les eaux sont écoulées de la plate-forme du viaduc sur la voie publique d'où elles se dirigent naturellement vers les égouts.

Disons de suite que la ligne circulaire Nord ne se trouvant, en aucun point, plongée dans la nappe aquifère souterraine, il n'y avait pas d'infiltrations permanentes à prévoir; l'on n'avait donc à écouler que les eaux accidentelles ou de lavage et les eaux de pluies dans les tranchées ouvertes.

Le profil en long (fig. 3, pl. XIX) montre les emplacements des points où sont établis les ouvrages d'épuisement ou d'écoulement des eaux.

Les ouvrages compris dans la deuxième région comportent de simples canalisations, sans puisard ni appareils élévatoires.

Le premier est situé en A du profil (fig. 3, pl. XIX), au pied de la tranchée ouverte de l'ouvrage de passage du boulevard de la Chapelle; il a pu être placé à l'entrée même de la tranchée couverte sans qu'il y ait à craindre que les eaux de l'égout puissent jamais refluer dans le souterrain; les cotes respectives d'altitude du radier du tunnel (60,35) et du radier de l'égout (52,01), laissent entre elles une hauteur de 6,34 m., plus que suffisante (fig. 4, pl. XIX). Les eaux de pluie de la rampe d'accès, arrêtées par une murette en aval de la bouche d'évacuation, sont donc écoulées en totalité sans qu'il en pénètre dans le souterrain.

Le second est situé en B (fig. 3, pl. XIX), à l'ouvrage de passage du boulevard de la Villette. Ici on a dû choisir pour la bouche d'évacuation, un point où le radier du tunnel fût à une altitude légèrement supérieure à celle de la clé de l'intrados de l'égout voisin. Ce point se trouve dans la tranchée ouverte, à quelques mètres en avant de la tranchée couverte qui lui fait suite; il s'ensuit qu'une certaine quantité d'eau de pluie pénétrera dans le souterrain; elle sera recueillie par le puisard suivant (D. fig. 3, pl. XIX).

Les dispositions de détail de ces deux ouvrages d'écoulement direct sont des plus simples; aussi nous bornons-nous à donner la coupe verticale du premier (fig. 4, pl. XIX). Les eaux, arrêtées par une murette transversale établie sur le radier avec un relief de 0,40 m. sur l'axe du tunnel, tombent par une gargouille dans un tuyau de fonte qui les conduit hors du tunnel. Dans l'ouvrage du boulevard de la Chapelle, les eaux sont dirigées vers une cheminée existante dans laquelle sera placé un tuyau en grès vernissé, avec siphon, qui conduira les eaux à l'égout. Dans l'autre ouvrage, les eaux sont conduites à l'égout par une galerie à cunette.

Dans la première région, le profil en long présente quatre points bas, savoir (fig. 3. pl. XIX) :

C — Point kilométrique 0,776; boulevard de Courcelles, après la station de la rue de Courcelles, au carrefour des rues Alfred-de-Vigny et Fournial;

D — Point 6,323.75 K; boulevard de la Villette dans le souterrain, au carrefour de la rue de Meaux;

E — Point 7,552.25 K; boulevard de Belleville, immédiatement après la station « Rue des Couronnes »;

F — Point 8,447.31 K; boulevard de Ménilmontant, immédiatement en avant de la station « Avenue de la République ».

Les eaux, ramenées à chacun des points ci-dessus par une

pente convenable donnée au radier du tunnel, seront conduites, au moyen d'un tuyau, dans un puisard établi latéralement au souterrain et présentant une capacité de 4 mètres cubes environ au-dessous du radier; elles sont extraites de ce puisard au moyen d'une pompe qui les refoulera dans l'égout public le plus voisin. On a prévu l'emploi de pompes à main donnant 2 litres par coup de piston.

Toutefois, le puisard D devant recevoir, comme on l'a vu plus haut, une certaine quantité d'eaux de pluie tombées entre la murette du puisard B et la tête de la tranchée couverte, on a donné au puisard une capacité de 6 mètres cubes et on emploiera, au lieu de pompe à main, une pompe centrifuge actionnée par un moteur électrique.

Tous ces puisards sont munis d'une ouverture donnant sur la voie publique et fermée, en temps ordinaire, par une trappe de regard; ils sont munis d'échelons ou d'escaliers de visite et leurs débouchés dans le tunnel sont fermés par des portes.

Nous donnons (fig. 5, pl. XIX) une coupe du puisard C montrant les dispositions des maçonneries et de la canalisation de refoulement.

Pour la troisième région, correspondant à la partie de la ligne établie en viaduc, les dispositions à prendre pour l'écoulement des eaux faisaient partie intégrante de l'infrastructure et devaient, par suite, être assurées par les soins de la Ville sans participation de la Compagnie concessionnaire; ces dispositions sont, d'ailleurs, des plus simples et n'exigent que quelques indications sommaires.

La surface supérieure des voûtelettes en brique reliant les entretoises du viaduc a reçu une double pente transversale dont le point haut est placé du côté des poutres de rive et le point bas sur l'axe du viaduc. Les eaux se trouvent ainsi ramenées sur cet axe où elles sont recueillies par un chéneau longitudinal courant sur toute l'étendue de l'ouvrage et présentant une suite de pentes et contre-pentes dont les points bas correspondent à des lignes d'appuis du viaduc. De ces points bas, les eaux sont amenées, par un chéneau transversal, dans des tuyaux d'évacuation fixés le long des colonnes d'appui, d'où elles se déversent sur la voie publique pour être de là envoyées naturellement aux égouts.

Nous donnons (pl. XIX) les figures dont la nomenclature suit et qui suffisent à compléter les explications ci-dessus.

Fig. 6. — Coupe transversale dans une travée courante; montrant la pente AB de ramenée des eaux vers l'axe du viaduc, le conduit CD muni d'une crépine C en fonte qui les déverse dans le chéneau longitudinal E et le chéneau transversal FG qui les conduit au tuyau d'évacuation H les déversant, au pied de la colonne I, sur la voie publique.

Fig. 7. — Coupe transversale suivant *mn* de la figure 6; on voit sur cette figure les solins A, B disposés aux naissances des voûtelettes en briques et le chéneau transversal FG avec son dispositif d'attache sur les entretoises.

Fig. 8. — Coupe transversale au droit d'un raccord de deux travées courantes; cette coupe, prise sur l'axe du viaduc, montre le dispositif de déversement des deux parties contiguës E et E′ du chéneau longitudinal dans le chéneau transversal FG.

Sur les figures 7 et 8, on remarquera le système de recouvrement spécial (JKL) employé pour la jonction des deux entretoises; ce système laisse un libre jeu à la dilatation du métal tout en s'opposant à l'introduction de l'eau dans l'intervalle de ces dernières.

Pour la place de la Nation, des dispositions analogues à celles décrites ci-dessus pour la partie souterraine ont été également adoptées.

IX. — Exécution des travaux

1° **Travaux préliminaires.** — De même que pour la première ligne en exploitation, la construction du chemin de fer proprement dit a dû être précédée du déplacement des ouvrages publics rencontrés par le tracé, et notamment des égouts et des conduites d'eau. Sans entrer dans le détail de ces travaux qui ne présentent rien de bien particulier, nous donnerons quelques indications nécessaires pour permettre de se faire une idée de leur importance, au point de vue surtout de la dépense, par rapport à l'ensemble de la ligne. Il y a lieu de distinguer les déviations d'égouts et celles de conduites d'eau.

a. *Déviations d'égouts.* — Entre l'avenue de Wagram et le boulevard de la Chapelle, la ligne métropolitaine isolait complètement les égouts des VIIIe et IXe arrondissements de ceux des XVIIe et XVIIIe. A la place des Ternes, elle séparait l'égout de l'avenue des Ternes de ses affluents; il fallait raccorder les égouts du faubourg Saint-Honoré et du boulevard de Courcelles avec le collecteur Marceau en passant sous le Métropolitain.

Sur les boulevards extérieurs de Clichy et de Rochechouart, les eaux du versant Sud de Montmartre s'écoulaient, par les égouts du IXe arrondissement, dans le collecteur des Coteaux; l'égout de la rue Lepic, à lui seul, desservait un bassin de plus de 42 hectares. On construisit donc un nouveau collecteur qui, sur son passage, reçoit également les eaux des égouts de Montmartre qui se dirigeaient sur les boulevards extérieurs; ce collecteur, appelé à fournir un débit de 106 litres à la seconde, en dehors des pluies d'orages, a reçu une cunette de 0,80 $\times$ 0,80 m. et sa section permet d'y loger une conduite d'eau de 1 mètre de diamètre.

Entre la rue de Meaux et la place de la Nation, le tracé rencontrait tous les égouts se déversant soit dans le collecteur du Nord, comme ceux des rues de Meaux, de Belleville, de Ménilmontant et de Bagnolet, soit dans le collecteur des Coteaux, tels que les égouts de la rue d'Avron et de l'avenue de Taillebourg.

Le collecteur du Nord, ne recevant plus que les eaux des immeubles riverains, a été transformé en galerie élémentaire et drainé sur le collecteur des Coteaux par des tronçons de galeries neuves. Un collecteur nouveau à voie de 1,20 m. partant du boulevard de la Villette, a été construit du côté pair des boulevards jusqu'à la rue de Ménilmontant, avec une section permettant d'y loger les conduites d'eau à déplacer. Il se prolonge jusqu'à l'avenue Gambetta par une galerie à cunette de 0,60 m. à laquelle fait suite un égout de type spécial qui, suivant le côté pair des boulevards de Ménilmontant et de Charonne, capte les eaux des égouts des rues du Repos, Pierre Bayle et de Bagnolet.

Enfin, des remaniements importants ont dû également être apportés dans le réseau qui dessert la place de la Nation où la boucle terminale de la ligne isolait complètement, du réseau général, les branchements de la place et coupait en plusieurs points les égouts desservant les immeubles riverains.

Le montant total des travaux, d'après le projet d'exécution, s'élève à 3 981 500 francs répartis ainsi :

1° Travaux nécessités par la construction du Métropolitain, 3 144 500 francs.

2° Travaux d'amélioration du réseau de conduites d'eau exécutés à l'occasion des premiers, 142 000 francs.

3° Travaux d'amélioration du réseau d'égouts exécutés dans les mêmes conditions, 695 000 francs.

La première de ces sommes, seule, sera finalement supportée par les fonds de construction du Métropolitain.

L'adjudication a été faite le 11 août 1900; le tableau n° 11 en donne le détail et les résultats.

b. *Déviations de conduites d'eau.* — Les conduites traversant le tracé de la ligne étaient relativement peu nombreuses et surtout peu importantes; mais il n'en était pas de même des conduites ou aqueducs longitudinaux qui constituaient des artères principales et qui régnaient dans la plus grande partie de la longueur du tracé. Nous ne citerons ici que les plus importantes de ces canalisations :

1° La conduite maîtresse d'Avre de 0,80 — 0,60 m. qui, venant du réservoir de Saint-Cloud, aboutit au réservoir de Ménilmontant en alimentant sur son parcours la partie haute et le flanc des coteaux de l'Étoile et de Montmartre. Atteinte entre l'avenue de Villiers et le boulevard Barbès, cette artère a dû être déplacée.

2° La conduite de Marne de 0,60 m. qui, descendant du réservoir de Ménilmontant, alimente les quartiers de Ménilmontant, de Belleville et de la Chapelle.

Le service des Eaux a profité du déplacement de ces conduites pour augmenter leur diamètre de façon à les mettre en harmonie avec le service de plus en plus chargé qu'elles doivent assurer. La première subissait en effet, dans la partie déviée, une perte de charge de 6 mètres, soit $\frac{6}{2\,600} = 0{,}0023$ par mètre, qui ne lui laissait plus la pression nécessaire pour alimenter les étages supérieurs des immeubles placés au sommet du boulevard Rochechouart et avenue de Clichy, au pied de la butte Montmartre ; l'augmentation de diamètre à 1,10 — 1 mètre a réduit la perte de charge de 6 mètres à 1,20 m. environ, ce qui a permis d'assurer l'alimentation des points hauts du réseau de l'Avre.

TABLEAU N° 11.

NUMÉRO des lots.	DÉSIGNATION DES LOTS	ESTIMATION	ENTREPRENEURS adjudicataires.	RABAIS p. 100.
		francs.		fr.
1	Collecteur, boulevard Rochechouart, côté pair, entre les rues Lepic et Seveste	610 639, »	M. Dedeyn.	21,10
2	Collecteur, boulevard de la Villette, côté pair, entre le n° 152 et la rue de Belleville.	659 275,98	M. Pacotte.	17,40
3	Collecteur, côté pair, des boulevards de Belleville et de Ménilmontant, entre les rues de Belleville et de Ménilmontant	555 831,06	M. Cante.	12,00
4	Nouveau collecteur des Coteaux, entre la rue Saint-Bernard et la rue Dorian	594 595,86	M. J. Dioudonnat.	16,20
5	Collecteur boulevard de Ménilmontant, côté pair, entre la rue des Cendriers et l'avenue Gambetta, et prolongement en galerie secondaire jusqu'à la rue de Bagnolet.	314 073,99	M. P. Dioudonnat.	12,50
6	Galerie secondaire place de la Nation et rue Dorian	121 750,93	M. Lerousseau.	15,00
7	Galerie type spécial, boulevard de Courcelles, côté pair, entre le boulevard Malesherbes et l'avenue de Villiers	64 910,04	M. Versillé.	21,70

La conduite d'eau de Marne subissait, aux heures de grosse consommation, entre les rues des Cendriers et Louis-Blanc, une dépression de 15 mètres, soit $\frac{15}{1870} = 0,008$ par mètre ; en remplaçant le diamètre de 0,60 m. par celui de 0,80 m., on a regagné 9 mètres de pression, ce qui a permis de desservir aisément environ trois étages de plus.

3° La conduite de Seine de 0,50 m. qui vient du réservoir de Charonne et alimente les quartiers limitrophes de ceux alimentés en eau de Marne.

Toutes ces conduites ont été reportées en galerie ; car si, antérieurement, leur présence en terre pouvait être tolérée sous le terre-plein central sablé des boulevards extérieurs, c'est-à-dire assez loin des maisons, il n'en pouvait plus être de même sous des chaussées imperméables ou des trottoirs longeant les immeubles, en raison des dégâts importants qu'une rupture pourrait causer.

4° Enfin l'aqueduc d'Ourcq dont l'axe se confondait avec celui de la ligne entre les rues de Constantinople et de Douai, a été reporté sous la chaussée Sud du boulevard. Le nouvel ouvrage est constitué par une conduite de 1,25 m. en ciment armé, enfermée dans une galerie maçonnée, type 2,70 m. $\times$ 2,50 m.

L'ensemble des travaux comportait ainsi :

1° La construction de galeries d'eau sur une longueur de 3 km.

2° L'élargissement d'égouts anciens (pour loger des conduites déplacées) sur une longueur de 1 kilomètre ;

3° Le report en galerie de canalisations maîtresses en fonte (0,40 m. de diamètre et au-dessus) sur une longueur de 10 kilomètres ;

4° L'établissement de conduite en ciment armé de 1,25 m. de diamètre sur une longueur de 1 kilomètre ;

5° La réinstallation de petites canalisations, en galerie ou en caniveau, sur une longueur de 6 kilomètres.

La dépense totale prévue est de 2 875 000 fr. dont 425 000 fr. au compte du service des Eaux pour travaux d'améliorations du réseau de distribution.

La somme de 2 875 000 francs se décompose comme suit :

A. — Travaux à exécuter par les entrepreneurs d'entretien de la ville de Paris ou en régie.

1° Fourniture de fontes	495 139,60 fr.
2° Fournitures de robinets-vannes	97 043,30 —
3° Travaux de maçonnerie	420 437,17 —
4° Travaux de fontainerie.	461 451,18 —
	1 474 071,25 fr.

B. — *Travaux à mettre en adjudication.*

(Voir tableau ci-avant). . . . .   1 101 195,71 fr.

Ensemble. . . . .   2 575 266,96 —

Dépenses diverses, surveillance, imprévus, etc.   299 733,04 —

Total général. . . . . . .   2 875 000,00 fr.

TABLEAU N° 12.

NUMÉRO des lots.	DÉSIGNATION DES LOTS	ESTIMATION	ENTREPRE-NEURS adjudicataires.	RABAIS p. 100.
	I. — *Galeries pour conduites d'eau.*			
1	Galerie pour conduite de 1,10 m., boulevard des Batignolles, entre l'avenue de Villiers et la place de Clichy. — Galerie pour conduite d'Ourcq de 1,25 m., boulevards des Batignolles et de Clichy	francs. 471 134,60	M. Dupoux.	fr. 23,80
2	Galerie pour conduite d'Avre de 1 mè-tre, boulevard de Clichy et boule-vard Rochechouart.	172 713,62	M. Cante.	20,90
3	Galerie type 4,60/3,00 pour deux con-duites Ourcq de 1,25 m. en ciment, boulevard de la Villette (Rond-Point).	62 150,64	M. Marsand.	20,20
	II. — *Travaux de fontainerie.*			
1	Pose sous galerie d'une conduite d'Avre, boulevards des Batignolles, de Clichy et Rochechouart, entre l'avenue de Villiers et le boulevard Barbès (diamètres : 1,10 m. entre l'avenue de Villiers et la place Clichy et 1 mètre entre la place Clichy et le boulevard Barbès) . .	francs. 123 436,16	MM. Mathe-lin et Garnier.	9,10
2	Pose sous galerie de conduites d'eau, boulevards de la Villette, de Bel-leville et de Ménilmontant, entre les rues Louis-Blanc et des Cen-driers (conduite de 0,50 m. de Seine et conduite de 0,80 m. Marne).	119 175,80	Mme veuve Gibault.	9,40
	III. — *Travaux de ciment armé.*			
Uni-que.	Conduite de distribution des eaux d'Ourcq (diamètre 1,25 m.). . . .	francs. 152 584,89	M. Bonna.	26,50

Tableau N° 13.

SECTIONS	NATURE de la ligne.	LOTS	EMPLACEMENTS DES LOTS	LONGUEUR des lots.	RABAIS p. 100,	ENTREPRENEURS adjudicataires.
Ouest	Souterrain	1	De l'origine (au droit de la rue de l'Etoile), à l'ouvrage spécial en tête de la station de l'avenue de Villiers	1 288,89	23,90	MM. Gonchon, 131, rue Saussure.
		2	Du point ci-dessus à l'extrémité de la station de la place de Clichy.	1 310,12	21,90	—
		3	De la station place de Clichy au kilomètre 4 088, point de passage du souterrain au viaduc. . . .	1 493,48	20,20	Legrand, 20, impasse Jean-Bouton
		4	Du point km 4 088 à l'origine du premier viaduc de la traversée du chemin de fer du Nord.	600,24	24,40	Leclaire, 6, square de l'Opéra.
Centre	Viaduc	5	De l'origine du passage sur le chemin de fer du Nord à l'extrémité du passage sur le chemin de fer de l'Est.	535,65	22,20	Moisant, Laurent, Savey et Cie, 20, Bd de Vaugirard.
		6	De l'extrémité du passage sur le chemin de fer de l'Est au kilomètre 6 160, point de passage du viaduc au souterrain.	936,47	24,20	—
		7	Du point ci-dessus à l'origine de la station de la rue de Ménilmontant.	1 751,66	15,70	Gonchon, 131, rue Saussure.
Est	Souterrain	8	De l'origine de la station de la rue de Ménilmontant à l'extrémité de la station de la rue de Bagnolet.	1 544,00	15,00	Dedeyn, 46, rue de la Pompe.
		9	De la station de la rue de Bagnolet à l'extrémité, compris la boucle terminale de la place de la Nation.	1 751,80	16,00	—

Les travaux de la catégorie B ont été adjugés le 11 août 1900. Le tableau n° 12 en donne le détail et fait connaître le résultat de l'adjudication.

2° **Travaux du chemin de fer**. — Pour l'exécution des travaux, la ligne a été divisée en trois sections dont chacune, dirigée par un ingénieur, comprend trois subdivisions à la tête de chacune desquelles est placé un conducteur et qui correspondent à autant de lots d'entreprise, soit neuf en totalité.

Les deux sections extrêmes ne comprennent que des travaux souterrains ; la section centrale comprend toute la partie de ligne en viaduc, du boulevard Barbès à la rue de Meaux ; les trois grandes travées de 75,25 m. qui franchissent les chemins de fer du Nord et de l'Est, se trouvent dans le cinquième lot.

Les travaux d'infrastructure ont été mis en adjudication le 27 octobre 1900 et, contrairement à ce qui s'était produit pour la ligne en exploitation, ont tous trouvé preneur à des rabais assez élevés ; les neufs lots se sont même répartis entre cinq entrepreneurs seulement, dont aucun n'avait pris part aux travaux de la première ligne.

Le tableau n° 13 résume la répartition des sections, des lots, leur longueur et donne, en même temps, les résultats de l'adjudication ci-dessus.

TABLEAU N° 14.

LOTS	TRAVAUX		TOTAUX par lots.
	adjugés.	en dehors de l'adjudication.	
	fr.	fr.	fr.
1	2 048 019,05	26 980,95	2 075 000,00
2	2 766 758,73	43 241,27	2 810 000,00
3	2 496 427,35	43 572,65	2 540 000,00
4	1 980 712,00	59 288,00	2 040 000,00
5	2 401 876,00	38 124,00	2 440 000,00
6	3 502 655,00	67 345,00	3 570 000,00
7	3 121 454,02	98 545,98	3 220 000,00
8	2 604 923,10	55 076,90	2 660 000,00
9	2 391 366,70	88 633,30	2 410 000,00
Totaux.	23 314 191,95	450 808,05	23 765 000,00

Le tableau n° 14 complète le précédent en donnant le montant
des dépenses prévues par lot ; on y a distingué les travaux mis en

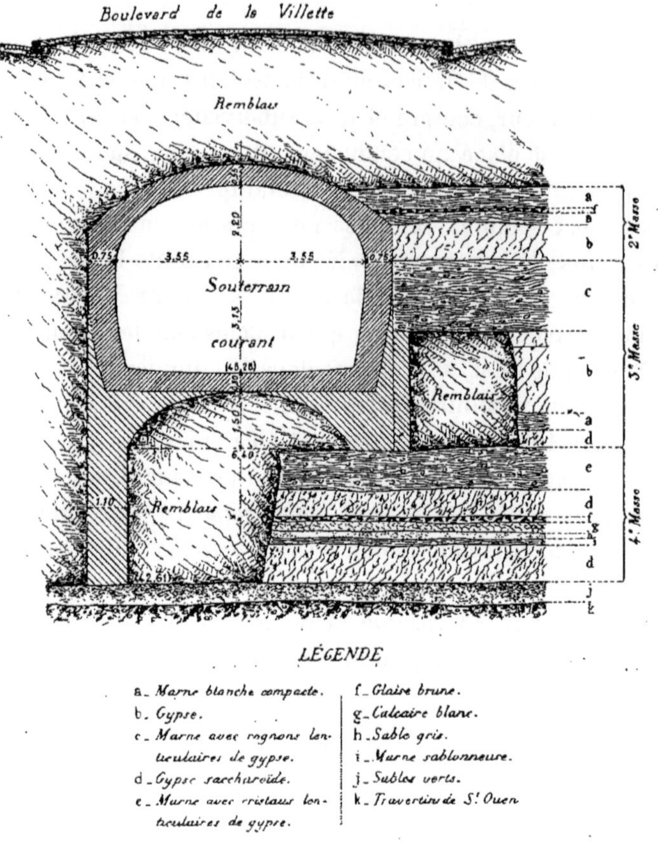

LÉGENDE

a _ Marne blanche compacte.
b _ Gypse.
c _ Marne avec rognons len-
ticulaires de gypse.
d _ Gypse saccharoïde.
e _ Marne avec cristaux len-
ticulaires de gypse.
f _ Glaise brune.
g _ Calcaire blanc.
h _ Sable gris.
i _ Marne sablonneuse.
j _ Sables verts.
k _ Travertin de S.ᵗ Ouen

Fig. 67. — Souterrain courant Boulevard de la Villette
(Coupe transversale).

adjudication de ceux exécutés par les entrepreneurs d'entretien
de la Ville, pour raccordements de la voie publique, transplanta-
tion d'arbres, etc.

Les chiffres ci-dessus ne comprennent, bien entendu, que les
travaux à la charge de la ville de Paris, c'est-à-dire ceux d'infrastructure ; on sait que la superstructure (accès aux stations, voies,
éclairage, matériel roulant, etc.) doit être établie par la Compagnie
concessionnaire à ses frais.

A cela il faut ajouter :

1° Pour travaux imprévus, frais de surveil-
lance, etc.   3 035 000 fr.
2° Pour frais de personnel de direction et de
conduite des travaux (pour une durée présu-
mée de deux ans) . . . .   700 000 —

Ensemble. . . . .   3 735 000 fr.

Le coût prévu de la ligne proprement dite, s'élève donc pour l'infrastructure à 23 765 000 fr. + 3 735 000 fr. = 27 500 000 francs ; ce qui pour une longueur de 10 585,03 m., fait ressortir à 2 598,00 fr. le prix du mètre courant de l'ouvrage principal.

Nous croyons intéressant de faire connaître les prix composés adoptés pour les différents types d'ouvrages courants qui ont été décrits plus haut :

Mètre linéaire de souterrain à deux voies, type nor-
mal en alignement droit ou en courbe d'au moins
100 mètres de rayon. . . . .   1 220 fr.
Mètre linéaire de souterrain à deux voies, type
élargi pour courbe de 50 à 99 mètres de rayon. .   1 280 —
Mètre linéaire de souterrain à voie unique. . . . .   744 —
Mètre linéaire de tranchée couverte sous contre-
allée. . . . .   2 000 —
Mètre linéaire de tranchée couverte sous chaussée.   2 500 —
Mètre linéaire de station voûtée. . . . .   3 130 —
—   —   à plancher métallique sous
contre allée . . . .   4 170 —

Les prix ci-dessus doivent être diminués, pour chaque lot, du rabais consenti par l'adjudicataire, ce qui les réduit notablement.

3° *Coût de la ligne.* — En rapprochant les divers éléments de dépense qui ont été relatés ci-dessus, on peut établir le coût total de la ligne, tel qu'il résulte des projets, compris les travaux acces-soires, mais non compris toujours les travaux de superstructure à la charge de la Compagnie concessionnaire.

Le total est, dans ces conditions, de 33 094 500 francs ainsi répartis :

1° Travaux pré-liminaires . . — Déviation d'égouts. 3 144 500 fr. — De conduites d'eau. 2 450 000 —

Ensemble. . . . .   5 594 500 fr.

2° Travaux du chemin de fer. — adjugés . . . . . . 23 314 191,95 — raccordements, transplantations, etc. 450 808,05

Ensemble. . . . .   23 765 000 fr.

3° Travaux imprévus, frais de surveillance. . . . .   3 035 000 —
4° Personnel de direction et de conduite des travaux.   700 000 —

Total général. . . . .   33 094 500 fr.

4° Procédés d'exécution. — Dans la partie de la ligne circulaire établie en souterrain, les procédés employés sont, en général, identiques à ceux décrits à l'occasion de la première fraction ; nous ne faisons allusion ici qu'à ceux des lots de cette dernière ligne qui ont été exécutés sans l'aide du bouclier. L'emploi de cet engin, imposé aux entrepreneurs de la première ligne a été, en effet, rendu facultatif pour la circulaire Nord ; le cahier des charges stipulait seulement que l'ouvrage courant en souterrain, devait être exécuté, autant que possible, au moyen d'un bouclier ou de tout autre engin équivalent. L'entrepreneur devait soumettre, en tous cas, à l'approbation des Ingénieurs les dispositions détaillées des procédés qu'il se proposait d'employer ; il était tenu d'y apporter toutes les modifications qui lui seraient prescrites dans l'intérêt de la sécurité ou de la bonne exécution des travaux.

En fait, aucun des entrepreneurs de la circulaire Nord n'a eu recours au bouclier ; ils se sont bornés à utiliser, avec différentes variantes de détails, les anciens procédés de fouille avec boisages.

Pour éviter des redites, nous nous bornerons donc à signaler brièvement les quelques particularités méritant de retenir un instant l'attention.

Le tracé rencontrait, sur une partie de son parcours, les vestiges d'anciennes carrières de gypse exploitées, tantôt en souterrain, tantôt à ciel ouvert et remblayées. Cette circonstance, qui se représentera d'ailleurs pour plusieurs des lignes futures, a nécessité des travaux confortatifs spéciaux dont nous donnerons un exemple : la station de la rue de Meaux. (« Le Combat »).

Sur ce point, le sol supérieur du boulevard de la Villette est constitué par des remblais reposant sur les parties non exploitées des masses de gypse. Les figures 9 et 10 (pl. XIX) montrent, en plan et en coupe longitudinale, la composition du sol et la situation relative du chemin de fer. Comme on le voit à l'inspection

Fig. 68. — Injecteur Greathead.

de ces figures, d'une manière générale la première masse et la plus grande partie de la seconde ont été complètement exploitées. L'exploitation des troisième et quatrième masses a été conduite de façon fort irrégulière : tantôt elles sont enlevées à ciel ouvert sur toute leur épaisseur jusqu'aux sables verts précédant le travertin de Saint-Ouen ; tantôt la troisième seule a été exploitée en galeries souterraines.

On se trouvait donc en présence d'un sol absolument hétérogène où des fondations spéciales étaient de toute nécessité pour l'assiette du souterrain : les coupes transversales (fig. 11, pl. XIX) et fig. 67 donnent une idée très suffisante du système de consolidation adopté.

Les mêmes circonstances ont entraîné l'exécution de travaux confortatifs analogues sous la station de la place d'Anvers.

Fig. 69. — Montage d'une poutre de rive (4ᵉ lot).

Il convient aussi de signaler la disposition ingénieuse adoptée pour les injections de ciment derrière les maçonneries, sur les premier et deuxième lots. Le dispositif comprenait un injecteur Greathead monté sur chariot pouvant, à l'aide d'une voie ferrée légère, se déplacer aisément le long de l'ouvrage (fig. 68). La pression était obtenue au moyen d'un compresseur d'air à deux corps de pompe, actionné par une dynamo et par l'intermédiaire d'une courroie de transmission ; la même dynamo communiquait aux palettes du malaxeur un mouvement de rotation continue assurant le parfait mélange et l'homogénéité du mortier ; la dynamo était alimentée par le courant provenant de l'installation électrique générale servant à l'éclairage du souterrain. Enfin, un échafaudage monté sur le chariot permettait de procéder aisément aux injections derrière la voûte.

Fig. 70. — Pont de service pour le montage du viaduc (5e et 6e lots).

Le montage du viaduc s'est effectué dans les conditions habituellement usitées pour ce genre de travail.

On sait que l'ensemble de la partie en viaduc formait les quatrième, cinquième et sixième lots de la ligne. Les procédés de montage ont différé quelque peu chez chacune des deux entreprises auxquelles étaient échus ces lots.

D'une façon générale, les poutres de rive étaient amenées à pied-d'œuvre par tronçons de 7 mètres à 8 mètres, les montants et diagonales en vrac, les entretoises seules étant prêtes pour l'assemblage.

Le quatrième lot traversant peu de voies transversales impor-

tantes, et les appuis se trouvant sur le terre-plein central du boulevard de la Chapelle, on a pu, sans gêner la circulation, assembler et river les poutres de rive sur le sol, puis les dresser sur
les appuis à l'aide de deux ponts roulants (fig. 69) ; il ne restait
ainsi qu'à procéder à l'assemblage des entretoises avec les poutres.

Fig. 71. — Chambre de rivetage en cours de montage (5e et 6e lots).

Une installation différente a dû être faite pour les deux autres
lots, traversant un quartier à grande circulation, et dans l'étendue
desquels le viaduc prenait un certain nombre d'appuis, sur les
chaussées transversales. Un plancher en bois, formant pont de
service, a été établi à 1,20 m. environ au-dessous des appuis,
épousant le profil général des travées et constituant de véritables
ponts provisoires au passage des rues les plus importantes. C'est
sur ce plancher que, soutenues par des vérins, les différentes travées, d'abord assemblées avec des boulons, ont été rivées puis
placées sur leurs appuis. La figure 70 donne une vue par en dessous d'une partie du pont de service.

Sur les cinquième et sixième lots, le rivetage a été fait au moyen de riveuses hydrauliques alimentées par des pompes mues électriquement; elles pouvaient donner une pression de 35 tonnes sur les rivets qui avaient 0,022 m, de diamètre. La figure 71 donne la vue, en cours de montage, de l'une des chambres de rivetage

Fig. 72. — Vue générale de travées de viaduc mises en place.

montées sur pivot permettant d'assurer leur horizontalité; ces chambres circulaient sur des rails fixés aux entretoises.

Nous donnons (fig. 72) la vue d'ensemble de deux travées mises en place sur le boulevard de la Chapelle ; on peut ainsi se faire une idée de l'aspect général du viaduc métropolitain terminé; la figure 73 reproduit une photographie, prise pendant la construction, des voûtins en briques reliant les entretoises, et qui montre la perspective assez curieuse qu'offre la partie supérieure du tablier.

Dans l'étendue du viaduc, on rencontrait la zone d'anciennes carrières de gypse dont il a été parlé plus haut. On a dû, en con-séquence, établir des fondations importantes sous tous les appuis, après que des sondages préalables eurent permis de reconnaître exactement la nature du sous-sol. Dans les parties d'anciennes carrières remblayées, où le sol naturel ne se rencontrait qu'à des profondeurs variant de 15 mètres à 30 mètres, les appuis ont été

Fig. 73. — Vue perspective du dessus du tablier du viaduc.

fondés sur pilots battus au refus et dont les têtes étaient noyées dans une couche de béton; la fouille type de 3,70 m. $\times$ 3,70 m., recevait 16 pieux; le nombre des pieux s'est élevé à 1 610, avec une fiche moyenne de 10 mètres.

Les autres appuis ont été fondés sur massif en béton reposant sur le sol dur, marne ou calcaire.

5° *Délais d'exécution*. — Un délai de trois mois était accordé aux entrepreneurs, à partir de la notification de l'approbation de l'adjudication, pour organiser leurs chantiers.

Les travaux devaient être en état de réception dans les délais indiqués ci-après à compter de la même date que ci-dessus :

1er lot . . . . 16 mois.
2e lot . . . . 16 —
3e lot . . . . 18 —
4e lot . . . . 16. —
5e lot . . . . 19 —
6e lot . . . . 19 —
7e lot . . . . 20 —
8e lot . . . . 18 —
9e lot . . . . 16 —

Comme pour la première ligne en exploitation, les travaux ont été exécutés sous la haute direction de M. F. Bienvenüe, ingénieur en chef des Ponts-et-Chaussées, assisté de M. L. Biette, ingénieur des Ponts-et-Chaussées, adjoint à l'ingénieur en chef, et de MM. les ingénieurs Locherer, chargé de la partie en viaduc, Briotet et Pollet, chargés respectivement des sections Est et Ouest.

APPENDICE

Au début (juillet 1900), l'exploitation s'est faite au moyen de trains n'ayant que la moitié de la longueur maxima autorisée par la loi (72 mètres), ce qui correspond à quatre voitures du type en service ; à mesure que son matériel s'accroissait, la Compagnie concessionnaire a élargi la composition de ses trains en mettant un certain nombre d'entre eux à huit voitures, atteignant ainsi la longueur maxima ; ses efforts tendant, d'ailleurs, à appliquer cette mesure à tous les trains et le moment ne tardera plus où le service ne comprendra exclusivement que des trains ainsi composés.

TABLEAU N° 15.

Trafic de la première fraction métropolitaine en 1901 et 1902.

NOMS	VOYAGEURS			RECETTE BRUTE		
des mois.	1901.	1902.	Majora-tion.	1901.	1902.	Majora-tion.
			p.100.			p.100.
Janvier	4 096 826	5 670 843	38	619 631,90	855 647,60	38
Février	3 998 303	5 092 890	27	606 678,05	762 976,50	25
Mars.	4 675 343	5 867 941	25	702 029,75	881 182,55	25
Avril	5 000 608	5 769 913	15	759 832,15	863 792,90	13
Mai	4 996 403	5 811 266	16	758 211,15	869 812,00	14
Juin.	4 724 140	5 635 663	19	709 713,70	842 564,10	18
Juillet.	4 355 887	5 053 451	16	641 026,00	740 888,10	16
Août.	3 807 723	4 413 597	16	547 194,30	632 497,95	16
Septembre. . . .	4 087 694	4 818 029	18	592 159,85	699 410,90	18
Octobre	5 008 729	7 030 653	40	741 217,55	1 046 742,05	41
Novembre. . . .	5 352 425	8 042 960	50	800 775,05	1 210 010,55	51
Décembre	5 777 946	8 976 722	55	869 816,20	1 356 152,45	56
Totaux.	55 882 027	72 183 028	»	8 348 285,65	10 764 677,65	»
Majoration moyenne pour l'année.	»	»	29	»	»	29

Nous laisserons de côté les résultats du trafic pour la période s'étendant de la mise en exploitation de la première fraction à la fin de 1900, période de début et de mise en train. Par contre, il est intéressant de comparer ces résultats pour les années 1901 et 1902 où l'exploitation, dégagée des premiers tâtonnements, a pris un caractère normal.

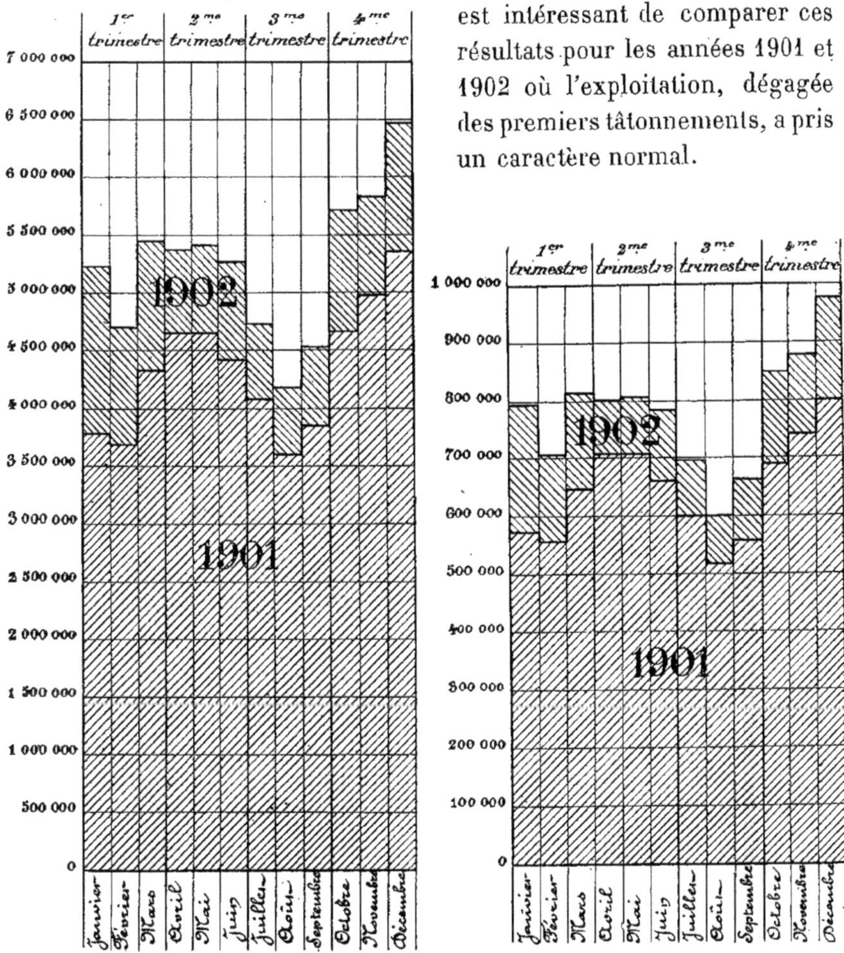

Fig. 74. — Voyageurs transportés à toute distance.

Fig. 75. — Recettes.

Pour 1901, le nombre des voyageurs transportés à toute distance a été de 55 882 027 et la recette brute correspondante de 8 348 285, 65 fr. ; pour 1902, les mêmes chiffres montent respectivement à 72 183 028 et 10 761 677, 65 fr., en majoration de 29 p. 100 sur les précédents.

Il faut, toutefois, tenir compte ici du surcroît de trafic amené dans les trois derniers mois de 1902 par l'ouverture d'un deuxième tronçon de la ligne circulaire Nord, s'étendant de la place de l'Étoile à la station de la place d'Anvers inclusivement. Pour ce tronçon, considéré isolément, le mouvement des voyageurs se traduit par les chiffres ci-après :

Du 7 octobre (ouverture) au 31 octobre 1902.   990 876 voyageurs.
Novembre 1902 . . . .   1 858 644   —
Décembre 1902 . . . .   2 133 625   —

Sous réserve de l'observation qui précède, le tableau n° 15 donne par mois le détail du trafic et des recettes en faisant ressortir la comparaison entre les années 1901 et 1902.

TABLEAU N° 16.

Voyageurs transportés à toute distance sur la ligne « Porte de Vincennes-Porte-Maillot. Années 1901 et 1902.

MOIS	1901	1902	MAJORATION pour 100.
Janvier	3 789 344	5 254 250	38
Février	3 686 758	4 700 874	27
Mars	4 330 944	5 450 598	25
Avril	4 654 119	5 379 858	15
Mai	4 658 061	5 415 907	16
Juin	4 419 522	5 272 093	19
Juillet	4 085 185	4 749 473	16
Août	3 604 202	4 191 186	16
Septembre	3 863 092	4 564 662	18
Octobre	4 678 864	5 723 762	22
Novembre	4 968 047	5 849 145	17
Décembre	5 358 150	6 469 260	21
Totaux	52 096 285	63 021 068	»
Majoration moyenne pour l'année.	»	»	21

Au point de vue du mouvement des voyageurs, il est plus instructif et surtout plus exact, d'envisager séparément la ligne « porte de Vincennes-porte Maillot » car les tronçons « porte Dauphine-Étoile » et « Étoile-Trocadéro » n'ont donné lieu, en réalité, pour les années 1901 et 1902, qu'à une exploitation de fortune, trop éloignée des conditions d'une exploitation normale pour qu'on puisse rien conclure de ses résultats. Les éléments isolés de la sorte sont donnés par le tableau n° 16.

Les chiffres ci-dessus sont traduits graphiquement par les figures 74 et 75 qui facilitent la comparaison entre les années 1901 et 1902.

Le nombre de voyageurs rapporté au kilomètre pour la ligne considérée ($10^k,576^m, 31$) a été de 4 925 752 en 1901 et de 5 958 700 en 1902. Ce sont des résultats de trafic de beaucoup supérieurs à tout ce qui a pu être réalisé jusqu'à présent.

ANNEXES

ANNEXE A

LOI DU 30 MARS 1898

Déclarative d'utilité publique du chemin de fer métropolitain
municipal de Paris.

Le Sénat et la Chambre des députés ont adopté,

Le Président de la République promulgue la loi dont la teneur suit :

ARTICLE PREMIER. — Est déclaré d'utilité publique, à titre d'intérêt local, l'établissement dans Paris d'un chemin de fer métropolitain à traction électrique, destiné au transport des voyageurs et de leurs bagages à main.

Ce chemin de fer comprend les lignes suivantes :

1° Ligne de la porte de Vincennes à la porte Dauphine ;

2° Ligne circulaire par les anciens boulevards extérieurs ;

3° Ligne de la porte Maillot à Ménilmontant ;

4° Ligne de la porte Clignancourt à la porte d'Orléans ;

5° Ligne du boulevard de Strasbourg vers le pont d'Austerlitz ;

6° Ligne de Vincennes à la porte d'Italie ;

7° Raccordement des lignes ci-dessus entre elles.

La présente déclaration d'utilité publique sera considérée comme non avenue si les opérations nécessaires pour l'exécution des travaux du chemin de fer n'ont pas eu lieu dans un délai de quinze ans à dater de la promulgation de la présente loi.

ART. 2. — La Ville de Paris est autorisée à pourvoir à l'exécution et à l'exploitation dudit chemin de fer suivant les dispositions de la loi du 11 juin 1880, du règlement d'administration publique du 6 août 1881, qui sera applicable audit chemin de fer, sauf les dérogations spécifiées à l'art. 4 ci-après de la convention passée, le 27 janvier 1898, entre le préfet de la Seine et la Compagnie générale de traction, sous les réserves spécifiées aux articles 3 et 5 ci-dessous, ainsi que du cahier des charges annexé à cette convention.

Des copies certifiées de la convention et du cahier des charges resteront annexées à la présente loi.

Art. 3. — La largeur maximum du matériel roulant sera portée à deux mètres quarante centimètres (2 m. 40 c.), toutes saillies comprises. Les dimensions des ouvrages d'art seront calculées en conséquence, et il sera réservé, entre les piédroits ou les parapets des ouvrages et les parties les plus saillantes du matériel roulant, un intervalle de 70 centimètres (0,70 m.) au moins sur deux mètres (2 m.) de hauteur au-dessus du niveau du rail.

La largeur de la voie entre les bords intérieurs des rails sera de un mètre quarante-quatre centimètres (1,44 m.).

La construction du réseau métropolitain devra laisser réalisables, au point de vue technique, les pénétrations des grandes lignes et leurs raccordements dans Paris.

En cas d'emprunt des ponts d'Austerlitz et de Bercy par le chemin de fer métropolitain, la dépense des travaux de consolidation, d'élargissement et de reconstruction qui, après examen des projets de détail en conférence par les services intéressés, seraient reconnus nécessaires par le ministre des Travaux publics, sera à la charge de la ville de Paris.

Le tunnel sous la Seine pour le passage du chemin de fer métropolitain devra être placé à l'aval des ouvrages de l'écluse de la Monnaie et en dehors de l'emplacement du pont projeté dans le prolongement de la rue du Louvre.

Art. 4. — La longueur des trains pourra dépasser soixante mètres (60 m.). La vitesse des trains en marche pourra être supérieure à vingt kilomètres (20 kilom.) à l'heure.

Art. 5. — Les dispositions des paragraphes 1° et 2° de l'article 16 de la convention précitée du 27 janvier 1898 seront supprimées.

Art. 6. — Le concessionnaire ne pourra être autorisé à émettre des obligations qu'après la mise en exploitation complète de la partie du chemin de fer définie au paragraphe 1er de l'article 6 de la convention précitée du 27 janvier 1898.

La présente loi, délibérée et adoptée par le Sénat et par la Chambre des députés, sera exécutée comme loi de l'État.

Fait à Paris, le 30 mars 1898.

FÉLIX FAURE.

PAR LE PRÉSIDENT DE LA RÉPUBLIQUE.

Le Ministre des travaux publics,

TURREL.

ANNEXE B

Convention de concession du chemin de fer métropolitain.

(Annexée à la loi du 30 mars 1898)

Entre le Préfet de la Seine, agissant au nom de la ville de Paris, en vertu d'une délibération du Conseil municipal en date du 9 juillet 1897,

D'une part,

Et la Compagnie générale de traction, Société anonyme établie à Paris, boulevard des Capucines, 24, ladite Société représentée par M. Henrotte, président du Conseil d'administration, agissant en vertu des pouvoirs qui lui ont été conférés par délibération du conseil d'administration en date du 26 janvier 1898,

D'autre part :

Il a été convenu ce qui suit :

ARTICLE PREMIER. — La Ville de Paris concède à la Compagnie générale de traction, pour la période fixée à l'article 16 du cahier des charges ci-joint, l'établissement et l'exploitation du chemin de fer métropolitain défini audit cahier des charges, lequel sera annexé à la loi déclarative d'utilité publique.

ART. 2. — Cette concession est faite aux conditions tant de la présente convention que du cahier des charges ci-annexé, lequel est conforme au cahier des charges-type annexé au décret du 6 août 1881, sauf les modifications, suppressions et additions aux articles ci-après :

Articles modifiés : articles 1, 2, 3, 4, 7, 9, 10, 11, 12, 13, 14, 15, 16, 17, 19, 20, 21, 23, 28, 36, 37, 38, 40, 41.

Articles supprimés : articles 6, 8, 18, 24, 25, 26. 27, 28, 30, 31, 32, 33, 34.

Articles ajoutés : articles 10 *bis*, 10 *ter*, 11 *bis*, 11 *ter*, 37 *bis*, 42.

ART. 3. — La Compagnie générale de traction s'engage à former, dans le délai de six mois à dater de la promulgation de la loi déclarative d'utilité publique, une Société anonyme au capital minimum en numéraire de 25 millions de francs, ayant pour objet exclusif l'exploitation du chemin de fer métropolitain, et dont le conseil d'administration sera composé exclusivement de Français. Elle cédera la présente concession à cette Société qui, elle-même, ne pourra la rétrocéder qu'avec l'agrément exprès de la ville de Paris. La rétrocession ne pourra d'ailleurs avoir lieu qu'en vertu d'un décret délibéré en conseil d'État, conformément à l'art. 10 de la loi du 11 juin 1880.

Le directeur ou l'administrateur délégué de cette Société devra être agréé par la ville de Paris, qui pourra en exiger le remplacement.

Le concessionnaire s'engage, en outre, à n'employer que du personnel français et du matériel fixe ou roulant de provenance française, sauf exceptions spécialement autorisées par la ville de Paris.

Il devra se conformer à toutes les prescriptions qui lui seront imposées par la ville de Paris en vue d'assurer l'exécution de la présente clause et d'en faciliter le contrôle.

ART. 4. — La Ville de Paris exécutera elle-même les travaux de l'infrastructure. Cette expression englobe les travaux souterrains, tranchées, viaducs, nécessaires à l'établissement de la plate-forme du chemin de fer ou au rétablissement des voies publiques empruntées. La Ville prendra en outre et exceptionnellement à sa charge l'établissement des quais de voyageurs dans les stations, à l'exclusion des ouvrages y donnant accès. Par contre, l'établissement de l'infrastructure pour les voies de raccordement aux dépôts sera entièrement supporté par le concessionnaire.

Toutes les autres dépenses seront à la charge du concessionnaire, notamment celle des accès et des édicules ou toitures pour le service des stations, et celle des installations nécessaires pour obtenir, en dehors de la période de construction par la Ville, l'épuisement des eaux, ou l'aération des souterrains et tranchées couvertes.

ART. 5. — L'ordre et les délais d'exécution des diverses sections ou parties de sections composant le réseau concédé à titre définitif seront déterminés d'après les règles suivantes :

Le réseau est partagé en sept fractions, savoir :

1re fraction : Section A et partie de la section C. — De la porte de Vincennes à la porte Dauphine et à la porte Maillot.

2° fraction : Section B. — Circulaire par les boulevards extérieurs.

3° fraction : Section C (partie). — Du boulevard de Courcelles à Ménil-montant.

4° fraction : Section D (partie). — De la porte de Clignancourt au boulevard de Strasbourg. — Section E. — Du boulevard de Strasbourg au pont d'Austerlitz.

5° fraction : Section D (partie). — Du boulevard de Strasbourg à la porte d'Orléans.

6° fraction : Section F. — Du cours de Vincennes à la place d'Italie.

Et éventuellement : Section G. — De la place Valhubert au quai de Conti. — Section H. — Du Palais-Royal à la place du Danube. — Section I. — D'Auteuil à l'Opéra par Grenelle.

Le commun accord des deux parties contractantes sera nécessaire, soit pour modifier l'ordre d'exécution résultant du classement numérique ainsi fixé, soit pour fractionner une des sections ainsi définies.

Avant tout commencement d'exécution, pour chaque fraction, le Préfet de la Seine déterminera, le concessionnaire entendu, les raccordements de lignes principales devant être rattachés à la fraction considérée.

Pour la première fraction, la présentation des projets au Conseil municipal aura lieu dans un délai de trois mois et le commencement des travaux d'infrastructure dans le délai de huit mois à partir de la loi déclarative d'utilité publique. Les mêmes délais seront comptés, pour chacune des fractions suivantes, à partir de la mise en exploitation de la fraction précédente. Cependant la ville de Paris se réserve la faculté d'exécuter simultanément deux ou plusieurs fractions, quand bon lui semblera, pourvu qu'elle n'intervertisse pas l'ordre numérique établi par le présent article.

ART. 6. — La ville de Paris devra, dans le délai maximum de huit ans à dater de la promulgation de la loi déclarative d'utilité publique, livrer au concessionnaire un réseau minimum d'environ 42 kilomètres à double voie comprenant les trois sections A, B, C ; les parties à voie unique figureront dans la supputation de cette longueur pour la moitié de leur développement total.

Le deuxième réseau, défini à l'article 16 du cahier des charges, devra être construit et livré par la ville de Paris au concessionnaire dans un délai maximum de cinq années après la remise par elle au concessionnaire de la dernière fraction du premier réseau.

Au cas où la ville de Paris construirait les lignes éventuelles formant le troisième réseau, ces lignes devront être livrées par elle au concessionnaire dans un délai maximum de cinq années après la remise de la dernière fraction du deuxième réseau.

Toutefois la ville de Paris pourra, pour les deuxième et troisième réseaux, renoncer à l'exécution des fractions dont la construction ne serait pas engagée. La notification de la décision prise à cet effet par l'autorité compétente, faite au concessionnaire avant l'expiration du délai de huit mois prévu à l'article 5 ci-dessus, c'est-à-dire avant l'expiration du délai fixé pour le commencement des travaux d'infrastructure de chaque fraction, lui suffira pour exercer ce droit, sans que le concessionnaire puisse élever quelque réclamation que ce soit, ou se dérober, en ce qui concerne les fractions précédentes, à l'accomplissement intégral des obligations résultant de la concession.

Le concessionnaire aura la faculté de renoncer au bénéfice de la concession si la loi déclarative d'utilité publique ne lui a pas été notifiée avant le 31 mars 1898.

Art. 7. — Les projets d'exécution de l'infrastructure seront, d'une manière générale, conformes aux dispositions du projet définitif adopté par la délibération du Conseil municipal de Paris en date du 9 juillet 1897.

Cependant, pour chacun de ces projets, les plans d'exécution seront communiqués au concessionnaire, lequel aura un délai d'un mois pour produire telles observations qu'il jugerait utiles, ou faire connaître qu'il n'en a pas à produire. Les observations ainsi formulées seront soumises à l'appréciation du Conseil municipal de Paris. Quelle que soit la décision prise à leur sujet, les dispositions finalement approuvées par le Préfet de la Seine seront seules obligatoires pour la ville de Paris.

Le temps employé par le concessionnaire dans les conditions prévues au précédent paragraphe ne sera pas compté pour la supputation des délais de trois mois et de huit mois stipulés à l'art. 5.

Art. 8. — Le concessionnaire sera tenu de prendre livraison de chaque fraction à la date fixée par la ville de Paris.

Procès-verbal sera dressé de cette livraison, et un plan des travaux y sera annexé.

Un an après la date du procès-verbal, il sera procédé à une reconnaissance définitive des travaux livrés en vertu du paragraphe précédent, et cette reconnaissance sera constatée par un nouveau procès-verbal contradictoire. La Ville sera affranchie de toute garantie un an après ce procès-verbal de reconnaissance définitive.

Les réserves que formulerait le concessionnaire n'auront d'ailleurs jamais pour effet de le dispenser de ses obligations en ce qui concerne les délais d'exécution ou de mise en exploitation prévus par l'article 3.

Art. 9. — Les magasins, usines, dépôts et ateliers de réparations à établir par le concessionnaire pourront être situés en dehors des limites de l'octroi. Mais, dans ce cas, la ville de Paris percevra une redevance basée sur les matières soumises à l'octroi, employées soit à la construction, soit à l'exploitation du réseau.

Cette redevance sera équivalente aux taxes dont elle aurait eu le bénéfice dans le cas contraire.

Art. 10. — Le concessionnaire aura la faculté de poser dans les rues les canalisations électriques nécessaires pour relier les usines de production aux voies, ateliers, remises, etc., en se conformant aux clauses et obligations techniques imposées ou à imposer par la ville de Paris à ses concessionnaires des secteurs d'éclairage électrique.

Ces canalisations donneront lieu, pendant toute la durée de la concession, à une redevance fixe de 100 francs par kilomètre et par an.

Art. 11. — Tous les travaux exécutés par le concessionnaire seront soumis, de la part du préfet de la Seine, à une surveillance spéciale ayant uniquement pour objet d'empêcher ledit concessionnaire de s'écarter des obligations qui lui incombent. Cette surveillance ne comportera, pour la ville de Paris, aucune responsabilité et ne pourra faire naître à sa charge aucune obligation quelconque.

En cas de dommages ou d'accidents résultant de l'exploitation, le concessionnaire sera seul responsable, sans jamais pouvoir appeler la Ville en garantie.

Art. 12. — Toutes les modifications provisoires ou définitives d'ouvrages publics, que nécessitera l'exécution des travaux du concessionnaire, seront exécutées aux frais de celui-ci, soit par les soins des ingénieurs du Service municipal pour les ouvrages appartenant à la Ville, soit sous le contrôle direct des mêmes ingénieurs, par les soins des compagnies intéressées, pour les ouvrages appartenant aux compagnies pourvues de concessions antérieures.

Art. 13. — La réception générale prévue à l'article 17 du règlement du 6 août 1881 sera faite séparément pour chacune des fractions définies à l'article 5 de la présente convention, et elle produira tous ses effets à l'égard de la fraction considérée.

Il est d'ailleurs expressément rappelé que le règlement précipité du 6 août 1881 est applicable au réseau concédé dans toutes les dispositions auxquelles il n'est pas dérogé par la présente convention.

Art. 14. — Après l'achèvement de chacune des fractions définies à l'article 5, le concessionnaire sera tenu de déposer aux préfectures de la Seine et de Police un plan détaillé et complet de ses ouvrages et de ses voies, ledit plan dressé conformément à l'exécution.

Art. 15. — Les formes, couleurs et dimensions des affiches à placer dans l'intérieur des stations devront être approuvées par le Préfet de Police.

Les noms des stations seront indiqués avec une couleur particulière et disposés de telle sorte que le public ne puisse en faire aucune confusion avec les affiches.

Art. 16. — L'exploitation devra être organisée de façon à satisfaire aux prescriptions suivantes :

1° Les salaires ou appointements des ouvriers et employés devront être payés à la quinzaine et ne pourront être inférieurs à 150 francs par mois.

Les hommes employés temporairement recevront un salaire qui ne pourra être inférieur à 5 francs par jour [1].

2° La durée de la journée de travail ne pourra excéder dix heures [2].

Un jour de repos par semaine ou deux demi-journées seront accordées au personnel.

3° Sera accordé, sans retenue de salaire, un congé annuel de dix jours.

4° Le salaire intégral sera assuré pendant les périodes d'instruction militaire.

5° Les jours de maladie dûment constatés par un médecin désigné par la caisse instituée en vertu de l'article 17 ci-après seront aussi payés dans leur intégralité pendant au moins une année.

6° En cas d'accident survenu pendant le travail et entraînant une incapacité momentanée, l'ouvrier recevra son salaire entier jusqu'à complète guérison, sans préjudice de l'indemnité qui lui sera due en cas d'infirmité définitive totale ou partielle.

7° Les travailleurs occupés à l'entreprise seront assurés contre les accidents aux frais exclusifs du concessionnaire, qui ne pourra faire, de ce fait, aucune retenue sur les salaires. De plus, quelle que soit l'imputation de la responsabilité d'un accident, le concessionnaire sera toujours directement responsable vis-à-vis de la victime du payement de l'indemnité.

Un médecin désigné par la caisse spéciale instituée en vertu de l'article 17 sera appelé à constater chaque accident et devra en apprécier la nature et les conséquences.

8° L'Administration aura toujours le droit d'imposer les mesures de sécurité et d'hygiène reconnues nécessaires.

9° Une commission sera délivrée, sous forme de contrat de louage, à tout employé ou ouvrier majeur des deux sexes ayant accompli vingt-quatre mois de services.

Le concessionnaire est tenu à la stricte observation des conditions du travail ci-dessus énumérées, sous peine de déchéance.

Art. 17. — Le concessionnaire s'oblige :

A. — A fournir à tout le personnel ouvrier des livrets à la Caisse nationale des retraites, les versements étant constitués à capital aliéné au moyen de 2 p. 100 retenus sur le salaire des ouvriers, 6 p. 100 versés à leur nom par le concessionnaire dans les conditions définies ci-après.

Toutefois, lorsque le nombre des voyageurs dépassera 220 millions, la retenue sur le salaire des ouvriers sera réduite à 1 p. 100 et le versement à faire en leur nom par le concessionnaire sera porté à 7 p. 100.

B. — A constituer un service médical et pharmaceutique gratuit.

C. — A assurer les ouvriers et employés contre les accidents.

Pour assurer l'exécution tant des paragraphes B et C du présent article que des paragraphes 5, 6 et 7 de l'article 16 ci-dessus, le concessionnaire organisera une caisse spéciale qui sera gérée par les employés et ouvriers eux-mêmes.

---

[1] Supprimé par la loi du 30 mars 1898 (art. 5).

[2] *Ibid.*

Le concessionnaire devra imputer aux frais généraux la somme suffisante pour opérer les versements stipulés aux paragraphes A, B, C.

Art. 18. — Le concessionnaire devra tenir compte, dans l'exploitation, de toutes les améliorations et de tous les progrès dont l'application viendrait à être reconnue utile.

Art. 19. — En vue de permettre à la ville de Paris de faire face au service, en intérêts et en amortissement, des emprunts contractés par elle pour les travaux d'infrastructure du Métropolitain, il sera fait au profit de celle-ci, à toute époque et pour tout billet délivré, un prélèvement calculé à raison de 0,05 fr. par billet délivré de 2ᵉ classe à 0,15 fr. ou par billet du matin à 0,20 fr. et à raison de 0,10 fr. par billet de 1ʳᵉ classe à 0,25 fr.

Toutefois, lorsque le nombre des voyageurs transportés par an, en toutes classes, dépassera 140 millions, le prélèvement en faveur de la ville de Paris sera augmenté par voyageur donnant droit à prélèvement :

De 0,001 fr. pour les premiers 10 millions de voyageurs au delà de 140 millions;

De 0,002 fr. pour la seconde fraction de 10 millions de voyageurs ;

De 0,003 fr. pour la troisième fraction de 10 millions de voyageurs ;

De 0,004 fr. pour la quatrième fraction de 10 millions de voyageurs ;

De 0,005 fr. pour la cinquième fraction de 10 millions de voyageurs ;

A partir de 190 millions de voyageurs, les prélèvements supplémentaires cesseront de croître et seront, pour tous les voyageurs excédant ce total de 190 millions, de 0,005 fr.

En conséquence, à partir de 190 millions de voyageurs, les prélèvements de la ville de Paris pour l'excédent seront respectivement :

De 0,055 fr. en 2ᵉ classe (billet simple) ;

De 0,055 fr. en 2ᵉ classe (aller et retour) ;

De 0,105 fr. en 1ʳᵉ classe.

Les transports des enfants des écoles à 5 centimes ne donneront lieu à aucun prélèvement.

Le versement des prélèvements ainsi effectués sera fait à la ville de Paris pour chaque mois de l'année dans le mois qui suivra la fin de chaque trimestre.

Le versement des prélèvements supplémentaires ci-dessus se fera dans le mois qui suivra la clôture de l'exercice.

La part ainsi attribuée à la Ville est une charge de l'exploitation : elle sera défalquée du produit brut pour le calcul du produit net devant servir de base au prix de rachat dans les conditions prévues par l'article 19 du cahier des charges.

Les écritures, pièces comptables et justificatives du concessionnaire seront, en vue de leur examen, à la disposition des délégués de la ville de Paris, qui se réserve, en outre, le droit d'organiser tel moyen de contrôle qu'elle jugera utile. Les délégués de la ville de Paris auront notamment le droit d'assister à toutes les assemblées ordinaires et extraordinaires de la Société qui sera constituée aux termes de l'article 3 de la présente convention.

Art. 20. — Si le concessionnaire ne se conforme pas aux délais prévus par l'article 3 du cahier des charges, il sera passible, de plein droit et sans qu'il soit besoin d'aucune mise en demeure, d'une amende de 200 francs par jour de retard constaté et par infraction.

Toute autre infraction aux clauses du cahier des charges ou de la présente convention commise par le concessionnaire sera frappée d'une amende de 50 francs par jour, de plein droit et sans qu'il soit besoin d'aucune mise en demeure. L'application de ces amendes aura lieu sans préjudice des pénalités plus graves résultant de l'article 21 du cahier des charges.

Le montant desdites amendes sera prélevé sur le cautionnement, qui, en cas de prélèvement de cette nature, devra être reconstitué dans le délai de quinze jours.

Art. 21. — Les frais de timbre, d'enregistrement, d'expédition du cahier des charges et de la présente convention seront supportés par le concessionnaire, qui devra les payer sur états arrêtés par le Préfet de la Seine.

Paris, le 27 janvier 1898.

LU ET APPROUVÉ :

Signé : DE SELVES.

COMPAGNIE GÉNÉRALE DE TRACTION,
Le président du conseil d'administration,
LU ET APPROUVÉ :
Signé : HENROTTE.

———

ANNEXE C

Cahier des charges de la concession.

(Annexé à la loi du 30 mars 1898.)

TITRE PREMIER. — TRACÉ ET CONSTRUCTION

Objet de la concession.

ARTICLE PREMIER (modifié). — Le chemin de fer métropolitain qui fait l'objet du présent cahier des charges est destiné au transport des voyageurs et de leurs bagages à main.

La traction sera faite au moyen de l'électricité.

Tracé.

ART. 2 (modifié). — Ce chemin de fer métropolitain comprendra les sections ci-après désignées.

Section A. — De la porte de Vincennes à la porte Dauphine, par ou près la place de la Nation, la gare de Lyon, la place de la Bastille, l'Hôtel de Ville, la place de la Concorde et la place de l'Etoile ;

Section B. — Circulaire par les boulevards extérieurs, passant par ou près la place de l'Etoile, le collège Chaptal, la place de Clichy, la place d'Anvers, le rond-point de La Villette, le Père Lachaise, la place de la Nation, la gare de Lyon, la gare d'Orléans, la place d'Italie, la place Denfert-Rochereau, la gare Montparnasse, le Champ de Mars et le Trocadéro;

Section C. — De la porte Maillot à Ménilmontant, passant par ou près la place de l'Etoile, le collège Chaptal (partie commune avec la ligne B), la gare Saint-Lazare, la Bourse, la place de la République et le Père-Lachaise;

Section D. — De la porte de Clignancourt à la porte d'Orléans, passant par ou près la gare du Nord, la gare de l'Est, les Halles, la rue de Rennes et la rue Denfert-Rochereau;

Section E. — Du boulevard de Strasbourg au pont d'Austerlitz passant par ou près la place de la République et la place de la Bastille;

Section F. — Du cours de Vincennes à la place d'Italie, passant par ou près la place Daumesnil et la Salpêtrière.

Telles qu'elles sont définies par la délibération du 4 décembre 1896, et, au surplus, indiquées sur le plan ci-annexé, et éventuellement :

Section G. — De la place Valhubert au quai de Conti ;

Section H. — Du Palais-Royal à la place du Danube ;

Section I. — D'Auteuil à l'Opéra par Grenelle.

Délais d'exécution.

Art. 3 (modifié). — Les projets d'exécution seront présentés par le concessionnaire dans un délai de quatre mois à partir du commencement des travaux de la Ville.

Les travaux du concessionnaire devront être commencés dans un délai de deux mois à partir de la livraison qui lui sera faite de l'infrastructure par la Ville ; ils seront poursuivis et terminés de façon que l'exploitation soit commencée dans le délai de dix mois à compter du jour de ladite livraison.

Largeur de la voie. — Gabarit du matériel roulant.

Art. 4 (modifié). — La largeur de la voie entre les bords intérieurs des rails devra être de 1,30 m. [1].

La largeur du matériel roulant ne dépassera pas 2,10 m., [2] y compris toutes saillies, notamment celle des marchepieds latéraux : la hauteur dudit matériel roulant au-dessus des rails, y compris les prises de contact avec les conducteurs électriques, sera au plus de 3,40 m.

Dans les parties à deux voies, la largeur de l'entre-voie, mesurée entre les bords intérieurs des rails, sera de 1,26 m., en alignement droit.

Alignements et courbes. — Pentes et rampes.

Art. 5. — Les alignements seront raccordés entre eux par des courbes dont le rayon ne pourra être inférieur à 75 mètres ; toutefois, aux abords du canal Saint-Martin, sur la section de la porte de Vincennes à la porte Dau-

---

[1] 1m,44. — Loi du 30 mars 1898 (art. 3, § 2).

[2] 2m,40. — Loi du 30 mars 1898 (art. 3, § 1).

phine, ce rayon pourra être abaissé à 50 mètres. Le maximum des déclivités est fixé à 4 centimètres par mètre.

Les déclivités correspondant aux courbes de faible rayon devront être réduites autant que faire se pourra.

Le concessionnaire aura la faculté, dans des cas exceptionnels, de proposer aux dispositions du présent article les modifications qui lui paraîtraient utiles, mais ces modifications ne pourront être exécutées que moyennant l'approbation préalable du préfet.

Art. 6. — (Supprimé.)

Etablissement de la voie ferrée. — Parties non accessibles aux voitures ordinaires.

Art. 7 (modifié). — Les voies seront établies en souterrain, tranchées ou viaducs, conformément aux indications générales des dossiers soumis à l'enquête, lesquelles sont rappelées sur le plan ci-annexé. Les tranchées de la section circulaire entre l'Etoile et La Chapelle seront couvertes, sauf les prises d'air et jours nécessaires.

Art. 8. — (Supprimé.)

Exécution des travaux.

Art. 9 (modifié). — Le déchet résultant de la démolition et du rétablissement des chaussées sera couvert par des fournitures de matériaux neufs de la nature et de la qualité de ceux qui sont employés dans lesdites chaussées.

Les vieux matériaux provenant des anciennes chaussées remaniées ou refaites à neuf, qui n'auront pas trouvé leur emploi dans la réfection, seront laissés à la libre disposition du concessionnaire, dans le cas de travaux exécutés par lui à la surface du sol.

Les fers, bois et autres éléments constitutifs des voies ferrées devront être de bonne qualité et propres à remplir leur destination. Ils devront être de provenance française et façonnés en France.

Voies.

Art. 10 (modifié). — Les voies et constructions de toute nature devront être établies d'une manière solide et avec des matériaux de bonne qualité.

Les rails seront en acier et du poids de 30 kilogrammes au moins par mètre courant; ils seront posés sur traverses en bois avec ballast dans les meilleures conditions pour prévenir le plus possible le bruit et les trépidations; à cet effet, le Préfet de Police aura le droit de prescrire les mesures nécessaires.

Installations électriques.

Art. 10 *bis* (ajouté). — Le concessionnaire sera tenu, à une époque quelconque, de se soumettre à toutes les formalités prévues par les lois concernant les installations électriques.

Matériel roulant.

ART. 10 *ter* (ajouté). — Le matériel roulant mis en circulation devra passer librement dans le gabarit déterminé par les projets d'exécution.

Les voitures, soit automobiles, soit d'attelage, devront être faites sur les meilleurs modèles et satisfaire à toutes les conditions réglées ou à régler pour le transport des voyageurs sur les voies ferrées. Elles seront suspendues sur ressorts, très bien éclairées et chauffées. Les types des diverses voitures seront soumis à l'approbation du Préfet de Police, et ces voitures ne seront mises en service qu'après avoir été reçues par lui.

Gares et stations.

ART. 11 (modifié). — Le nombre et l'emplacement des gares, stations et haltes seront arrêtés, le concessionnaire entendu, par la ville de Paris, qui aura seule le droit de modifier à cet égard les indications du projet ci-annexé.

L'accès des stations aura lieu par des emplacements arrêtés d'accord entre la ville de Paris et le concessionnaire, à la suite de l'enquête réglementaire.

Ces emplacements seront choisis autant que possible sur la voie publique.

ART. 11 *bis* (ajouté). — Aucun travail ne pourra être entrepris par le concessionnaire sans que les projets aient été approuvés conformément à l'article 3 de la loi du 11 juin 1880.

A cet effet, tous les projets des travaux à exécuter par le concessionnaire seront, en double expédition, soumis à la ville de Paris. La Ville pourra y introduire telles modifications que de droit. L'une des expéditions, dûment modifiée, s'il y a lieu, sera remise au concessionnaire avec le visa du préfet de la Seine. L'autre expédition restera la propriété de la ville de Paris.

ART. 11 *ter* (ajouté). — Les travaux seront soumis au contrôle et à la surveillance du préfet de la Seine, sous l'autorité du ministre des Travaux publics.

Dans les parties en souterrain, le concessionnaire devra exécuter tous les travaux sans ouverture de tranchée sur la voie publique et faire souterrainement tous ses transports.

Les tranchées ou puits, pendant l'exécution des travaux du concessionnaire, seront défendus par des barrages solides gardés en tant que de besoin, et éclairés pendant la nuit, le tout par ses soins, à ses frais et sous sa responsabilité exclusive.

Le concessionnaire s'engage à faire, à toute époque, les installations qui seraient reconnues nécessaires par les ingénieurs de la Ville pour assurer la ventilation des souterrains.

TITRE II. — ENTRETIEN ET EXPLOITATION
Entretien.

ART. 12 (modifié). — Les voies, aussi bien que toutes dépendances du réseau, y compris les travaux d'infrastructure exécutés par la Ville, seront constamment entretenus en bon état, de manière que la circulation soit toujours facile et sûre.

Les voitures seront constamment tenues en bon état.

Les frais d'entretien et ceux auxquels donneront lieu les réparations seront à la charge du concessionnaire.

Le concessionnaire sera tenu d'éclairer les souterrains de façon permanente pendant les heures de service.

Réfection des parties de route ou de chemin atteintes par les travaux de la voie ferrée.

ART. 13 (modifié). — Lorsque, pour la construction de la voie ferrée ou la réparation de l'infrastructure ou de la superstructure, le concessionnaire aura à démolir des parties pavées ou empierrées de la voie publique, il sera tenu de pourvoir à l'entretien de ces parties pendant une année à dater de la réception provisoire des travaux de réfection; il en sera de même pour tous les ouvrages souterrains que rencontreraient les travaux du concessionnaire.

Au cas où des épuisements seraient nécessaires, ceux-ci seraient à la charge du concessionnaire, qui ne pourra réclamer aucune indemnité, même au cas où le service serait suspendu.

Nombre minimum de voyages.

ART. 14 (modifié). — Le nombre minimum des voyages qui devront être faits tous les jours dans chaque sens est fixé à cent trente-cinq. Chaque train comprendra au minimun cent places.

L'horaire des trains sera fixé par le Préfet de police, le concessionnaire entendu, de façon à répondre aux besoins de la circulation, avec une interruption de service de quatre heures consécutives.

Limitation de la vitesse et de la longueur des trains.

ART. 15 (modifié). — La longueur totale des trains ne dépassera pas 72 mètres.

La vitesse des trains en marche sera au plus de 36 kilomètres à l'heure, le Préfet de police pouvant autoriser une vitesse supérieure.

TITRE III. — DURÉE ET DÉCHÉANCE DE LA CONCESSION

Durée de la concession.

ART. 16 (modifié). — La durée de la concession est fixée à trente-cinq ans. Pour déterminer le point de départ de cette durée de trente-cinq ans, le Métropolitain est divisé en trois réseaux :

1er réseau, comprenant les trois sections A, B, C ;

2e réseau, comprenant les trois sections D, E, F ;

3e réseau, comprenant les autres lignes.

Pour chaque réseau, la concession partira de la réception de la dernière fraction du réseau et se terminera trente-cinq ans après cette date, les divers réseaux devant faire retour à la ville de Paris successivement dans l'ordre de leur livraison. Le concessionnaire restera cependant en possession de l'exploitation de l'ensemble des réseaux jusqu'au jour de la remise du dernier réseau, mais il versera alors à la Ville une redevance annuelle de location montant à 45 000 francs par kilomètre de double voie ayant fait retour à celle-ci en vertu des paragraphes précédents.

L'exploitation continuera d'ailleurs d'être régie, sans autre modification, par le présent cahier des charges et par ladite convention.

Expiration de la concession.

ART. 17 (modifié). — A l'époque fixée pour l'expiration de la concession, et par le seul fait de cette expiration, la ville de Paris sera subrogée à tous les droits du concessionnaire sur la voie ferrée et ses dépendances, notamment les usines destinées à la production de l'énergie électrique, et elle entrera immédiatement en possession et jouissance de tous ses produits, sans indemnités.

Sont exceptés comme faisant partie du domaine privé du concessionnaire les immeubles que celui-ci pourra éventuellement être amené à acquérir soit pour ses accès aux stations, soit pour l'installation de ses bureaux, soit pour ses ateliers de construction, soit comme emploi de ses fonds de réserve.

Il est entendu toutefois que les accès aux stations se trouvant dans les immeubles appartenant à la Compagnie devront être maintenus et constitueront une servitude gratuite de passage au profit de l'exploitation du chemin de fer métropolitain.

Dans les cinq dernières années qui précéderont le terme de la concession, la Ville aura le droit de saisir les revenus du réseau et de les employer à rétablir en bon état la voie ferrée et ses dépendances, si le concessionnaire ne se mettait pas en mesure de satisfaire pleinement et entièrement à cette obligation.

En ce qui concerne le domaine privé ci-dessus défini et les objets mobiliers, tels que le matériel roulant, le mobilier des stations, l'outillage des ateliers, la Ville se réserve le droit de les acquérir en totalité ou pour toute partie qu'elle jugera convenable, à dire d'experts, mais sans pouvoir y être contrainte. A cet effet, la Ville et le concessionnaire nommeront chacun un expert; au cas où les experts ne se mettraient pas d'accord, ils désigneront eux-mêmes un troisième expert chargé de les départager; au cas où ils ne pourraient se mettre d'accord sur cette désignation, celle-ci sera faite par M. le président du Conseil de préfecture de la Seine. Ces experts agiront en qualité d'arbitres amiables compositeurs. La valeur des objets repris sera payée au concessionnaire dans les six mois qui suivront la fixation par les experts du prix desdits objets. Les travaux des experts devront être conduits de manière à être terminés exactement à l'époque de l'expiration de la concession. Au cas où il ne pourrait en être ainsi, la Ville de Paris entrera néanmoins en possession de la voie ferrée, de ses dépendances et des objets dont elle aura réclamé la reprise, de façon que l'exploitation ne puisse subir aucune interruption.

La Ville sera tenue, si le concessionnaire le requiert, de reprendre en outre les matériaux combustibles et approvisionnements de tout genre sur l'estimation qui en sera faite à dire d'experts, comme ci-dessus; et réciproquement, si la Ville le requiert, le concessionnaire sera tenu de céder ces approvisionnements de la même manière. Toutefois, la Ville ne pourra être obligée de reprendre que les approvisionnements nécessaires à l'exploitation du réseau pendant six mois.

Les dispositions qui précèdent ne seront applicables qu'au cas où la Ville déciderait que les voies ferrées doivent être maintenues en tout ou en partie.

Art. 18. — (Supprimé).

Rachat de la concession.

Art. 19 (modifié). — Lorsqu'un délai d'au moins sept années se sera écoulé à partir de la date de la réception générale de la section construite en dernier lieu en vertu des articles 5 et 6 combinés de la convention spéciale, la Ville aura le droit de racheter la concession de l'exploitation dans les conditions suivantes :

On réglera le prix du rachat en relevant les produits nets obtenus par le concessionnaire pendant les sept années qui auront précédé celle où le rachat sera effectué. On en déduira les produits nets des deux plus faibles années, et l'on établira le produit net moyen des cinq autres années.

Ce produit net moyen formera le montant d'une annuité qui sera due et payée au concessionnaire pendant chacune des années restant à courir sur la durée de la concession. Dans aucun cas, le montant de l'annuité ne sera inférieur au produit net de la dernière des sept années prises pour terme de comparaison.

Dans le cas où un ou plusieurs réseaux auraient déjà fait retour à la ville de Paris, l'annuité à payer sera réduite au prorata de leur longueur kilométrique. Aux époques où de nouveaux réseaux auraient fait retour à la ville de Paris postérieurement au rachat, l'annuité subira une réduction proportionnelle établie sur les mêmes bases que ci-dessus.

Le concessionnaire recevra, en outre, dans les six mois qui suivront la fixation du prix par les experts, les remboursements auxquels il aurait droit à l'expiration de la concession, suivant les quatrième et cinquième paragraphes de l'article 17, la reprise du matériel roulant et de la totalité des objets mobiliers étant ici obligatoire dans tous les cas pour la Ville.

Toutefois, la ville de Paris pourra effectuer le rachat dès le 31 mai 1910; mais, si elle use de cette faculté avant l'expiration du délai de sept années défini ci-dessus, les conditions du rachat seront les suivantes :

Le réseau en exploitation le jour du rachat sera divisé en deux parties:

La première partie comprendra le premier réseau tel qu'il est défini à l'article 16 du présent cahier des charges; la seconde comprendra, s'il y a lieu, le surplus des lignes en exploitation au jour du rachat.

La première partie sera rachetée sur la base d'une annuité kilométrique égale au produit net annuel moyen par kilomètre dudit réseau depuis l'ouverture à l'exploitation de la première fraction jusqu'au jour où sera mise en exploitation la première des lignes de la deuxième partie : cette annuité ne sera, en tout cas, inférieure ni au produit net de la dernière année ni au chiffre de 45,000 francs par kilomètre.

La seconde partie donnera lieu à une annuité kilométrique égale au produit net annuel moyen par kilomètre de l'ensemble du réseau depuis l'ouverture de l'exploitation de la première fraction jusqu'au jour du rachat. Cette annuité ne sera, en tout cas, inférieure ni au produit net par kilomètre de la dernière année de l'ensemble du réseau ni au chiffre de 45.000 francs par kilomètre.

Les annuités totales ainsi fixées seront dues et payées au concessionnaire pendant chacune des années restant à courir sur la durée de la concession.

Au fur et à mesure qu'on atteindra l'époque où un réseau aurait dû faire retour à la Ville, ces annuités seront réduites au prorata de la longueur kilométrique dudit réseau.

Les annuités pourront être rachetées à un moment quelconque par la ville de Paris en calculant le taux de l'intérêt au taux officiel de l'escompte sur le marché de Paris, sans que ce taux, déterminé au moment du rachat, puisse être supérieur à 3 p. 100.

Pour les fractions en construction et non encore livrées à l'exploitation au jour du rachat, le concessionnaire n'aura droit qu'au remboursement des dépenses occasionnées par ses travaux dans les conditions déterminées à l'article 17, les frais généraux étant évalués à forfait à 10 p. 100 du montant des travaux réellement effectués.

Le concessionnaire recevra, en outre, les remboursements auxquels il aurait droit à l'expiration de la concession, comme il est indiqué au paragraphe 5 ci-dessus.

Déchéance.

Art. 20 (modifié). — Si le concessionnaire n'a pas remis au préfet tous les projets définitifs, ou s'il n'a pas commencé les travaux dans les délais fixés par l'article 3, il encourra la déchéance, qui, après une mise en demeure par acte extrajudiciaire, sera prononcée par le ministre des Travaux publics, sauf recours au Conseil d'Etat par la voie contentieuse.

La déchéance étant ainsi prononcée par la juridiction compétente, la somme qui aura été déposée à titre de cautionnement, ainsi qu'il sera dit à l'article 38, deviendra la propriété de la Ville et lui sera acquise. De plus, le concessionnaire devra tenir compte à la ville de Paris des bénéfices qu'il aura réalisés depuis la date de la mise en demeure jusqu'au jour où la déchéance deviendra effective.

Achèvement des travaux en cas de déchéance.

Art. 21 (modifié). — Faute, par le concessionnaire, d'avoir poursuivi et terminé les travaux dans les délais et conditions fixés par l'article 3, faute aussi par lui d'avoir rempli les diverses obligations qui lui sont imposées par le règlement d'administration publique du 6 août 1881 ainsi que par le présent cahier des charges, et dans le cas prévu par l'article 10 de la loi du 11 juin 1880, il encourra, soit la perte partielle de son cautionnement dans les conditions qui seraient prévues par l'acte de concession, soit la perte totale de ce cautionnement, soit la déchéance. Dans tous les cas, il sera statué par le ministre des Travaux publics, après mise en demeure, sauf recours au Conseil d Etat par la voie contentieuse. Dans les deux premiers cas, le cautionnement devra être reconstitué dans le mois de la décision préfectorale.

En cas de déchéance, il sera pourvu, tant à la continuation et à l'achèvement des travaux qu'à l'exécution des autres engagements contractés par le concessionnaire, conformément à l'article 41 du règlement d'administration du 6 août 1881.

Cas de force majeure.

ART. 22. — Les dispositions des deux articles qui précèdent ne seraient pas applicables, et la déchéance ne serait pas encourue, dans le cas où le concessionnaire n'aurait pu remplir ses obligations par suite de circonstances de force majeure dûment constatées.

TITRE IV. — TAXES ET CONDITIONS RELATIVES AU TRANSPORT DES VOYAGEURS ET DES MARCHANDISES

Tarifs des droits à percevoir.

ART. 23 (modifié). — Pour faire face aux charges qui lui sont imposées par la convention et pour s'indemniser des travaux et dépenses qu'il s'engage à faire par le présent cahier des charges, et sous la condition expresse qu'il en remplira toutes les obligations, le concessionnaire est autorisé à percevoir, pendant toute la durée de la concession, les prix suivants, savoir : pour la 1re classe, 25 centimes, et pour la 2° classe, 15 centimes par tête pour le parcours d'un point quelconque à un autre point du chemin de fer métropolitain.

Les enfants au-dessous de quatre ans, tenus sur les genoux, seront transportés gratuitement. Il en sera de même des bagages et paquets peu volumineux susceptibles d'être portés sur les genoux sans gêner les voisins et dont le poids n'excédera pas 10 kilogrammes.

Les voyageurs transportés par les trains mis en marche jusqu'à neuf heures du matin auront droit, au prix de 20 centimes, à un billet qui leur permettra de reprendre gratuitement, dans l'autre sens, un des trains quelconques de la journée.

Les élèves des écoles communales de la ville de Paris seront transportés au prix de 5 centimes par enfant lorsqu'ils voyageront collectivement, accompagnés d'un maître.

Le nombre de places réservées à la 1re classe ne devra jamais, dans un train, excéder le tiers du nombre des places offertes. Toutefois, les voyageurs de 2° classe qui se présenteront devront être transportés.

Il est interdit au concessionnaire d'accorder aucune gratuité de transport en dehors des agents de service.

Art. 24. (Supprimé.)

Art. 25. (Supprimé.)

Art. 26. (Supprimé.)

Art. 27. (Supprimé.)

Abaissement des tarifs.

Art. 28 (modifié). — Dans le cas où le concessionnaire jugerait convenable, soit pour le parcours total, soit pour les parcours partiels de la voie de fer, d'abaisser avec ou sans conditions, au-dessous des limites déterminées par le tarif, les taxes qu'il est autorisé à percevoir, les taxes abaissées ne pourront être relevées qu'après un délai de trois mois au moins.

Toute modification de tarif proposée par le concessionnaire sera annoncée un mois d'avance par des affiches.

La perception des tarifs modifiés ne pourra avoir lieu qu'avec l'homologation du Préfet de la Seine, conformément aux dispositions de la loi du 11 juin 1880.

La perception des taxes devra se faire indistinctement et sans aucune faveur.

Art. 29. (Supprimé.)

Art. 30. (Supprimé.)

Art. 31. (Supprimé.)

Art. 32. (Supprimé.)

Art. 33. (Supprimé.)

Art. 34. (Supprimé.)

Titre V. — Stipulations relatives a divers services publics

Fonctionnaires ou agents du contrôle.

Art. 35. — Les fonctionnaires ou agents chargés de l'inspection, du contrôle et de la surveillance de la voie ferrée seront transportés gratuitement dans les voitures de voyageurs.

Service des postes.

Art. 36 (modifié). — Le concessionnaire sera tenu de recevoir dans ses voitures, aux heures des départs réguliers, les sacs de dépêches de la poste, escortés ou non d'un convoyeur.

Les sacs seront déposés dans un coffre fermant à clef. Le convoyeur aura droit à une place réservée aussi près que possible de ce coffre.

L'administration des Postes aura, en outre, le droit de fixer aux voitures de l'entreprise une boîte aux lettres, dont elle fera opérer la pose et la levée par ses agents.

Les prix des transports ci-dessus seront payés par l'administration des Postes, conformément aux tarifs homologués, sauf dans le cas où l'État se serait engagé à fournir au concessionnaire une subvention par annuités. Dans ce cas, les sacs de dépêches et le convoyeur devront être transportés gratuitement.

Le concessionnaire pourra être tenu de fixer d'après les convenances du service des Postes, l'heure d'un de ses départs dans chaque sens.

Le montant des dépenses supplémentaires de toute nature que ce service spécial aura imposées au concessionnaire, déduction faite du produit qu'il aura pu en retirer, lui sera payé par l'administration des Postes, que l'entreprise soit subventionnée ou non par le Trésor, suivant le règlement qui en sera fait de gré à gré ou par deux arbitres. En cas de désaccord de ces arbitres, un tiers arbitre sera désigné par le président du Conseil de préfecture de la Seine.

Titre VI. — Clauses diverses

Frais de contrôle.

Art. 37 (modifié). — La somme que le concessionnaire doit verser chaque année à la date du 1ᵉʳ janvier, afin de pourvoir aux frais du contrôle, sera calculée d'après le chiffre de 50 francs par kilomètre de voie concédée.

Le premier versement aura lieu exceptionnellement le premier jour du mois qui suivra celui où aura été promulguée la loi de concession; il s'appliquera seulement à la partie de l'année restant à courir à partir de ladite date; la quotité de ce versement sera réduite en conséquence.

Établissement d'édicules sur la voie publique.

Art. 37 *bis* (ajouté). — Il est expressément stipulé que le concessionnaire sera tenu de payer à la Ville, jusqu'à la fin de la concession, pour chacun des édicules qu'il sera autorisé à établir sur la voie publique, une redevance fixe et annuelle de 10 francs par mètre carré de surface occupée.

Cautionnement.

Art. 38 (modifié). — Avant la signature de l'acte de concession, le concessionnaire déposera à la Caisse municipale une somme de 2.500.000 francs en rente sur l'État français, ou en bons du Trésor ou en obligations de la ville de Paris; les titres seront au porteur.

Cette somme formera le cautionnement de l'entreprise.

Les quatre cinquièmes en seront rendus au concessionnaire par cinquième et proportionnellement à l'avancement de ses travaux. Le dernier cinquième ne sera remboursé qu'après l'expiration de la concession.

Élection de domicile.

Art. 39. — Le concessionnaire devra faire élection de domicile à Paris.

Dans le cas où il ne l'aurait pas fait, toute notification ou signification à lui adressée sera valable lorsqu'elle sera faite au Secrétariat général de la préfecture de la Seine.

Jugement des contestations.

Art. 40 (modifié). — Les contestations qui s'élèveraient entre le concessionnaire et l'Administration au sujet de l'exécution et de l'interprétation des clauses du présent cahier des charges seront jugées par le Conseil de préfecture du département de la Seine, sauf recours au Conseil d'État.

Frais d'enregistrement.

Art. 41 (modifié). — Les frais d'enregistrement du présent cahier des charges et de la convention ci-annexée seront supportés par le concessionnaire.

Toutes les conventions relatives à la concession ainsi que le cahier des charges y annexé ne seront passibles que du droit d'enregistrement de 1 franc.

Contributions et taxes.

Art. 42 (ajouté). — Le concessionnaire supportera toutes les contributions, y compris la taxe de mainmorte et la taxe d'écoulement à l'égout, auxquelles la construction et l'exploitation du réseau seront soumises en vertu des lois de l'État, étant entendu que sont applicables au réseau ci-dessus mentionné les dispositions de l'article 28 de la loi de finances du 26 janvier 1892.

LU ET APPROUVÉ : COMPAGNIE GÉNÉRALE DE TRACTION,

Le Président du conseil d'administration.

Signé : HENROTTE.

VU ET APPROUVÉ : *Signé* : DE SELVES.

ANNEXE D

LOI DU 4 AVRIL 1898

*Autorisant la ville de Paris à contracter un emprunt
de 165 millions de francs.*

Le Sénat et la Chambre des députés ont adopté,

Le Président de la République promulgue la loi dont la teneur suit :

Art. PREMIER. — La ville de Paris est autorisée à emprunter, à un taux d'intérêt n'excédant pas trois pour cent (3 p. 100), intérêts, primes de remboursement et lots compris, une somme de cent soixante-cinq millions de francs (165,000,000 fr.), remboursable en soixante-quinze ans à partir de 1904 et destinée à pourvoir à l'établissement du chemin de fer métropolitain ainsi qu'aux frais de l'opération, lesquels ne devront pas excéder trois millions cinq cent mille francs (3 500 000 fr.).

Le montant des lots applicables aux obligations sorties à chaque tirage est fixé annuellement à la somme de six cent mille francs (600 000 fr.).

Il sera statué par décret sur le mode et les conditions de réalisation de l'emprunt.

Art. 2. — Le service de l'emprunt en capital et intérêts sera effectué tant au moyen de prélèvements à opérer sur la recette brute du chemin de fer qu'à l'aide d'un prélèvement sur les recettes ordinaires de la caisse municipale.

La totalité des prélèvements opérés sur la recette brute sera affectée à l'amortissement de l'emprunt, et par anticipation, si les circonstances le permettent.

Art. 3. — Les actes susceptibles d'enregistrement auxquels donnerait lieu l'emprunt autorisé par la présente loi seront passibles du droit fixe de un franc (1 fr.).

La présente loi, délibérée et adoptée par le Sénat et par la Chambre des députés, sera exécutée comme loi de l'État.

Fait à Paris, le 4 avril 1898.

FÉLIX FAURE.

PAR LE PRÉSIDENT DE LA RÉPUBLIQUE :
Le ministre de l'intérieur,
LOUIS BARTHOU.

ANNEXE E

LOI DU 22 AVRIL 1902

Déclarant d'utilité publique l'établissement, dans Paris, de la ligne de chemin de fer métropolitain de la place du Palais-Royal à la place du Danube.

Le Sénat et la Chambre des députés ont adopté,

Le Président de la République promulgue la loi dont la teneur suit :

Art. premier. — Est déclarée d'utilité publique, à titre d'intérêt local, l'établissement, dans Paris, de la ligne de chemin de fer métropolitain de la place du Palais-Royal à la place du Danube.

Art. 2. — La ville de Paris est autorisée à pourvoir à l'exécution et à l'exploitation de ladite ligne, dans les conditions déterminées par la loi du 30 mars 1898 et conformément aux clauses et conditions de la convention passée, les 17 février-15 mars 1900, entre le préfet de la Seine et la compagnie du chemin de fer métropolitain de Paris.

Une copie certifiée conforme de cette convention restera annexée à la présente loi.

La présente loi, délibérée et adoptée par le Sénat et par la Chambre des députés, sera exécutée comme loi de l'État.

Fait à Paris, le 22 avril 1902.

ÉMILE LOUBET.

PAR LE PRÉSIDENT DE LA RÉPUBLIQUE :
Le ministre des travaux publics,
PIERRE BAUDIN.

ANNEXE F

CONVENTION
de concession de la ligne métropolitaine
du Palais-Royal à la place du Danube.

(Annexée à la loi du 22 avril 1902).

Entre le préfet de la Seine, agissant au nom de la ville de Paris, en vertu d'une délibération du conseil municipal, en date du 29 décembre 1899.

D'une part;

Et la Compagnie du chemin de fer métropolitain de Paris, Société anonyme établie à Paris, 31, avenue de l'Opéra, ladite Société représentée par M. Bénard, administrateur délégué, et M. Charles Rœderer, ingénieur en chef des ponts et chaussées, directeur de ladite Compagnie, agissant en vertu des pouvoirs qui leur ont été conférés par délibération du conseil d'administration, en date du 10 février 1899,

D'autre part,

Il a été convenu ce qui suit :

Article premier. — La ville de Paris concède, à titre définitif, à la Compagnie du chemin de fer métropolitain de Paris, la ligne désignée sous la dénomination de « section H, du Palais-Royal à la place du Danube », dans la convention et le cahier des charges annexés à la loi du 30 mars 1898.

Art. 2. — Cette concession, qui ne deviendra définitive qu'après déclaration d'utilité publique de ladite ligne par les pouvoirs compétents, est faite aux conditions desdits convention et cahier des charges et conformément aux prescriptions de ladite loi. Pour l'application, en particulier, des articles 5 et 6 de la convention, la ligne du Palais-Royal à la place du Danube formera une septième fraction. En vertu de l'article 16 du cahier des charges, elle est rangée dans le troisième réseau.

Paris, le 17 février 1900.

Compagnie du chemin de fer métropolitain de Paris.

L'ingénieur en chef des ponts et chaussées, directeur de la Compagnie,

Signé : Rœderer.

L'administrateur délégué,

Signé : Bénard.

APPROUVÉ :

Paris, le 15 mars 1900.

Le préfet de la Seine,

Signé : J. de Selves.

ANNEXE G

LOI DU 6 AVRIL 1903

*Déclarant d'utilité publique l'établissement, dans Paris, de la ligne de chemin
de fer métropolitain d'Auteuil à l'Opéra par Grenelle.*

Le Sénat et la Chambre des députés ont adopté,

Le Président de la République promulgue la loi dont la teneur suit :

ARTICLE PREMIER. — Est déclaré d'utilité publique, à titre d'intérêt local,
l'établissement, dans Paris, de la ligne de chemin de fer métropolitain
d'Auteuil à l'Opéra par Grenelle.

ART. 2. — La ville de Paris est autorisée à pourvoir à l'exécution et à
l'exploitation de la dite ligne dans les conditions déterminées par la loi
du 30 mars 1898 et conformément aux clauses et conditions de la convention passée, les 20 juin-28 juillet 1902, entre le préfet de la Seine et la
Compagnie du chemin de fer métropolitain de Paris.

Une copie certifiée conforme de cette convention restera annexée à la
présente loi.

La présente loi, délibérée et adoptée par le Sénat et par la Chambre des
députés, sera exécutée comme loi de l'Etat.

Fait à Paris, le 6 avril 1903.

ÉMILE LOUBET.

PAR LE PRÉSIDENT DE LA RÉPUBLIQUE :

Le ministre des Travaux publics,

E. MARUÉJOULS.

ANNEXE H

CONVENTION

de concession de la ligne métropolitaine d'Auteuil à l'Opéra par Grenelle.

(Annexée à la loi du 6 avril 1903.)

Entre le préfet de la Seine, agissant au nom de la ville de Paris en vertu
d'une délibération du Conseil municipal en date du 9 juillet 1902.

D'une part;

Et la Compagnie du chemin de fer métropolitain de Paris, Société
anonyme établie à Paris, 31, avenue de l'Opéra, ladite Société représentée
par M. Bénard, président du conseil d'administration, et M. Garreta, ingénieur en chef des Ponts et chaussées, directeur des travaux, agissant en

vertu des pouvoirs qui leur ont été conférés par délibération du conseil d'administration en date du 20 juin 1902.

D'autre part,

Il a été convenu ce qui suit :

Article unique. — La ville de Paris concède, à titre définitif, sous réserve de la déclaration d'utilité publique, à la Compagnie du chemin de fer métropolitain de Paris, la ligne désignée sous la dénomination de « Section I, d'Auteuil à l'Opéra, par Grenelle » dans la convention et le cahier des charges annexés à la loi du 30 mars 1898.

Pour l'application des articles 5 et 6 de cette convention, ladite ligne formera une huitième fraction.

Fait double à Paris, le 20 juin 1902.

LU ET APPROUVÉ :

Paris, le 28 juillet 1902.

Le préfet de la Seine,

Signé : J. DE SELVES.

Compagnie du chemin de fer métropolitain de Paris,

Le président du conseil d'administration,

LU ET APPROUVÉ :

Signé : BÉNARD.

Le directeur des travaux,

LU ET APPROUVÉ :

Signé : GARRETA.

TABLE DES MATIÈRES

CHAPITRE PREMIER
LE RÉSEAU GÉNÉRAL

CHAPITRE II
LA PREMIÈRE FRACTION MÉTROPOLITAINE

CHAPITRE III
LA LIGNE CIRCULAIRE, PARTIE NORD (RIVE DROITE)

APPENDICE

ANNEXES

ÉVREUX, IMPRIMERIE DE CHARLES HÉRISSEY